国际服务贸易

主编 王海文

清华大学出版社
北京交通大学出版社
·北京·

内 容 简 介

本教材是一本视野开阔、体系完整、结构科学的国际服务贸易教材。它以经济学的视角切入，对国际服务贸易原理、政策和行业三大部分展开叙述和分析，既训练学生经济学思维与应用能力，又做到深入浅出地阐述和说明问题，特别是追踪国际服务贸易理论和实践最新成果和发展动向，使教材内容编排得当而有新意。

本教材具体内容包括：原理篇中的服务、服务业与服务经济，国际服务贸易导论，国际服务贸易理论，国际服务贸易发展；政策篇中的国际服务贸易协议，区域性服务贸易规则，国际服务贸易政策；行业篇中的国际旅游服务贸易、国际运输服务贸易、国际金融服务贸易、国际电信服务贸易、国际文化服务贸易。

本教材章末设有概念和术语、复习思考题及延伸阅读，便于读者学习使用。本书适合作为国际经济与贸易、国际文化贸易等专业本科教学用书，也可作为相关专业研究生教学及参考用书，当然对于国际服务贸易感兴趣的人士也不失为一本有益读物。

本书封面贴有清华大学出版社防伪标签，无标签者不得销售。
版权所有，侵权必究。侵权举报电话：010-62782989　13501256678　13801310933

图书在版编目（CIP）数据

国际服务贸易 / 王海文主编. —北京：北京交通大学出版社：清华大学出版社，2019.8（2023.2重印）

ISBN 978-7-5121-4021-9

Ⅰ.①国… Ⅱ.①王… Ⅲ.①国际贸易–服务贸易–高等学校–教材 Ⅳ.① F746.18

中国版本图书馆 CIP 数据核字（2019）第 171296 号

国际服务贸易
GUOJI FUWU MAOYI

责任编辑：	孙晓萌
出版发行：	清华大学出版社　邮编：100084　电话：010-62776969　http://www.tup.com.cn
	北京交通大学出版社　邮编：100044　电话：010-51686414　http://www.bjtup.com.cn
印　刷　者：	北京鑫海金澳胶印有限公司
经　　　销：	全国新华书店
开　　　本：	185 mm×230 mm　印张：14.25　字数：356千字
版　　　次：	2019年8月第1版　2023年2月第4次印刷
书　　　号：	ISBN 978-7-5121-4021-9/F·1894
定　　　价：	44.00元

本书如有质量问题，请向北京交通大学出版社质监组反映。对您的意见和批评，我们表示欢迎和感谢。
投诉电话：010-51686043，51686008；传真：010-62225406；E-mail：press@bjtu.edu.cn。

作者介绍

　　王海文（1977—），男，山西人，复旦大学经济学博士，北京第二外国语学院经济学院教授，经济学院副院长，硕士生导师，国家文化发展国际战略研究院研究员，国家文化贸易学术研究平台专家，京剧传承与发展（国际）研究中心副主任，北京高等学校经济与贸易类专业群教学协作委员会委员，国际贸易学会理事，北京国际经济贸易学会理事，威海市服务贸易创新发展专家顾问委员会委员。主要研究领域为：文化贸易、服务贸易、服务业、国际贸易。

　　目前出版专著2部；作为主编出版教材4部，研究报告1部，作为副主编出版研究报告5部；在《复旦学报（社会科学版）》《经济评论》《社会科学》《社会科学研究》《国际贸易》《国际经贸探索》等杂志上发表论文50余篇；发表教学论文12篇。主持国家社科基金艺术学重大项目子课题1项，主持北京社科规划、国家统计学项目共4项，主持北京市教委面上项目2项，主持其他各类项目多项。获得省部级、校级奖励多项。

前　言

在人类社会向服务经济深入发展、阔步前进的时代，国际服务贸易无疑伫立于全球化经济浪潮中令人瞩目的潮头，紧密跟随着服务经济大潮奔涌向前。其间或恣意畅然，或道阻且长，却描绘出多姿多彩的服务经济广阔的历史画卷，勾勒出世界各国在推动国际服务贸易繁荣发展的轨迹。中国服务贸易的成长就是在这样的背景下发生并不断取得超越自我的成绩和进步的。

统计显示，2017 年中国服务贸易达 46 991 亿元，同比增长 6.9%，保持平稳增长。其中：出口贸易额达 15 407 亿元，增幅达 10.6%；进口贸易额达 31 584 亿元，逆差 16 177.5 亿元，与 2016 年基本持平。其中以技术、品牌、质量和服务为核心的新兴服务优势不断显现，特别是服务贸易创新试点引领作用不断增强。这样成绩的取得与中国经济结构的持续转型升级及不断提升对外开放水平是分不开的。一方面，实践的发展要求并推动着相关理论研究和人才培养，从而促进服务贸易理论研究的深入开展，使理论能更加科学、自觉地指引实践，并为国际服务贸易提供更强有力的智力支持和人才支撑；另一方面，国际服务贸易理论研究和人才培养也需要实践的介入和助力。与国际货物贸易相比，国际服务贸易的理论研究、人才培养显然更具特殊性和复杂性，也显得滞后，因而更需要为贸易实践开辟研究空间，激发研究热情，形成服务贸易人才的聚焦效应，促进国际服务贸易理论研究、人才培养与实践发展的同频共振、协同发展。

作为长期从事国际服务贸易教学与研究的一员，既因教学、人才培养之需和多年积累，又出于对我国国际服务贸易繁荣发展的满怀深情和学校学科发展特色锤炼打造的匠心使然，促使编者策划并主编了这本《国际服务贸易》教材。

本教材主要内容涉及原理、政策和行业三篇，包括服务、服务业与服务经济，国际服务贸易导论，国际服务贸易理论，国际服务贸易发展，国际服务贸易协议，区域性服务贸易规则，国际服务贸易政策，国际旅游服务贸易，国际运输服务贸易，国际金融服务贸易，国际电信服务贸易，国际文化服务贸易等。整部教材既突出基础理论的重要地位，又关注具体行业领域的发展，从而形成逐步深入、自成体系的框架结构。

本教材编写过程中，国际贸易学专业研究生李渡石，国际文化贸易专业研究生缪珏，国际商务专业硕士研究生姜程、高文君、杨玉焕等帮助搜集、整理了部分资料。同时，还要特别感谢北京交通大学出版社编辑对教材出版的大力支持和帮助，从而使本教材能够得以顺利出版。

本教材章末设有概念和术语、复习思考题及延伸阅读，便于读者学习使用。本书适合作为国际经济与贸易、国际文化贸易等专业本科教学用书，也可作为相关专业研究生教学及参考用书，当然对于国际服务贸易感兴趣的人士也不失为一本有益读物。

编　者
2019 年 5 月

目录

原 理 篇

第1章 服务、服务业与服务经济 …… 003
- 1.1 服务与服务产品 …… 003
  - 1.1.1 服务的概念 …… 003
  - 1.1.2 服务产品及其特征 …… 004
- 1.2 服务业及其发展 …… 008
  - 1.2.1 服务业的概念及形成 …… 008
  - 1.2.2 配第—克拉克定理与服务业发展 …… 010
  - 1.2.3 服务业的分类 …… 012
- 1.3 服务经济的兴起 …… 015
  - 1.3.1 服务经济时代中的消费变化 …… 016
  - 1.3.2 服务经济时代生产结构变动 …… 017

第2章 国际服务贸易导论 …… 022
- 2.1 国际服务贸易的定义 …… 022
  - 2.1.1 传统的国际服务贸易定义 …… 022
  - 2.1.2 《服务贸易总协定》对国际服务贸易的定义 …… 022
  - 2.1.3 《北美自由贸易协定》对国际服务贸易的定义 …… 023
- 2.2 国际服务贸易的特征 …… 024
  - 2.2.1 服务产品特征制约的国际服务贸易的特征 …… 024
  - 2.2.2 贸易国际环境制约的国际服务贸易的特征 …… 025
- 2.3 国际服务贸易的分类 …… 027
  - 2.3.1 按世界贸易组织的标准分类 …… 027

  2.3.2 按操作性统计分类 ·· 029
  2.3.3 按理论逻辑分类 ·· 030
 2.4 国际服务贸易的统计 ··· 032
  2.4.1 国际服务贸易的统计方法 ·································· 032
  2.4.2 中国国际服务贸易统计 ···································· 034

第3章 国际服务贸易理论 ·· 038
 3.1 传统贸易与投资理论的适用性 ······································ 038
  3.1.1 比较优势论的适用性 ······································ 038
  3.1.2 要素禀赋论的适用性 ······································ 040
  3.1.3 产业内贸易论的适用性 ···································· 040
  3.1.4 对外直接投资理论的适用性 ································ 041
 3.2 服务贸易的竞争优势理论 ··· 043
  3.2.1 国际竞争力的主要理论 ···································· 043
  3.2.2 服务贸易竞争优势的形成 ·································· 047
  3.2.3 服务贸易竞争力的衡量 ···································· 048
 3.3 服务外包兴起与发展 ··· 049
  3.3.1 服务外包的兴起 ·· 049
  3.3.2 服务外包的特点与分类 ···································· 051
  3.3.3 服务外包的地位和作用 ···································· 053
  3.3.4 国际服务外包的发展 ······································ 053

第4章 国际服务贸易发展 ·· 057
 4.1 世界服务贸易的发展 ··· 057
  4.1.1 世界服务贸易兴起的原因 ·································· 057
  4.1.2 世界服务贸易的总体状况 ·································· 059
  4.1.3 世界服务贸易的发展趋势 ·································· 060
 4.2 发达国家与发展中国家国际服务贸易的发展 ························ 061
  4.2.1 发达国家国际服务贸易的发展 ······························ 061
  4.2.2 发展中国家国际服务贸易的发展 ···························· 063
 4.3 中国国际服务贸易的发展 ··· 063
  4.3.1 中国国际服务贸易的发展现状 ······························ 063
  4.3.2 中国国际服务贸易的发展趋势 ······························ 066
  4.3.3 中国国际服务贸易的发展对策 ······························ 067

政　策　篇

第5章　国际服务贸易协议 ··· 075
5.1　《服务贸易总协定》的产生 ··· 075
5.1.1　《服务贸易总协定》的产生背景 ··· 075
5.1.2　《服务贸易总协定》的谈判历程 ··· 076
5.2　《服务贸易总协定》概况 ··· 078
5.2.1　《服务贸易总协定》的框架结构 ··· 078
5.2.2　《服务贸易总协定》的主要内容 ··· 079
5.2.3　《服务贸易总协定》的重要意义 ··· 091
5.3　世界贸易组织体制与国际服务贸易 ··· 093
5.3.1　世界贸易组织多边贸易体制 ··· 093
5.3.2　国际服务贸易谈判及服务贸易多边体制完善 ··· 096

第6章　区域性服务贸易规则 ··· 102
6.1　区域经济一体化与区域贸易安排 ··· 102
6.1.1　区域经济一体化与服务贸易自由化 ··· 102
6.1.2　区域贸易安排与区域服务贸易自由化 ··· 104
6.2　区域性服务贸易规则与多边规则 ··· 105
6.2.1　区域性服务贸易规则与多边规则的联系 ··· 105
6.2.2　区域性服务贸易规则与多边规则的差异 ··· 106
6.2.3　区域性服务贸易规则对多边规则的影响 ··· 107
6.3　主要区域性服务贸易规则 ··· 108
6.3.1　北美自由贸易区服务贸易规则 ··· 108
6.3.2　欧盟服务贸易规则 ··· 111
6.3.3　东盟自由贸易区服务贸易规则 ··· 113
6.3.4　亚太经济合作组织服务贸易规则 ··· 115

第7章　国际服务贸易政策 ··· 120
7.1　国际服务贸易政策演变 ··· 120
7.1.1　国际服务贸易政策概念与类型 ··· 120
7.1.2　国际服务贸易政策演变的影响因素 ··· 121
7.1.3　国际服务贸易政策演变的历程 ··· 122
7.2　自由服务贸易政策 ··· 123

  7.2.1 服务贸易自由化 123
  7.2.2 自由服务贸易政策的效应 123
  7.2.3 服务贸易自由化的政策选择 125
 7.3 保护服务贸易政策 126
  7.3.1 国际服务贸易壁垒 126
  7.3.2 国际服务贸易保护程度的衡量 130
  7.3.3 国际服务贸易保护政策的效应 132

行 业 篇

第 8 章 国际旅游服务贸易 139
 8.1 国际旅游服务贸易概述 139
  8.1.1 国际旅游服务贸易的相关概念 139
  8.1.2 国际旅游服务贸易的特点 140
  8.1.3 国际旅游服务贸易的作用 141
 8.2 世界旅游服务贸易发展 143
  8.2.1 世界旅游服务贸易发展状况 143
  8.2.2 世界旅游服务贸易发展特征 145
  8.2.3 世界旅游服务贸易发展趋势 146
 8.3 我国旅游服务贸易发展 148
  8.3.1 我国旅游服务贸易发展状况 148
  8.3.2 我国旅游服务贸易发展特征 150
  8.3.3 我国旅游服务贸易发展趋势 151

第 9 章 国际运输服务贸易 157
 9.1 国际运输服务贸易概述 157
  9.1.1 国际运输服务贸易的相关概念 157
  9.1.2 国际运输服务贸易的分类 158
  9.1.3 国际运输服务贸易的特点 158
  9.1.4 国际运输服务贸易的作用 159
 9.2 世界运输服务贸易发展 159
  9.2.1 世界运输服务贸易发展状况 159
  9.2.2 世界运输服务贸易发展特征 161
  9.2.3 世界运输服务贸易发展趋势 162

9.3 我国运输服务贸易发展 …………………………………………………… 163
   9.3.1 我国运输服务贸易发展状况 ……………………………………… 163
   9.3.2 我国运输服务贸易发展特征 ……………………………………… 164
   9.3.3 我国运输服务贸易发展趋势 ……………………………………… 165

第10章 国际金融服务贸易 …………………………………………………… 169
10.1 国际金融服务贸易概述 …………………………………………………… 169
   10.1.1 国际金融服务贸易的概念 ……………………………………… 169
   10.1.2 国际金融服务贸易的分类 ……………………………………… 170
   10.1.3 国际金融服务贸易的特点 ……………………………………… 171
   10.1.4 国际金融服务贸易的作用 ……………………………………… 171
10.2 世界金融服务贸易发展 …………………………………………………… 172
   10.2.1 世界金融服务贸易发展概况 …………………………………… 172
   10.2.2 世界金融服务贸易发展特征 …………………………………… 174
   10.2.3 世界金融服务贸易发展趋势 …………………………………… 175
10.3 我国金融服务贸易发展 …………………………………………………… 176
   10.3.1 我国金融服务贸易发展概况 …………………………………… 176
   10.3.2 我国金融服务贸易发展特征 …………………………………… 177
   10.3.3 我国金融服务贸易发展趋势 …………………………………… 179

第11章 国际电信服务贸易 …………………………………………………… 183
11.1 国际电信服务贸易概述 …………………………………………………… 183
   11.1.1 国际电信服务贸易的相关概念 ………………………………… 183
   11.1.2 国际电信服务贸易的分类 ……………………………………… 184
   11.1.3 国际电信服务贸易的特点 ……………………………………… 185
   11.1.4 国际电信服务贸易的作用 ……………………………………… 187
11.2 世界电信服务贸易发展 …………………………………………………… 187
   11.2.1 世界电信服务贸易发展状况 …………………………………… 187
   11.2.2 世界电信服务贸易基本特征 …………………………………… 189
   11.2.3 世界电信服务贸易发展趋势 …………………………………… 190
11.3 我国电信服务贸易发展 …………………………………………………… 191
   11.3.1 我国电信服务贸易发展状况 …………………………………… 191
   11.3.2 我国电信服务贸易发展特征 …………………………………… 192
   11.3.3 我国电信服务贸易发展趋势 …………………………………… 193

第 12 章 国际文化服务贸易 ·····197
12.1 国际文化服务贸易概述 ·····197
12.1.1 国际文化服务贸易的相关概念 ·····197
12.1.2 国际文化服务贸易相关统计分类 ·····198
12.1.3 国际文化服务贸易的特点 ·····200
12.1.4 国际文化服务贸易的地位与作用 ·····201
12.2 世界文化服务贸易发展 ·····202
12.2.1 世界文化服务贸易发展状况 ·····202
12.2.2 世界文化服务贸易发展特征 ·····202
12.2.3 世界文化服务贸易发展趋势 ·····204
12.3 我国文化服务贸易发展 ·····205
12.3.1 我国文化服务贸易发展状况 ·····205
12.3.2 我国文化服务贸易发展特征 ·····207
12.3.3 我国文化服务贸易发展趋势 ·····209

参考文献 ·····212

原理篇

第1章 服务、服务业与服务经济

1.1 服务与服务产品

1.1.1 服务的概念

服务与人们的生产、生活密切相连，它不仅是生产与供给的产物，也是生活消费的重要对象。从经济史的角度考察，服务既是社会劳动分工的结果，又随着分工的深化而不断发展。与此同时，人们对服务的认识也随着社会生产的进步及生产力的提高持续加深。然而相对于实物及与之相关的物质生产，服务和服务的生产与供给显得更为特殊。因而对服务的理解和定义也并不那么容易，相关的观点和表述也各有差异和不同。

古典经济学创始人亚当·斯密在其著作《国民财富的性质和原因的研究》中从生产性与非生产性的角度对服务进行了论述。他认为服务的非物质性使得它既不能贮存，也不能进一步交易，（服务）很少留下什么痕迹和价值。因而在以斯密为代表的古典经济学家看来，服务无助于交易量的增加。服务在这个意义上是非生产性的。

法国古典经济学家萨伊在《政治经济学概论》中指出："医生、公教人员、律师、法官的劳动（这些劳动属于同一性质）所满足的需要是这样的重要，以致这些职业如果不存在，社会便不能存在。"因此，无形产品（服务）是人类劳动的果实，又是资本的产物。

英国古典经济学家约翰·斯图亚特·穆勒在其著作《政治经济学原理及其在社会哲学上的若干应用》中指出，服务是指劳动产生的效用并未固定或体现在任何物体中，即给予一种快乐，消除不便或痛苦，时间可长可短，但不会使人或物的性质得到永久性改善。在这里，劳动是用于直接产生一种效用，而不是提供某种别的东西来给予效用。

法国古典经济学家巴斯夏在其著作《和谐经济论》中则强调："这（劳务）是一种努力，对于甲来说，劳务是他付出的努力，对于乙来说，劳务则是需要和满足。"

从上述古典经济学重要代表人物的著述中不难看出，不同古典经济学家对服务的理解和定义各有侧重和强调，并且伴随古典经济学的发展，服务与商品的概念界限越来越模糊，泛服务论成为有一定影响力的观点。

相较于古典经济学时期，随着20世纪五六十年代服务经济的迅猛发展，人们对服务的认识和定义更加多样化，总体上是从服务现象本身、服务的特点和功能、服务生产与消费等角度出发理解服务，如富克斯在其著作《服务经济》中对服务的描述，希尔、瑞德尔、佩蒂特等对服务的定义。这些定义对于人们从多层面、多维度认识和理解服务有一定裨益。

然而对服务进行深入阐释和深刻揭示的当属马克思。马克思强调："由于这种劳动所固有的物质规定性，由于这种劳动的使用价值，由于这种劳动以自己的物质规定性给自己的买者和消费者提供服务。对于提供这些服务的生产者来说，服务就是商品。服务有一定的使用价值和一定的交换价值。"针对服务的定义，马克思指出："服务这个名词，一般地说，不过是指这种劳动所提供的特殊使用价值，就像其他一切商品也提供自己的特殊使用价值一样；但是这种劳动的特殊使用价值在这里取得了'服务'这个特殊名称，是因为劳动不是作为活动，而是作为提供服务的。"马克思对服务的定义是在马克思主义政治经济学的范畴和理论框架下对服务本质做出的科学的揭示，不仅肯定了服务是使用价值，是劳动产品，是社会财富，可以投入市场进行交换，而且指出了服务同其他商品的差别只是形式上的，商品具有实物的形式，而服务则体现为一种活动形式，是一种运动形态的使用价值，这对于理解服务的本质及服务的特征，乃至服务业、服务贸易具有十分重要的意义。

恰因为服务区别于其他商品的特殊性，是一种活动的形式，因而在理解和认识服务的时候就不能像物质商品那样从某一个方面强调商品本身特征，而是应从涉及服务的投入，即生产者与消费者的共同参与，涉及服务的产出，即服务主要体现为一种过程或活动，以及涉及服务生产的目的，即服务提供的使用价值，也可称为时空或形式上的效用来整体加以评判，由此可以更加深入和准确。

1.1.2 服务产品及其特征

1. 服务产品的概念

在经济学看来，经济物品从形态上可以划分为有形产品和无形产品，后者指的就是服务。如果说"运动形态的使用价值"揭示出服务的本质，形成了服务的抽象概念，那么服务产品则是从经济学意义上对服务概念的进一步具化。在经济社会中，无形的服务与有形的商品一样无处不在。然而与有形商品相比，服务产品是服务劳动的成果，具有自身独特的规律和特点。从实物产品的生产在人类劳动实践中占据主导地位发展到无形服务大规模地兴起，不仅是生产力发展的必然，也生动地体现了这种关系所包含内容的嬗变。

从囿于自然需要的桎梏到社会需要的充分发展与实现，从实物形态财富的追求到包括非实物形态财富——服务产品的创造，服务劳动经历了由非生产劳动向生产劳动的转变。这种种变迁反映出人类需要深度与广度的加深，体现生产力水平的不断进步和提升。马克思说："任何时候，在消费品中，除了以商品形式存在的消费品以外，还包括一定量的服务形式存在的消费品。"事实上，劳务，这种最初的服务形式在人类社会中久已存在。只是在生产力高度发展的资本主义，特别是资本主义进入后工业化之后，由于服务业的兴起，服务劳动在生产中的地位才真正被重视并得以确立，并且随着分工的发展、新行业的产生而不断处于运动变化中。

那么服务劳动在当今社会的状况究竟如何呢？目前，发达资本主义国家服务业的产值与就业人数已经占到本国国内生产总值与就业人数的2/3左右，足见服务劳动在财富创造中举足轻重的地位，以至于人们谈论服务业必引用"配第-克拉克定理"作为一种现象性的解释。这种状况同时给予"服务劳动向创造财富的生产劳动转变"这一判断以无可辩驳的经验事实支持，预示着服务经济时代中人的需要观、劳动观、生产观、消费观及财富观都将面临重大变革。人与人类社会将更快从基本的生存需要的束缚中解放出来，获得更大的以发展为目的的满足需要的空间。这些空间是与观念相对应的，包括需要的层次空间、劳动的拓展空间、生产与消费的结构空间及财富的延伸空间，它们将在经济全球化及一次比一次迅猛的科技革命浪潮中愈加明显，并又融合生成彼此紧密相连的整体空间。而服务劳动则占据其间的重要地位，发挥着不可替代的作用。

考察当今社会经济部门，分工不断向纵深发展，不仅包括行业部门之间的分工，为生产不同使用价值的劳动相互独立又相互联系与依赖创造条件，同时表现在企业内部生产过程的分工，涉及产品不同组成部分之间的分工，不同工序的分工，同一生产过程中的脑体分工。而社会化分工是生产需要的直接体现，其结果就是不同的劳动职能纷纷独立出来，新的生产领域、新的行业部门同时产生了，而生产劳动职能也愈加丰富、复杂，并且在协作分工的要求下日益形成一个难以分离、不可分割的整体。而在这个整体中，有相当大一部分属于服务劳动。

事实上，创造任何服务产品都要耗费一定的物质资料和活劳动，无论其耗费结果的形态如何，只要具有一定的使用价值，能满足社会一定的需要，就是客观存在。在物质性上，服务产品同实物产品是完全一样的，其区别在于物质形态不同。服务产品的生产需要达到生产与消费的同时性及高度对接。而在商品经济条件下，服务产品当作商品同其他商品交换，也遵循商品交换中的一般规律，接受市场的调节。但是服务产品的流通同实物产品的流通有着显著差别。这些都成为考察服务产品必须注意的方面。

2. 服务产品的特征

与有形产品相比，服务产品拥有自身独有的特征，这成为认识服务经济及探寻其中规律和特点的基础。

1）无形性

服务产品与有形产品或者物质商品最大也是最基本的区别在于，服务产品是无形的。服务是运动形态的使用价值，是由一系列活动所组成的过程，而不是具有物理和空间形态的实

物。因此在提供、购买和消费服务之前,不仅服务的提供者通常无法向消费者展示服务的样品,而且服务的消费者也无法像了解有形产品那样,通过各种方式和途径全面感知服务。随着科技的发展,有些无形的服务已变得"有形化"了,如以唱片等为载体的物化服务,然而其使用价值的主体依然在于内容,并没有改变服务具有无形性的根本特征。

服务的无形性是服务的生产者与消费者之间存在严重的关于产品品质信息不对称的首要原因。物质商品品质可以通过生产者提供的样品、说明书、技术参数等,以及消费者的多方位的感知和评价加以深入了解。然而由于服务产品的无形性,服务的消费者在服务被提供之前很难了解和评判,但是服务的生产者和提供者完全知道所提供和消费服务的品质。如此就形成了买卖双方关于服务品质信息的完全不对称,由此可能导致消费者面临较大的道德风险及市场的逆向选择,在面对供给者无意或怠于主动提高或保证质量,甚至欺诈的情况下而显得势单力孤。

2)差异性

有形产品的品质通常不仅外显、客观,能够通过各种方式进行品质信号的传送,而且消费者也易于把握、评判。特别是在工业化、标准化的生产方式下,其品质得到了均质、稳定的保证。然而相比有形产品,服务产品的品质不仅取决于服务的生产者和提供者的技术水平、服务态度,以及影响服务生产的各种因素,同时也受消费者的特殊要求及差异化的消费体验的影响,因此不仅服务品质保证更加复杂、困难,而且品质评价也更加多样和不确定。尤其是面对个性化、差异化的服务需求,可能使相同种类的服务产生不同服务品质。服务质量的差异或者弹性,既为服务行业创造优质服务开辟了广阔的空间,也为劣质服务留下了活动的余地。这种差异性及由此引发的强异质性也使服务质量管理更加复杂,也更加灵活。

有人将产品特征分为寻找性特征和经验性特征两类;在此基础上,又增加了信任性特征。寻找性特征是指顾客在购买之前就能够确认其产品属性的特征;经验性特征是指只有在购买之后或在消费过程中才能体验到产品属性的特征;信任性特征则指顾客即使在购买和消费之后也很难真正做出评价其属性的特征。可见,有形产品具有较强的寻找性特征;服务的经验性特征较强;其他一些技术性、专业性较强的服务则表现出较为明显的信任性特征。从较强的寻找性特征向经验性特征和信任性特征的过渡是从消费角度出发反映服务产品品质存在的差异性,对于深入理解、划分服务产品并采取针对性的质量管理等具有重要意义。

3)不可储存性

有形产品具有物理状态和空间形态,生产出来以后可以以存货或库存的形式被储存起来,因而流通环节的存在虽然可能形成较高的库存成本和流通费用,但是这为有形产品以商品的形式应对市场机遇和风险提供了条件和可能,这是有形产品成为商品并进入经济循环自然和正常的现象。即便是为了降低成本,更加适应消费者个性化、多样化需求而追求的柔性生产、零库存,也没有改变有形产品可以被储存的客观事实。恰因为服务产品的无形性,其使用价值是活动形态和运动形式，因而一旦被生产了，事实上消费也同时开始了，也就是它不可能处于库存状态。如果服务不被使用，也就没有生产。如表演艺术服务，其服务蕴含在表演者自身之中，是表演者表演技能、表演艺术与表演者身体、生命的合一。只有在表演服务被需求时，表演者提供表演服务的同时，服务消费同时发生，生产与消费即完成了对接。

正因为服务产品的不可储存性，也使服务具有易逝性的特点。必要的场所、设备和人员可以事先准备好以创造服务，但这些仅代表服务能力，而不是服务本身。当需求稳定时，服务的易消失性还不成问题；一旦需求发生剧烈变动时，服务的能力是否能够满足实际需求就无法掌控。例如，一个有 150 个座位的航班，如果在某天只有 100 名乘客，它不可能将剩余的 50 个座位储存起来留待下个航班销售。服务产品没有生产过剩，过剩的只是服务的供给条件或能力。

4）不可分离性

有形产品的生产虽然更加需要考虑市场需求状况和消费者偏好，从而更好满足市场需求，实现企业发展目标，然而总体来看，生产有形产品是较为独立的过程。在此过程中，只要生产资料具备、生产条件许可，就可以组织生产，不需要消费者的全程参与或密切跟踪，并且一旦进入市场体系或流通过程便成为感性上独立的交易对象，生产过程在时空上同它分割开来。然而服务产品与有形产品不同，大部分的服务产品是先销售，然后进行生产和消费。服务的消费者需要参与服务的生产过程中，服务生产与消费的不可分离性为服务生产与消费的双向互动提供了条件，这是服务产品生产与消费的独特之处。

服务生产与消费的同步性使得服务难以进行大规模的生产，服务不太可能通过集中化来获得显著的规模经济效应。另外，服务生产和消费的同步性要求顾客和服务人员都必须了解整个服务传递过程。而有些服务是很多顾客共同消费的，即同一个服务由大量消费者同时分享，比如一场音乐会，这也说明在服务的生产过程中，顾客之间往往会有相互作用，因而影响彼此的体验。

服务产品的无形性使其并不能像有形产品那样被运输或移动。而服务产品生产与消费的不可分离性和同时发生性也使许多服务具有不可移动和不可贸易的特性。然而随着科技的发展，有些服务的生产和消费可以不同时或同地发生，如银行的异地结算、远程教育等，但这同样不能改变服务生产与消费不可分离性的主要特征。

此外，服务产品的生产与消费的时空同一性削弱了其市场的价格竞争效率。市场价格竞争应该是公平和有效的。一个公平的竞争应该让买卖双方具有对信息掌握的公平地位，但服务市场显然没有。一个有效的价格竞争必须存在一个前提，这就是消费者在购买前了解竞争产品的价格比例与效用比例从而能衡量产品性价比。

5）所有权不可转让性

恰因为服务产品的无形性、不可储存性、不可分离性等性质，使被提供服务的所有权不

可转让。首先，服务产品的无形性和不可储存性决定了其不可能像有形产品那样成为可以独立存在的实体或商品而具有所有权转让的条件。其次，服务产品生产和提供之时也是其消费之时，被消费了的服务已实现了其价值和使用价值，其所有权并没有让渡。最后，服务在生产和消费之前作为一种潜在提供的能力，其主要蕴含在服务提供者自身，并没有因为服务的生产而使服务的所有权发生转移。对于大多数服务来说，购买服务并不等于拥有其所有权，如航空公司为乘客提供服务，消费拥有享受服务的权利从而实现了服务产品的使用价值，但这并不意味着乘客拥有飞机上永久的座位服务。缺乏所有权会使消费者在购买服务的时候感受到较大的风险。现在有的服务行业采用了"会员制度"以维系市场和客户的关系。

1.2 服务业及其发展

1.2.1 服务业的概念及形成

1. 服务业的概念

服务业是生产或提供各种服务产品的经济部门或企业的集合。如果一种服务产品已不是个别地、偶然地被生产或提供，而是由一定数量的生产单位来供给，那么所有这些生产单位的集合就形成一个服务行业部门，而所有具有相同或相似特征的服务行业部门的集合则形成了服务产业。它已经成为社会经济发展的重要产业部门，并在经济结构优化过程中具有极为重要的地位。

服务业的概念与第三产业概念之间有密不可分的关系。1935 年，英国经济学家、时任奥塔哥大学教授的费雪在他的《安全与进步的冲突》一书中首次提出三次产业分类法。1940 年，英国经济学家克拉克出版了《经济进步的条件》一书，他也提出了三次产业的划分法。

按照克拉克三次产业分类法，以初级产品生产产业为主的农业是第一产业，当它在国民经济中的比重最大时为农业经济社会；以初级产品加工产业为主的工业为第二产业，当它在国民经济中的比重最大时为工业经济社会；两者之外的其他所有产业部门都归属第三产业，服务业作为第三产业，当它在国民经济中的比重最大时就是服务经济社会。

然而服务业与第三产业还是存在一些区别，主要包括：

第一，二者界定方式不同。第三产业的界定采用的是剩余法，这种方式界定的第三产业的范围往往难以确定。而服务业的界定以其能否提供或生产各种类型的服务产品为标准，提供不同服务产品的企业属于不同的行业部门，因而根据服务产品来定义的服务业比较明晰。

第二，二者界定的出发点不同。三次产业划分思想的出发点是经济体系的供给分类，而服务业则是以经济系统的需求分类为基础。三次产业本身暗含着不同层次产业部门的依赖关系。而服务业是从服务产品满足消费者的消费需求角度出发的，强调服务产品的生产同消费超过工业。但这只是服务业的个别部门的独立化，整个经济中并未形成大的服务业整体，至多只是出现了服务业的萌芽。三次社会大分工并没有穷尽人类社会的产业分工，但它裂变出一个重要的服务部门，它之后的数量众多的服务部门独立化，才构成大服务业。

1.2.2 配第-克拉克定理与服务业发展

1. 配第-克拉克定理

1940年，英国经济学家克拉克在威廉·配第的关于收入与劳动力流动之间关系学说研究成果之上，计量和比较了不同收入水平下就业人口在三次产业中分布结构的变动趋势。克拉克认为他的发现只是印证了配第的观点，因此其所揭示和阐述的经济发展规律被称为配第-克拉克定理。

该定理把人类全部经济活动分为第一产业（农业）、第二产业（制造业、建筑业）和第三产业（广义的服务业）。经过经济大样本观察，发现随着人均国民收入水平的提高，劳动力首先从第一产业向第二产业转移，当人均国民收入水平进一步提高时，劳动力便向第三产业转移。配第-克拉克定理揭示了经济发展中劳动力在三次产业中分布结构的演变规律，指出劳动力分布结构变化的动因是产业之间相对收入的差异。

配第-克拉克定理主要内容为：不同产业间相对收入的差异，会促使劳动力向能够获得更高收入的部门移动，随着人均国民收入水平的提高，劳动力首先由第一次产业向第二次产业移动；当人均国民收入水平进一步提高时，劳动力便向第三次产业移动。结果，劳动力在产业间的分布呈现出第一次产业人数减少、第二次产业和第三次产业人数增加的格局。

配第-克拉克定理对于认识经济结构的变迁及服务业的发展有一定的参考意义。

2. 服务业的发展

伴随资本主义生产方式的发展，以服务劳动为基础的服务业也取得了快速的发展。在资本主义生产方式下，资本家是生产的主体，"成为商品是它的产品的占统治地位的、决定的性质"，而"剩余价值的生产是生产的直接目的和决定动机"。从生产的技术条件看，机器大工业是其典型、成熟的发展阶段；从生产的社会条件考察，这种生产方式逐步表现为广泛而普遍的商品交换关系和市场化的生产要素的配置方式。由此，"资本的生产一方面力图发展和提高生产力的强度，一方面又追求劳动部门的无限多样化"。原属自我服务的劳动越来越地以商品的形式加入到社会化的行列中，而众多新的服务劳动形式在追求剩余价值的动因过程中被创造出来。这种状况不仅表现在家庭生活消费与社会生活消费中服务劳动的商品社会化，如住宿和餐饮服务、居民服务、文化、体育和娱乐服务等，尤其表现在围绕生经济发展的服务劳动的独立化和功能的强化，如交通运输、仓储和邮政服务、批发和零、金融服务、房地产服务、租赁和商业服务、信息传输、计算机和软件服务、科技服而资本主义的企业内部分工在服务劳动独立化方面发挥了极其重要的作用，并将这种的关系，所以服务业同其他产业之间是一种相互依赖的关系，而不是单向的依赖关系。

第三，二者提出指向不同。第三产业的提出是根据一国经济发展的进程和产业结构的变迁，从产业演化的角度界定的。服务业是从产品的特性及生产与消费的相互联系方面提出的。

2. 服务业的形成

追溯服务劳动的历史，可溯至人类发展初期的自然分工。恩格斯在《家庭、私有制和国家的起源》中指出："分工是纯粹自然产生的；它只存在于两性之间。男子作战、打猎、捕鱼，获取食物的原料，并制作为此所必需的工具。妇女管家，制备衣食——做饭、纺织、缝纫。"可见，早期的服务劳动是生产力水平极为低下情况下在性别基础上的分工，表现为自然需要和必要的生存需要，因而是一种内容极为简单且尚未开化发展的自我服务的劳动形式。而服务业作为独立产业的形成首先需要整个社会的物质产品生产力达到出现剩余产品的水平，从而使一部分人脱离物质产品生产而专门职业化地从事服务生产成为可能。

随着社会生产的发展，人类历史历经三次大的社会分工。在这三次分工中，服务的多样化形式开始展开，如从事社会的公共事务——劳动管理、国家事务、法律事务、艺术科学等，也总是必然有一个脱离实际劳动的特殊阶级来从事这些事务；而且这个阶级为了它自己的利益，从来不会错过机会把越来越沉重的劳动负担加到劳动群众的肩上。至于第三次社会大分工出现的商业及与之相伴而行的其他服务行业，如运输业、旅店业、饮食业等则标志着服务业作为一种独立产业运动的开始。这也表明服务部门独立化对社会发展产生正的效率效应，因而能够被社会所接纳。

资本主义之前的时代，服务劳动并非停滞不前，只不过囿于低下的生产力水平而随着生产的发展处于缓慢的扩张状态。在人类步入资本主义社会，特别是资本主义生产方式在工业领域取得绝对统治的地位并朝着工业化中后期迈进时，以雇佣劳动方式出现的容纳服务劳动的行业与部门迅速扩大，从而使经济结构发生了重大变化。不仅如此，整个经济对服务产品的需求经常化、规模化，使服务产业具有稳定的需求和消费基础。

从历史发展和产业演进的角度看，服务业形成的标志至少应包括以下三项：

第一，服务劳动职业化。它指经济活动中出现了以从事服务活动为谋生手段的专务劳动人员。从事服务的劳动者相比之前的服务活动者的特点是专门性和有偿性。

第二，服务部门独立化。它指服务部门不再内置于物质产品生产部门而从中立化。只有当服务生产活动从物质生产过程中分离出来，而且已经独立的、职作人员有了分工区域内的一定"行业"规模，而不是个别服务人员的、偶这种服务生产才从物质生产部门中真正独立出来，变附属地位为独立地位具体的服务产业。

第三，服务部门门类多样化。早在第三次社会大分工开始时，商分离出来，形成了一个独立的服务部门，在欧洲多个早期发达的国

"独立"融入更加紧密的整体生产职能中。对此,马克思说:"为了从事生产劳动,现在不一定要亲自动手;只要成为总体工人的一个器官,完成他所属的某一种职能就够了。"显然"总体工人"的思想意味着服务劳动虽然是局部劳动,但是已成为"发展各种劳动即各种生产的一个不断扩大和日益丰富的体系"中不可分割的组成部分,这也就意味着服务劳动的发展空间被必然而且确定性地拓展了。

与此同时,资本主义国家政府的社会职能在第二次世界大战之后也得到了或多或少的加强。这种加强是在服务劳动越来越成为生产劳动体系的组成部分,成为满足人类基本需要的重要手段,同时在庞大市场经济失灵,政府又不得不肩负起调和社会矛盾、维护社会稳定、调控发展经济、完善保障、增强福利等任务的条件下实现的。诸如卫生、社会保障和社会福利服务、公共管理和社会组织服务、教育服务等发展就是明证,由此使许多国家政府职能脱离了单纯维护其阶级统治的需要,成为服务劳动拓展的重要内容。

虽然服务劳动的扩展是服务化的结果,但有的学者认为其实质是信息化,是西方发达国家20世纪80年代以来生产技术和组织形式发生重大变化而引发的,其特点是对服务的需求不是在商品生产体系外部展开,也就是服务的发展不是由最终需求推动,而是由技术进步、分工深化和管理方式变革所引起的对服务的中间需求的扩展所带动,即在商品生产体系内部展开。

就当代而言,服务业一方面追求标准化以提高服务的效率,另一方面追求人性化以提升服务业的层次。服务业正在成为世界各国寻求经济发展和结构优化升级的重要产业选择。近年来,全球服务业跨国直接投资、服务贸易的增速高于全球对外直接投资(FDI)和世界贸易增速。跨境电商、物联网、互联网金融、众包、大数据、共享经济等新兴服务业、新的服务模式蓬勃发展,成为拉动全球服务业增长的主要引擎。新业态的不断涌现推动了各国服务业政策的不断创新。

就我国服务业发展状况来看,统计数据显示,2017年,我国服务业增加值达 427 032 亿元,占 GDP 的比重为 51.6%,比上年增长 8%,高于全国 GDP 增长 1.1 个百分点,连续 5 年增速高于第二产业,超过第二产业 11.1 个百分点,成为我国第一大产业。目前,我国服务业中的一些行业已经迈入世界前列,正在不断助推新动能加快成长,实现了从跟跑到并跑、领跑的飞跃。

2017 年,我国高速铁路里程、高速公路里程、快递业务规模等已远超其他国家,稳居世界第一;移动支付、共享经济、大数据运用已走在世界前列;电信业在 5G 技术、标准、产业、应用等方面正成为全球引领者;金融业人民币国际化步伐加快,不仅跻身储备货币,而且开始成为石油贸易的计价货币;科技创新取得新成就,R&D 支出占 GDP 比重上升到 2.12%,超过欧盟的平均水平。

以"互联网+"为标志的服务业新经济高速成长。2017 年,规模以上服务业企业中,

与共享经济、数字经济密切相关的互联网信息服务业、信息技术咨询服务业、数据处理和存储服务业营业收入分别增长42.9%、35.4%、39.1%。全年电子商务交易额达29.16亿元,比上年增长11.7%;网上商品零售额增长32.2%。银行业金融机构处理移动支付业务金额比上年增长28.8%;非银行支付机构发生网络支付业务金额增长44.32%。

新兴服务业发展势头强劲。2017年,规模以上服务业中,战略性新兴服务业、高技术服务业、科技服务业营业收入分别增长17.3%、13.2%、14.4%,比上年提高2.2、2.8、3.1个百分点。

幸福产业发展态势良好。随着人民群众对美好生活需求的日益增长,旅游、文化、体育、健康、养老服务业稳定、健康发展。2017年,规模以上服务业企业幸福产业营业收入合计增长13.7%,比上年加快1.9个百分点。幸福产业在国民经济中比重不断提升。2016年,旅游及相关产业、文化及相关产业、体育产业增加值占国内生产总值的比重达到4.44%、4.14%和0.87%,较上年提高了0.08、0.19、0.13个百分点。人民群众的幸福感、获得感得到进一步提升。

1.2.3 服务业的分类

产业分类的基础首先在于产业本身的形成和发展的规模及地位,并会随着经济的发展而变化,同时分类还受人们认识标准的直接影响。而三次产业是被广泛接受并有着统计实践支撑的划分方法,但是统计口径有所差异。目前,服务业分类的标准主要有以经济功能为基础的分类、以生产为基础的分类、以消费为基础的分类、以不同经济发展阶段特点为基础的分类等。

1. 以经济功能为基础的分类

这种分类方法更强调各服务部门在国民经济中的不同作用。比较有代表性也是越来越多研究者倾向于采用的分类方法是1975年由布朗宁和辛格曼提出的"服务业四部门"分类法。该分类方法将服务业部门划分为四类,主要包括分销服务(distributive services),涉及运输、通信、商业;生产者服务(producer services),涉及金融、专业服务;社会服务(social services),涉及健康、教育、国防;个人服务(personal services),涉及家政、旅馆、餐饮、娱乐。尽管其分类并不完善,却为后来学者所普遍接受的服务业四分法的提出奠定了基础。如学界将服务业划分为生产者服务业、分配性服务业、消费性服务业及社会性服务业,就是从经济功能的角度出发做出的划分。其中生产者服务业是指被其他商品和服务的生产者用作中间投入的服务业。消费性服务业是指以满足居民消费需求或基本民生要求的服务业。

2. 以生产为基础的分类

可作参考的主要包括联合国制定的联合国标准产业分类(ISIC)和北美产业分类体系

(NAICS)。这两种产业分类均是以三次产业发展阶段理论作为划分依据的,是人类经济发展经历了从第一产业为主到第二产业和第三产业相继为主的过程,更确切地说,即从农业为主发展到以工业为主再到服务业为主,而各种服务劳动则形成了服务业的基础。

1948年联合国统计委员会第一次发布了《所有经济活动的国际标准行业分类》(ISIC),此后随着技术进步和产业结构调整,该分类标准根据经济发展需要陆续进行了4次修订。目前,联合国所属机构和各个国际机构都使用这一标准分类。《所有经济活动的国际标准行业分类》分为四级:第一级为门类,编码为一位数;第二级为大类,编码为两位数;第三级为中类,编码为三位数;第四级为小类,编码为四位数。

根据联合国标准产业分类法(ISIC)第3次修订版,第一产业为农、林、牧、渔业,第二产业包括采掘业、制造业、电力、煤气和水的供应业及建筑业,第三产业全部是服务业,具体包括:批发和零售贸易,饭店和餐饮服务,运输、仓储和通信,金融中介,房地产、租赁和商务服务,公共管理、国防和社会安全服务,教育服务,健康和社会保障,其他社会、团体和个人服务,个体的私人家庭生产和服务,外国组织和机构,共计11类服务。

联合国标准产业分类法(ISIC)的第4次修订进一步细化了分类。ISIC按照生产要素的投入、生产工艺、生产技术、产出特点及产出用途等因素,将经济活动划分为21个门类、88个大类、238个中类和419个小类。

北美产业分类体系(NAICS)是在美国的倡导下,由美国、加拿大和墨西哥联合开发的产业分类体系,充分体现了区域间的协调性和可比性。该分类方法特别强调新兴产业、服务业及从事高新技术生产的产业。

北美产业分类体系(NAICS)的基本结构采用了线分类法,将社会经济活动划分为部门、子部门、组、NAICS产业、国家产业五层。第一层采用了两位数字代码,而联合国标准产业分类法(ISIC)和其他经济分类的第一层多采用字母代码。NAICS的五个层次具体分为:第一层为两位代码,表示部门。第二层为三位代码,是对第一层部门的细分类,表示子部门。第三层为四位代码,是对第二层子部门的细分类,表示组。第四层为五位代码,是对第三层子部门的细分类,表示"NAICS产业"。第五层为六位代码,是对第四层"NAICS产业"的细分类,表示"国家产业",即美国、加拿大、墨西哥根据本国的情况对NAICS的进一步细分类。NAICS的基本框架体现在前四层,它是具有5位编码的分类,并被北美三国统一采用。现行的北美产业分类体系每5年修订一次,最新的2017年版分类中包含20个门类、99个大类、312个中类、713个小类,美国的细类共计1 069个。

此外,还有欧盟统计局建立的欧盟产业分类体系(NACE),目前采用的是2006年修订发布的NACE 2.0版本,包含21个门类、88个大类、272个中类、615个小类。

3. 以消费为基础的分类

这种分类方法是从消费出发,强调服务的消费目的。比如将商业、运输、通信、仓储等

服务归为生产服务（production services），将政府、教育、健康及其他社会服务看作集体消费服务（collective consumption services），把职业服务、家政服务、修理服务及其他专业性服务划为个体消费服务（individual consumption services）。该方法的划分有助于从消费的角度研究和考察服务业的发展。

4. 以不同经济发展阶段特点为基础的分类

1970 年，M. A. Katouzian 依据罗斯托经济发展阶段理论将服务业分为三类：新兴服务业、补充性服务业和传统服务业。

新兴服务业一般出现在工业化后期，相当于罗斯托所谓工业产品的大规模消费阶段，与费雪的"第三产业"和贝尔的"后工业社会"的主导产业相似，是指工业产品的大规模消费阶段以后出现需求加速增长和大规模消费的服务业，这些行业的收入弹性一般较高，如教育、医疗、娱乐、文化和公共服务等。补充性服务业是相对于制造业而言的，是中间投入服务业，它们的发展动力来自工业生产的中间需求，主要为工业生产和工业文明"服务"，这类服务业主要包括金融、交通、通信和商业，此外还有法律服务、行政性服务等。传统服务业是指运用传统的生产方式经营，并且在工业化以前就已存在的服务业。主要有两层含义，一是传统的需求，二是传统的生产模式。这类服务通常是由最终需求带动的，主要包括传统的家庭与个人服务、商业等消费性服务。

此外，还有现代服务业的提法，是指以现代科学技术特别是信息网络技术为主要支撑，建立在新的商业模式、服务方式和管理方法基础上的服务产业。现代服务业既包括随着技术发展而产生的新兴服务业态，也包括运用现代技术对传统服务业的改造和提升。

我国《国民经济行业分类》是依据 ISIC 基本原则建立的国家统计分类标准，明确规定了全社会经济活动的分类与代码，适用于统计、规划、财政、税收、工商等国家宏观管理中对经济活动的分类，并用于信息处理和信息交换，是经济管理和统计工作的基础性分类。2011 年 4 月，国家质量监督检验检疫总局、国家标准化管理委员会发布了由国家统计局主持修订的《国民经济行业分类》（GB/T 4754—2011）。近年来，2011 年版国民经济行业分类在我国统计工作和经济管理活动中得到了有效实施，发挥了十分重要的作用。但随着我国产业结构转型升级加快，互联网经济和现代服务业迅猛发展，新产业、新业态和新商业模式大量涌现，2011 年版《国民经济行业分类》中的行业划分显得过于粗放，已不能全面、深入、准确地反映我国新兴产业的发展，难以满足国家制定产业发展战略的需要。在此背景下，国家统计局开展了国民经济行业分类的修订工作。

依据 2017 年版《国民经济行业分类与代码》（GB/T 4754—2017），国民经济行业分为门类、大类、中类、小类四个层次。该版行业分类共有 20 个门类、97 个大类、473 个中类、1 380 个小类。与 2011 年版比较，门类没有变化，大类增加了 1 个，中类增加了 41 个，小类增加了 286 个。

从门类来看，具体包括：

A 农、林、牧、渔业；

B 采矿业；

C 制造业；

D 电力、热力、燃气及水生产和供应业；

E 建筑业；

F 批发和零售业；

G 交通运输、仓储和邮政业；

H 住宿和餐饮业；

I 信息传输、软件和信息技术服务业；

J 金融业；

K 房地产业；

L 租赁和商务服务业；

M 科学研究和技术服务业；

N 水利、环境和公共设施管理业；

O 居民服务、修理和其他服务业；

P 教育；

Q 卫生和社会工作；

R 文化、体育和娱乐业；

S 公共管理、社会保障和社会组织；

T 国际组织。

1.3 服务经济的兴起

1968年，美国经济学家富克斯出版了《服务经济》一书，提出了一个重要观点，即美国在西方国家中率先进入了"服务经济"社会，并说道："由英国开始扩展到大多数西方国家的从农业经济向工业经济的转变具有'革命'的特征；而美国已深入发展并在所有国家表现出来的从工业经济向服务经济的转变尽管较为缓慢，但从经济分析角度看同样具有革命的性质。"而这一判断随着时间的推移在各国从工业经济向服务经济转变的过程中显得愈加明显。

现实中，服务业在国民经济中的地位与作用不断提升，在发达资本主义国家服务业的产值与就业人数已经占到本国国内生产总值与就业人数的2/3左右，服务化的观念早已深入人心，而服务贸易在服务化与全球化的浪潮中也获得了前所未有的快速增长势头。所有这些事

实让人们相信,服务业的发展水平代表了经济的整体发展水平,开放经济条件下的服务贸易是获取更多经济利益的重要贸易形式,因而推进服务业与服务贸易的发展,应该也必然成为各国经济发展的中心与目标。

1.3.1 服务经济时代中的消费变化

消费在商品经济社会中是经由交换和分配才在价值和使用价值的互换中成为主体所能支配和实现的利益,这一过程几乎而且越来越离不开流通的功能和作用。但是,无论是产品还是商品,使用价值运动的社会交换过程是更一般的规定。服务经济社会中,分工的深化和拓展愈加超越先前的任何时代,因而由分工引起的交换空间范围更加广阔,为使消费主体拥有现实的消费对象而在流通中进行的使用价值的运动和实现显然是必要的,否则这种使用价值对于消费者而言依然是悬浮在欲望中,是一种潜在的尚未成为现实的利益。换言之,承担使用价值运动和实现的流通中的劳动对人的需要和消费而言是有用的,在商品经济社会中是能够带来价值利益的。那些与大众消费相适应的面向大众、刺激消费的营销服务活动——广告、杂志、影视、网络等随之涌起,成为流通环节在商业社会的特殊存在。

再来看消费本身,从需要的多样化及物质需要向非物质需要,也即向服务需要的发展中不难看到,服务消费已经成为重要的消费形式,而且处于大众消费之中。与实物商品的消费不同,服务消费的对象是运动形态的使用价值,其生产与消费具有同时性,由此决定了服务消费就是生产与消费一体两面——主体消费的过程就是占有的过程,占有并非延伸至消费之外;而消费的过程也是生产的过程,生产的结果是财富的创造与再造。

服务消费与物质消费在一定条件下为此消彼长的关系,这本身表明二者都应该成为人类基本生活需要的重要组成部分,否则无须劳动付出,可有可无,也就不会成为利益追求的目标。进一步深究,新工业主义认为,未来消费的趋势是商品代替服务,社会生产仍然围绕物质财富的生产展开,即使未来社会是以服务消费为主,服务的生产也将"产业化"和"工业化";而美国学者鲍莫尔则认为,就产出来说,所谓"服务经济"只是一种统计幻觉,是由服务业和制造业相对通货膨胀造成的幻觉,那种认为人们对服务的消费会随财富的增长而上升的观点是值得怀疑的。上述两种观点虽没有反映服务整体与整个事实的全部,但是它们起码说明了服务经济尚有漫长的路要走,消费中的服务利益依然处于依赖物质利益发展的模式,即通过标准化、产业化等方式提高生产率,从而推进服务的消费。

以我国为例,近年来,我国已进入消费需求持续增长、消费结构加快升级、消费拉动经济作用日益增强的发展阶段,零售消费呈现出从注重量向追求质的提升、从有形产品向更多服务消费等为主要内容的升级态势。服务消费已经成为我国推进经济发展、促进消费升级的重要着力点。

1.3.2 服务经济时代生产结构变动

从农业经济到工业经济,再到以服务性部门壮大为特征的服务经济,是人类利益追求在经济部门结构性转移的反映。结构变迁既提示并要求顺应经济发展的规律,适宜适度地推进结构重心转变,以便更快更好地实现目标利益,同时启示结构的内在演进不是简单的更替兴衰,而是属于整个经济系统内部结构的协调和整体能级的跃升,不仅是生产力发展的问题,也是利益关系调整的问题。

如果说产业结构由农业向工业的发展是人类追求物质利益能力的极大提升,是创造生存、生活物质条件的过程,那么产业结构重心向服务业转变便意味着人类在创造生存条件的同时,在生产着生活本身。虽然这种生产依然需要建立在坚实的物质利益基础上,而且目前也确实以增进物质利益为中心,但是不能否认它向生活本身的靠拢。伴随经济发展,整体的产业结构表现出"软化"的特征。各行业在要素密集性上的显著差异决定了真正对结构变化产生巨大影响的不是劳动密集型行业,而是资本密集型行业,特别是技术、知识密集型的服务性行业。它们将其蕴藏的巨大生产潜力服务于经济整体,作用于工业和农业及为人的生活和发展服务的各个行业,从而使整个产业结构向技术、知识密集型的"软化"方向发展。因此,"软化"不单指服务业一个产业部门,也不是单从"量"的角度考察,而是关注整体及"质"的变化。在此过程中,各产业间的关联性也被无形的纽带强化了。

而在这种空前强化的联系中,资本、技术和知识密集型服务性行业以其服务显著作用于生产而分外突出,由此形成目前重要的格外引人关注的生产性服务业。数据显示,目前,生产性服务增加值在许多国家服务业总体增加值的比重已达40%左右。那些与生产发展紧密相关的服务劳动,诸如金融服务、房地产服务、租赁和商业服务、信息传输、计算机和软件服务、科技服务等,虽然围绕物质商品生产,但是它们带着鲜明的现代经济特征,并且与信息技术和知识经济紧密相关,因而代表着先进的生产力,左右着经济体系的发展高度和获利水平。

从对世界,尤其是发达国家的实证研究发现,产业结构发展阶段和重心的转变呈现出配第–克拉克定理所阐明的统计现象,同时与消费及经济增长有着密切的关系。表1-1显示出国际产业结构阶段与重心的演变。

表1-1 国际产业结构阶段与重心的演变

人均产值/美元	最终需求	产业结构发展阶段	结构重心
150 以下	温饱满足	农业与初步工业化	农业
150~<300			农业、轻工业

续表

人均产值/美元	最终需求	产业结构发展阶段	结构重心
300~<600	追求便利与机能阶段	工业化	轻工重基础
600~<1 500			轻工重基础、重加工建筑
1 500~2 500			重加工建筑
2 500 以上	追求个性、精神、娱乐	服务化、信息化	咨询等现代工商服务业、信息产业

从表1–1可见，产业结构及重心演变的总体趋势除了从农业到工业再向服务业发展外，还表现出从劳动密集型向资本密集型、技术和知识密集型演进的特征。总结来看，经济增长（国民收入增长）—居民收入水平提高—消费结构改变—产业结构改变—经济进一步增长，成为贯穿其中的一条线索。虽然依照生产决定消费、生产结构决定消费结构的观点，消费品产业结构将直接决定消费结构，决定其总量和比例的关系，但是消费结构又是消费中实现的产品结构，它将直接影响再生产过程顺利进行及生产结构的延续，何况消费结构还会对生产结构的调整发生作用。

21世纪是一个经济大转变的时代，发展知识经济是大势所趋。新兴知识经济的产业基础是信息产业和服务业，是相对过去以物质经济为基础的产业经济形态而言的，其本质变化是过去的实物经济、有形经济逐步让位服务经济和无形经济。服务经济的兴起无疑是人类社会令人激动和心向往之的事情。

概念和术语

服务；服务产品；服务业；配第–克拉克定理

复习思考题

1. 服务产品的主要特征是什么？
2. 服务业形成的标志有哪些？
3. 服务业与第三产业有何区别？
4. 试述服务业的主要分类方法并加以比较。
5. 试述配第–克拉克定理的主要内容。
6. 结合我国社会经济发展状况，谈谈你对服务经济的看法。

延伸阅读

服务经济的发展规律和特征

《中共中央关于制定国民经济和社会发展第十二个五年规划的建议》提出了"服务经济"

概念。服务经济是从产业角度对经济发展阶段和特征的把握,指的是基于服务业的经济发展形态。它在历史逻辑上区别于农业经济、工业经济;在实际范围上包括生产性服务业、生活性服务业和公共服务;在基本内容上主要包括服务产业和服务贸易。加快我国服务业发展,已不仅是一个产业发展问题,而且是涉及我国现代化建设的重大国家战略问题,关乎深入贯彻落实科学发展观、加快转变经济发展方式的大局。

一、服务业发展的规律和趋势

从20世纪80年代开始,世界经济向服务经济转型。这是继工业革命之后的一次新的经济革命,是从技术到产业组织、经营管理、商业模式、运行体制、发展方式的全方位变革,可以称为"服务革命"。它代表着经济发展的战略方向和总体趋势。随着世界经济进入服务经济时代,服务业占世界经济的比重已经超过60%、占发达国家经济的比重已经超过70%、占发展中国家经济的比重在60%左右;服务业跨国投资占国际投资总额的比重超过2/3;服务贸易总额占世界贸易总额的比重超过1/5。而且,服务业正成为引领技术创新和商业模式创新的主导力量。世界经济向服务经济转型,是服务业自身发展规律和趋势的体现。

服务业发展的外部化。服务业的产生和发展走过了一个以市场为导向的外部化过程。随着专业化分工逐步细化、市场化水平不断提高,生产企业的研发、设计、仓储、营销等服务职能逐渐分离。20世纪50年代,许多跨国公司开始把商务活动外包给专业的服务公司,从而使得生产性服务业迅速发展起来。政府公共服务的外部化即政府向社会和市场购买公共服务,是政府从"管理型政府"向"服务型政府"演变、从"大政府"向"小政府"发展的必然结果。一方面,对于社会和市场能够提供的公共服务,"小政府"不需要设立专门机构并配置人员参与提供;另一方面,"服务型政府"又必须成为公共服务的最大供给者,政府向社会和市场购买服务因此成为一种必然。

服务业内容的中间化。这主要表现在生产性服务业。目前,生产性服务业已成为"产业的中间人",成为产品差异和增值的主要来源,也是服务业中增长最快的领域,其产业增加值占整个服务业的比重在70%以上。生产性服务业向生产部门传递人力资本和知识资本,也传递了比较优势,可以深化产业分工、促进产业融合,从而提升生产效率、降低交易成本和运营风险。

创新是服务经济的生命线。技术创新与服务经济之间形成了一个循环:一方面,技术创新是服务经济发展的重要动力;另一方面,服务经济的发展需求引领着技术创新。发达国家在完成工业化以后,推动经济向内生增长模式转变,引领创新的主要动力是服务业。当代,生产性服务业的技术进步与创新已经成为整个产业链技术进步与创新的源泉,对整体经济的技术进步和创新越来越具有关键性作用。商业模式创新成为当代服务创新的新内涵,包括供应链、运营、销售渠道、服务方式、赢利模式等方面的综合创新。

服务业升级的知识化。信息通信技术与服务业相融合,促使服务业从传统的以劳动密集型和资本密集型为主转向以技术密集型和知识密集型为主转变，促进了服务业的现代化。传统的生产性服务业如金融、保险等，主要以资本要素投入生产过程，充当"资本的中间人"；现代的生产性服务业向信息、广告、市场调查、会计、律师、管理资源等领域拓展，主要以知识要素投入生产过程，充当"知识的中间人"。当前，服务业发展的专业化、信息化、知识化趋势不断增强，知识密集型服务业已经成为服务业增长的主力军。

服务业分布的集聚化。城市是服务业功能集聚的主要场所，城市化推进的过程也是服务业发展的过程。现代城市绝大部分是服务业中心，服务业在城市经济中扮演着最重要的角色。服务业特别是生产性服务业的大规模发展，促进城市知识、资本、信息、人力资源等的大规模流动，促进城市的功能转型。

服务业拓展的离岸化。得益于信息通信技术的飞速发展和广泛运用以及以世界贸易组织为代表的全球经济贸易制度的完善，服务的可贸易性大幅度增强，服务贸易流量占世界贸易总额的比重日益提高，服务外包发展迅猛；服务业跨国投资壁垒明显降低，服务业转移成为全球产业转移的重点，服务业离岸化发展已经上升至全球化阶段。

遵循这些发展规律与趋势，世界经济沿着三个维度向服务经济转型：一是沿着市场化、社会化方向挖掘服务经济发展的深度，其主要路径是推动制度变革、空间集聚（城市化）、产业融合等；二是沿着信息化、知识化方向提升服务经济发展的高度，其主要路径是推进科技创新；三是沿着离岸化、全球化方向拓展服务业发展的广度，其主要路径是参与国际合作和竞争。

二、服务经济的宏观内涵和意义

服务业拥有比制造业更突出的宏观经济地位。第一，服务业逐步取代制造业，成为各国经济的主体。在英国等第一批工业化国家，在工业化后期服务业比重超过制造业；而在日本等第三批工业化国家，在工业化中期服务业比重就超过了制造业。当前，世界经济结构已经完成向服务经济的转型。第二，发达国家经济走上以科技进步为先导的内生增长模式，其根本动力在于服务业尤其是生产性服务业的发展。第三，主要发达国家在国际经济领域的优势主要源于并集中于服务业和服务贸易，而不是制造业和货物贸易。

服务业拥有比制造业更深远的宏观经济效应。第一，与制造业相比，服务业具有更强的产业关联性。大部分制造业的产业关联效应是直线式的，带动发展的主要是上、下游产业；而服务业，尤其是生产性服务业的产业关联效应更具发散特征，是辐射式的，可以带动周边产业成本下降、效益提升，并分散风险。第二，与制造业相比，服务业对整体经济的带动作用是多层次的。制造业主要通过制造工作母机、中间产品来传递规模优势和成本优势；而服务业，尤其是生产性服务业则通过产品研发创新、商业运作模式优化、管理效益提升、市场风险分析与规避、品牌建设与维护等服务改造其他产业，传递竞争优势。第三，与制造业依赖静态比较优势参与国际竞争不同，服务业是动态比较优势的主要创造者。在服务经济崛起并成为世界经济主体之前，制造业是引领经济发展的主要力量，国与国之间通过以资源禀赋为基础的比较优势展开竞争和融入国际经济循环。随着信息通信技术、金融服务等的发展，比较优势可以在国家内部、国家之间转移和传递，而且这种转移和传递的速度越来越快，发展中国家也可以吸引和积累发达国家具有比较优势的资源——资本、知识、技术、管理等，并以此发展本国服务经济。

  服务业拥有比制造业更深刻的宏观经济内涵。从当前来看，在后国际金融危机时期，我国能否实现产业结构和经济结构调整、化解严峻的国际贸易压力，一个重点就在于能否较快提升服务业比重。从中期来看，我国"十二五"时期加快转变经济发展方式离不开服务业发展：服务业具有资源消耗少、环境污染少、就业容量大的特点，对于保障和改善民生、建设资源节约型和环境友好型社会具有直接而积极的效应；服务业的发展，可以改变创新模式、推动技术进步、优化经济结构；服务业的繁荣，有利于增强城市的服务功能、集聚水平和辐射能力，是提高城镇化水平的重要推动力量。从长远来看，经济发展的根本动力来源于创新，而服务业已经成为引领创新的主导力量。

  可见，服务经济更具渗透性、辐射性和柔和度。服务业恰如渗透在各个经济领域的"经脉"，对经济运行有激发创新、降低成本、稳定秩序等作用。抓住"经脉"则纲举目张，可以提升经济发展的水平、质量和效益。

第 2 章　国际服务贸易导论

2.1　国际服务贸易的定义

2.1.1　传统的国际服务贸易定义

作为国际贸易重要组成部分的服务贸易，在社会经济发展中的地位和作用越来越重要，也受到社会各界的广泛关注。然而对于什么是国际服务贸易，依然存在诸多理解和认识不确切、把握不深入的问题。

在国际贸易教科书中，国际贸易通常被定义为世界各国或地区之间货物、服务和生产要素的交换活动。它是各国之间分工的表现形式，反映了世界各国在经济上的相互依存。从该定义可以看出，服务是其中重要的贸易标的。从传统的国际贸易的观点理解，国际服务贸易是世界各国或地区之间服务的交换活动。

当一国或地区的劳动力向另一国或地区的消费者（法人或自然人）提供服务时，并相应获得外汇收入的全过程，便构成服务的出口；与此相对应，一国或地区消费者购买他国或地区劳动力提供服务的过程，便形成服务的进口。各国的服务进出口活动，便构成国际服务贸易。其贸易额为服务总出口额或总进口额。

上述依据传统国际贸易观点对国际服务贸易的定义涉及人员移动与否、服务过境与否及异国国民之间的服务交换等问题。这些问题与服务产品的特征有着密切的联系。在服务产品的跨国交易时，人员移动与否、服务过境与否不是判定服务贸易发生的必要条件，只要有一种相关要素发生移动，往往就构成贸易。而异国国民之间服务交换也可以形成国际服务贸易。

2.1.2　《服务贸易总协定》对国际服务贸易的定义

关税与贸易总协定（GATT）乌拉圭回合多边贸易谈判的一个重要成果就是产生了《服务贸易总协定》(General Agreements on Trade in Services，GATS)。GATS 对服务贸易的定义区别于 GATT 对货物贸易的定义。GATS 将服务贸易定义为四种模式。

第一种，跨境交付（cross-border supply），即从一成员方境内向任何其他成员方境内提供服务。在跨境交付模式下，服务的提供者与消费者都不移动，一般也不涉及资金及人员的过境流动。跨越国境和边界的只是服务本身。

跨境交付模式又可以分为被分离服务（separated services）贸易和被分离生产要素服务（disembodied services）贸易两种类型。被分离服务贸易类型中的服务与货物一同在出口国生产，经过国际交易在进口国消费。保险和金融服务就是通过通信手段进行的国际服务交易。被分离生产要素服务贸易，又称缺席要素（absent factor）服务贸易。在提供服务时，并不需要所有要素都移动，可能有一种要素被称为"缺席要素"，例如管理位于母国不动，但可以通过信息通信技术提供服务，以强化海外生产要素。

第二种，境外消费（consumption abroad），即在一成员方境内向任何其他成员方的服务消费者提供服务。在境外消费模式下，一般是通过服务的消费者（购买者）的过境移动实现的，而服务产品是在服务提供者所在国生产的。最典型的例子是旅游、教育及医疗服务等。

第三种，商业存在（commercial presence），即一成员方的服务提供者通过在任何其他成员方境内的商业存在提供服务。在商业存在模式下，主要涉及市场准入和对外直接投资，即在一成员方境内设立机构，通过提供服务取得收入，从而形成贸易。它是一国的企业或经济实体到另一国开业，提供服务，包括投资设立合资、合作和独资企业。服务人员可以来自母国，也可以在东道国雇用；其服务对象可以是东道国的消费者，也可以是第三国的消费者。商业存在模式常见的有在境外设立金融服务分支机构、律师事务所、会计师事务所、维修服务站等。而境外消费模式则强调通过生产要素的流动到消费者所在地提供服务。

第四种，自然人流动（presence of natural persons），即一成员方的服务提供者通过在任何其他成员方境内的自然人存在提供服务。在自然人流动模式下，一成员方的自然人（服务提供者）过境移动，在其他成员方境内提供服务而形成贸易，如一国的医生、教授或艺术家到另一国从事个体服务。

上述四种贸易模式所形成的国际服务贸易的定义过于宽泛，而且相互交叉。这是因为，谈判委员会在一些发达国家的要求下，尽可能多地把服务贸易纳入谈判内容。而服务的交易又往往不是以一种方式完成的，而是几种方式的相互结合。

对于服务贸易的定义，乌拉圭回合中期评审报告中曾指出，多边服务贸易法律中的定义，应包括服务过境移动，消费者过境移动和生产要素过境移动（主要指服务提供者过境移动）。它们一般要符合以下四个标准：服务和支付的过境移动性、目的具体性、交易连续性和时间有限性。

2.1.3 《北美自由贸易协定》对国际服务贸易的定义

1989年，美国和加拿大两国签署了《美加自由贸易协定》。经过14个月的谈判，1992年8月，美国、加拿大及墨西哥三国签署了一项三边自由贸易协定——《北美自由贸易协定》（NAFTA）。1994年1月1日，该协定正式生效。其中，《美加自由贸易协定》是世界上第一个在国家贸

易协议中正式提出服务贸易定义的文件。其基本表述为：服务贸易是指由代表其他缔约方的一个人（包括自然人和法人），在其境内或进入另一缔约方境内提供所指定的一项服务。

《北美自由贸易协定》将服务贸易纳入规范的范畴，其自由化的步伐更快，并成为 GATS 的范本。它较为全面地规定了服务贸易自由化措施。《北美自由贸易协定》的服务贸易规则涉及跨境服务、电信、金融、垄断及竞争政策等范围。协定采取"否定清单"的方式规定适用的服务部门范围，即如果一个服务部门没有被明确排除在协定调整范围之外，那么该服务部门就会自动适用。

就服务提供方式来说，它包含了 GATS 下的四种服务提供方式：跨境交付、境外消费、商业存在、自然人流动。协定第十二章"跨境服务贸易"包括对一项服务的生产、分配、营销、销售、交付、购买、使用、与服务有关的运输、支付等要素，涵盖了 GATS 项下方式一"跨境交付"和方式二"境外消费"。第十一章"投资"适用于包括非股权利益的各种形式的投资，含义广于 GATS 项下的相应定义，适用于为提供服务而进行的投资活动（GATS 项下的方式三"商业存在"）。GATS 项下方式四"自然人流动"的相应规定可见第十六章"商务人员临时入境"。总体而言，《北美自由贸易协定》服务贸易规则在区域经济一体化中是比较有特色的，其具有涉及面广、规定细化、操作性较强的特点。

2.2 国际服务贸易的特征

2.2.1 服务产品特征制约的国际服务贸易的特征

要深入认识国际服务贸易的特征，首先要从贸易标的的特征入手进行分析。因为它是影响和制约国际服务贸易最直接、最根本的因素。从第 1 章关于服务产品的特征可以看出，服务产品具有无形性、差异性、不可储存性、不可分离性及所有权不可转让性，这是区别于有形产品的最主要的区别，成为国际服务贸易区别于国际货物贸易最重要的方面。服务产品特征也成为国际服务贸易特征的直接基础。

1. 贸易标的的无形性

国际服务贸易的贸易标的是服务产品，而服务产品具有无形性，由此决定了在国际服务贸易过程中，需要面对和处理的是无形的服务。而这种无形性及与之密切相关的不可储存性和生产与消费的同时发生性决定了服务产品自身往往难以跨境交易，因而通常被看作非贸易品，这也成为国际服务贸易必须克服的障碍。

2. 贸易过程的同步性

服务产品的不可分离性表明服务生产与消费的同时性和同步性。在国际贸易过程中，大多数国际服务贸易的交易过程是与服务的生产和消费过程分不开的，而且往往是同步进行的。也就是说，服务价值的形成和使用价值的创造过程，与服务价值的实现和使用价值的让渡过程，以及服务使用价值的消费过程往往是在同一时间和地点完成的。这也就意味着大多数情况下要有两个主体（提供者与消费者）的实体接近，由此要求贸易主体发生移动。其中有的服务要求供给者向需求者移动，有的正相反，有的可能要求双方移动。

3. 贸易主体地位的双重性

服务生产与消费的同时性和同步性也决定了服务的标的不能与交易者分离，服务的卖方直接就是服务生产者，他们的地位是双重的，并作为服务消费过程中的要素直接作用于服务的消费过程；服务的买方也直接是服务的消费者，并作为服务生产者的劳动对象直接参与服务产品的生产过程。这种因高度同步性而引发的贸易主体地位的双重性要求国际服务贸易过程中必须高度重视贸易主体的角色重叠和变化，以更好促进贸易的发生发展。

4. 贸易模式的独特性

服务产品所涉行业不仅繁多各异，而且就贸易模式而言，也因自身的独特性而区别于国际货物贸易。依据 GATS 对服务贸易的定义，其有四种提供方式，或称贸易模式，涉及人员、资本等要素的跨国移动，因而内涵更加丰富，特别是针对不同的服务产品，要选择不同的贸易模式，而且可能是多种贸易模式的组合，这与货物贸易相比显得愈加独特。

5. 贸易利益的复杂性

作为运动形态的使用价值，服务产品的差异性特征十分明显，其品质评价和服务体验取决于多重因素，尤其是生产与消费的双向互动性，使这种使用价值的感知更加具有不确定性。而以这种特殊使用价值为指向的贸易利益显然与货物贸易所针对的贸易利益有很大的不同。它不仅难以衡量，而且不确定性强，因此体现出较强的复杂性。

2.2.2 贸易国际环境制约的国际服务贸易的特征

国际服务贸易的特征不仅直接受服务产品特征的制约和影响，而且也受制于贸易国际环境的制约，由此形成了贸易国际环境制约的国际服务贸易的特征。

1. 贸易的非海关控制性

国际货物贸易因贸易标的有形，可以通过海关加以管理。然而由于服务是无形的，一国对服务无法像对货物那样以海关作为进出口管理通道。海关无法管理与控制服务进出口，也无法统计服务的进出口。

2. 贸易保护方式的隐蔽性

由于国际服务贸易标的的特点，服务进出口不经过海关，各国政府对本国服务业的保护往往无法通过统一的国际标准或关税进行限制，而只能采取在市场准入方面予以限制或进入市场后不给予国民待遇等非关税壁垒的形式，这种保护常以国内立法、政策的形式加以施行，

难以体现确定的数量形式。特别是各国对服务贸易的保护通常不是以地区性贸易保护和"奖出"式的进攻型保护为主,而是以行业性贸易保护和"限入"式的防御型保护为主,缺乏透明度,且多以非关税壁垒为主,由此使国际服务贸易的保护方式具有更强的隐蔽性。

3. 贸易惯例约束的灵活性

《服务贸易总协定》条款中规定的义务有一般性义务和具体承诺义务两种。一般性义务适用于 GATS 缔约方所有服务部门,不论缔约国是否开放这些部门,都同样具有约束力,包括最惠国待遇、透明度、发展中国家更多参与等。具体承诺义务是指必须经过双边或多边谈判达成协议之后才承担的义务,包括市场准入和国民待遇,且只适用于缔约方承诺开放的服务部门,不适用于不开放的服务部门。就市场准入而言,《服务贸易总协定》要求可以采取循序渐进、逐步自由化的办法,允许缔约方首先根据各自的国内政策目标和发展水平等实际情况递交初步承诺单,然后进行减让谈判,最后达到自由化。就国民待遇来说,《服务贸易总协定》允许缔约方根据自己的经济发展水平选择承担国民待遇义务,不仅可以决定在哪些部门或分部门实施国民待遇原则,也可以为国民待遇原则在本国实施列出一些条件和限制。总之,《服务贸易总协定》对于国际服务贸易的约束具有一定的弹性和灵活性。

4. 贸易管理的高难度和复杂性

同样因为服务产品的特征,使得行业众多、差异极大的国际服务贸易标的在贸易管理方面首先面临针对货物贸易的传统管理方式和管理手段不适应的难题和问题。国家对服务进出口的管理,不仅是对服务作为交易标的的"物"的管理,还必须涉及服务提供者和消费者的人的管理,以及人员签证、劳工政策等一系列更为复杂的问题。而对于文化服务、金融服务等领域,还需要考虑国家安全等因素。此外,由于服务贸易的非海关控制性和贸易保护方式的隐蔽性,进一步增加了服务贸易在贸易管理方面的难度和复杂性。而在微观层面,由于服务本身的固有特性,也使得企业销售经营过程中的不确定性因素增多,调控难度增大。突出表现在对服务的质量控制和供需调节这两个企业营销管理中最为重要的问题。

5. 贸易市场的高度垄断性

国际服务贸易市场的垄断性不仅体现在因服务产品特征所引发的服务市场较货物市场更加严重的分割及不完全性,难以形成统一、开放的市场而导致市场垄断,同时还有因涉及国家安全利益等形成的政府管制和行政垄断,这些都成为贸易市场垄断的重要基础和表现。除此之外,由于国际服务贸易在发达国家和发展中国家的发展严重不平衡,加上服务市场的开放涉及一些诸如跨国银行、通信工程、航空运输、教育、自然人跨国界流动等直接关系输入国主权、安全、伦理道德等极其敏感的领域和问题,少数发达国家为维护在国际服务中的垄断优势,进一步强化了国际服务贸易市场的垄断程度。据《关贸总协定》统计,全球服务贸易壁垒多达两千多种,大大超过商品贸易。国际服务贸易市场的这种高度垄断性不可能在短期内消失,服务贸易自由化过程依然道阻且长。

6. 贸易对要素移动和机构设置的依赖性

贸易标的特征制约的国际服务贸易要求供给者与需求者的空间接近，因此存在要素的单方或双方移动。这有别于货物贸易，它可以从出口国运往进口国，或从产地运往销地被销售。生产者和消费者均无须离开国境而实现进出口贸易。此外，对于商业存在服务贸易模式，还依赖于集资本、技术、管理和人力资本等要素于一身的服务机构的境外设置，即以商业存在形式集中向东道国消费者移动要素，以免除广大分散的需求者的跨国移动，这些都成为国际服务贸易的重要特征。

2.3 国际服务贸易的分类

2.3.1 按世界贸易组织的标准分类

虽然联合国贸发组织、国际货币基金组织及世界贸易组织分别有相同或相似的分类，然而由于世界贸易组织关于服务贸易的分类被各国普遍接受，因此采用《服务贸易总协定》项下的分类已成为一种惯例。

按照 WTO 的分类标准，服务贸易部门分为 12 个大类 155 个分部门。每一类服务都有其特定的一种或几种服务贸易模式。美国商务部对其服务业中的 18 个服务部门的国际贸易模式进行了归类。其中会计服务、广告服务、租赁服务、银行服务、法律服务等 8 个部门的贸易模式是以"商业存在"为主，通信服务、计算机服务、建筑工程服务、教育服务、保险服务、健康服务等 8 个部门则是"跨境交付"和"商业存在"；运输服务等 2 个部门是"跨境交付"模式。

1. 商业性服务

商业性服务指在商业活动中涉及的服务交换活动，既包括个人消费的服务，也包括企业和政府消费的服务。

① 专业性（包括咨询）服务。专业性服务涉及的范围包括法律服务；工程设计服务；旅游机构提供服务；城市规划与环保服务；公共关系服务等；专业性服务中包括涉及上述服务项目的有关咨询服务活动；安装及装配工程服务（不包括建筑工程服务），如设备的安装、装配服务；设备的维修服务，指除固定建筑物以外的一切设备的维修服务，例如成套设备的定期维修、机车的检修、汽车等运输设备的维修等。

② 计算机及相关服务。这类服务包括计算机硬件安装的咨询服务、软件开发与执行服务、数据处理服务、数据库服务及其他。

③ 研究与开发服务。这类服务包括自然科学、社会科学及人类学中的研究与开发服务、在纪律约束下的研究与开发服务。

④ 不动产服务。指不动产范围内的服务交换，但是不包含土地的租赁服务。

⑤ 设备租赁服务。主要包括交通运输设备（如汽车、卡车、飞机、船舶等）和非交通运输设备（如计算机、娱乐设备等）的租赁服务，但是不包括其中有可能涉及的操作人员的雇用或所需人员的培训服务。

⑥ 其他服务。指生物工艺学服务；翻译服务；展览管理服务；广告服务；市场研究及公众观点调查服务；管理咨询服务；与人类相关的咨询服务；技术检测及分析服务；与农、林、牧、采掘业、制造业相关的服务；与能源分销相关的服务；人员的安置与提供服务；调查与保安服务；与科技相关的服务；建筑物清洁服务；摄影服务；包装服务；印刷、出版服务；会议服务；其他服务等。

2. 通信服务

通信服务指所有有关信息产品、操作、储存设备和软件功能的服务。通信服务由公共通信部门、信息服务部门、关系密切的企业集团和私人企业提供，主要包括：邮电服务；信使服务；电信服务，包含电话、电报、数据传输、电传、传真；视听服务，包括收音机及电视广播服务；其他电信服务。

3. 建筑服务

建筑服务指工程建筑从设计、选址到施工的整个服务过程，具体包括：选址服务，涉及建筑物的选址；国内工程建筑项目，如桥梁、港口、公路等的地址选择等；建筑物的安装及装配工程；工程项目施工建筑；固定建筑物的维修服务；其他服务。

4. 销售服务

销售服务指产品销售过程中的服务交换，主要包括：商业销售，主要指批发业务；零售服务；与销售有关的代理费用及佣金等；特许经营服务；其他销售服务。

5. 教育服务

教育服务指各国在高等教育、中等教育、初等教育、学前教育、继续教育、特殊教育和其他教育中的服务交往，如互派留学生、访问学者等。

6. 环境服务

环境服务指污水处理服务、废物处理服务、卫生及相似服务等。

7. 金融服务

金融服务指银行和保险业及相关的金融服务活动，包括：① 银行及相关的服务；银行存款服务；与金融市场运行管理有关的服务；贷款服务；与债券市场有关的服务，主要涉及经纪业、股票发行和注册管理、有价证券管理等；附属于金融中介的其他服务，包括贷款经纪、金融咨询、外汇兑换服务等。② 保险服务；货物运输保险，含海运、航空运输及陆路运输中的货物运输保险等；非货物运输保险。具体包括人寿保险、养老金或年金保险、伤残及医疗费用保险、财产保险服务、债务保险服务；附属于保险的服务，如保险经纪业、保险类别咨询、保险统计和数据服务；再保险服务。

8. 健康及社会服务

健康及社会服务指医疗服务、其他与人类健康相关的服务；社会服务等。

9. 旅游及相关服务

旅游及相关服务指旅馆、饭店提供的住宿餐饮服务、膳食服务及相关的服务；旅行社及导游服务。

10. 文化、娱乐及体育服务

文化、娱乐及体育服务指不包括广播、电影、电视在内的一切文化、娱乐、新闻、图书馆、体育服务，如文化交流、文艺演出等。

11. 交通运输服务

交通运输服务主要包括：货物运输服务，如航空运输、海洋运输、铁路运输、管道运输、内河和沿海运输、公路运输服务，也包括航天发射及运输服务，如卫星发射等；客运服务；船舶服务（包括船员雇用）；附属于交通运输的服务，主要指报关、货物装卸、仓储、港口服务、起航前查验服务等。

此外还有其他服务。

2.3.2 按操作性统计分类

按操作性统计分类是根据国际货币基金组织（IMF）统一规定和使用的各国国际收支账户形式，对国际服务贸易进行的一种操作性分类。国际服务贸易流量在各国的国际收支账户中占有重要位置，根据该项目所含内容，可以对国际服务贸易做统计性分类。

1. 要素服务贸易

要素服务贸易同资本项目相关，即同国际的资本流动或金融资产流动相关的国际服务贸易流量，主要涉及股息（利润）、利息、国外再投资收益、其他资本净收益等。在现代世界经济体系中，国际资本流动的基本形式是国际金融资产的跨国输出和输入，主要的实现方式有两种：国际投资和国际信贷。

国际投资包括直接投资和间接投资两种主要方式。国际直接投资的收益流量实际包含两部分：一是资本要素的报酬流量——利息或股息；二是经营管理技能的报酬流量——利润。而作为国际间接投资主要形式的国际信贷，主要包括民间国际信贷、国际金融机构信贷和政府间贷款，其收益流量也成为金融资产的要素报酬记入国际收支账户的服务贸易项目。

2. 非要素服务贸易

非要素服务贸易同经常项目相关，而同国际资本流动或金融资产流动无直接关联的国际服务贸易流量，主要涉及劳务项目、运输服务、旅游服务、金融服务、保险服务、咨询、管

理、技术等专业服务和特许使用项目等内容。

由于非要素服务贸易涵盖内容太过庞杂,很难通过统一的标准进行定义,所以一般根据要素服务贸易的界定范围,采取扣除法记录和衡量非要素服务贸易。

2.3.3 按理论逻辑分类

这种分类方法便于理论分析,实际操作的难度较大。

1. 以是否伴随货物贸易为标准

1)国际核心服务贸易

国际核心服务贸易同货物的国际投资和国际贸易无直接关联。在国际服务贸易市场上,这类服务本身是市场需求和市场供给的核心对象。

按供给者与需求者的接触形式,国际核心服务贸易可分为两种,即"远距离型"和"面对面型"。"远距离型"核心服务是指无需提供者和需求者的实际接触而跨国界交易的服务。"面对面型"核心服务则需要供给者与需求者的实际接触,通常都伴随着人员或生产要素的跨国界流动。

按服务的国内分类为依据,国际核心服务贸易可以划分为生产者服务贸易和消费者服务贸易,其中前者构成国际核心服务贸易的主体。

2)国际追加服务贸易

国际追加服务贸易同货物的国际贸易和国际投资有着密不可分的联系,它实际上是分配服务的国际化延伸,本身并不向消费者提供直接的、独立的服务效用,而是作为货物核心效用的派生效用。因而国际追加服务贸易市场的需求和供给都属于派生的需求和供给,但在很大程度上左右着消费者对所需核心效用的选择。

从国际投资涉及的跨国货物流动看,国际追加服务可分为上游、中游和下游三个阶段。在上游阶段,要求有先行追加服务投入,包括可行性研究、风险资本筹集、市场调研、产品构思和设计等。在中游阶段,一方面要求有与有形商品融为一体的追加服务,包括质量控制与检验、设备租赁、后期供给及设备保养和维修等;另一方面要求与有形商品生产平行的追加服务投入,包括财务会计、人员聘用和培训、情报和图书资料等软件的收集整理和应用、不动产管理、法律、保险、通信、卫生安全保障,以及职工后勤供应等。在下游阶段,要求的追加服务项目包括广告、运输、商品使用指导、退货索赔保证,以及供应替换零件等一系列售后服务。上述追加服务,有些属于"锁住型"追加服务,即这类追加服务很难从某一特定生产阶段脱离,只能与一定比例生产要素相结合,从而完全附着于商品价值而并不形成一种独立的市场交易对象。另外一些则属于"自由型"追加服务,即这类追加服务虽与商品贸易有关,但可以外在化而成为独立的市场交易对象。

2. 以是否"移动"为标准

"移动"与否的分类标准由 R. M. 斯特恩在 1987 年所著的《国际贸易》一书中提出。

1）分离式服务

分离式服务指服务提供者与服务消费者均不需要移动，只需借助信息网络等手段进行服务。《服务贸易总协定》（GATS）中定义的跨境交付就属于这类服务。除了电视广播以外，运输服务及新兴的电子商务也属于该范畴。

2）使用者所在地服务

使用者所在地服务指服务提供者发生转移后产生的服务，一般要求服务的提供者与服务的需求者在地理上邻近。《服务贸易总协定》（GATS）定义中的商业存在与自然人流动就属于这类服务。这种服务会伴随着生产要素的国际流动。

3）提供者所在地服务

提供者所在地服务指服务的提供者在本国国内为外籍居民或法人提供服务，一般要求服务消费者跨越国界接受服务，不存在生产要素的国际流动。《服务贸易总协定》（GATS）中所定义的境外消费就属于该类服务。

4）流动的服务

流动的服务指服务消费者和服务提供者相互移动至第三国所产生的服务，即服务的提供者以个人或企业的形式向第三国的居民或企业提供服务。流动的服务要求服务的提供者和服务的消费者发生不同程度的资本和劳动力等生产要素的国际流动。

3. 以生产过程为标准

依据服务与生产过程之间的内在联系，可以将国际服务贸易划分为生产前、生产中和生产后三大类。

1）生产前服务

生产前服务指在生产过程开始之前所完成的，并对生产规模及生产过程有着重大影响的服务。这类服务主要包括国际市场调研和市场可行性分析等。

2）生产中服务

生产中服务指在产品生产或制造过程中，为保证生产过程的顺利进行而提供的服务。主要涉及企业内部的营运问题，如企业内部的质量管理、人力资源管理及生产过程中的各种服务等。

3）生产后服务

生产后服务指连贯生产者和消费者之间的服务，如广告、包装、运输、维修和售后跟踪服务等都属于生产后服务。通过这种服务，企业能够与市场进行近距离接触，有利于企业调查产品的销售状况并了解消费者需求、偏好的变化。

4. 以要素密集度为标准

按照国际服务对资本、技术、劳动力投入要求的密集程度，将国际服务贸易分为以下三个方面。

① 资本密集型服务。这类服务主要包括空运、通信、工程建设服务等。

② 技术、知识密集型服务。这类服务主要包括银行、金融、法律、会计、审计、信息服务等。

③ 劳动密集型服务。这类服务主要包括旅游、建筑、维修、消费服务等。

当然随着科技的发展，服务产品生产的要素投入会发生变化，因此对于具体行业要进行更加深入的分析。

2.4 国际服务贸易的统计

2.4.1 国际服务贸易的统计方法

相对于国际货物贸易而言，国际服务贸易统计作为一个独立的经济统计子体系要比货物贸易统计晚得多，也复杂和困难得多。国际服务贸易统计的发展大体上可划分为前传统服务贸易统计、传统服务贸易统计和延伸服务贸易统计三个阶段。

第一阶段是 20 世纪 80 年代之前。在前传统服务贸易统计这一阶段，往往把现今人们理解的有人员参与其中的服务提供与仅由投资引起的收益放在一起，统称为"非贸易往来"或"无形贸易"，以区别被称为"对外贸易"或"有形贸易"的货物贸易。

第二阶段是 20 世纪 90 年代。在传统服务贸易统计这一阶段，"服务贸易"在国际收支统计中取得了独立的地位，它核算跨境服务贸易。

第三阶段是 21 世纪。在 GATS 统计这一阶段，服务贸易统计范畴延伸至 GATS 定义的四种提供方式。第一阶段与第二阶段的标志性分界点是国际货币基金组织制定的 1993 年《国际收支和国际投资头寸手册（第五版）》。第二阶段与第三阶段的标志性分界点是 2001 联合国统计委员会正式通过《国际服务贸易统计手册》。

国际服务贸易统计由两部分组成，第一部分是国际收支统计（BOP）中的服务贸易项目，第二部分是外国附属机构（FAT）的服务贸易统计。FAT 服务贸易统计包括内向统计和外向统计。BOP 服务贸易统计和 FAT 服务贸易统计互为补充，从不同侧面反映国际服务贸易的全貌。贸易模式和统计领域之间的对应如表 2-1 所示。

表 2-1　贸易模式和统计领域之间的对应

贸易模式	相关统计领域	不足
模式 1：跨境交付	BOP：商业服务（旅行和建筑业除外）	BOP 不允许模式 1 和模式 4 分离
模式 2：境外消费	BOP：旅行	● 旅行中也包含旅行这消费的货物，且不被细分为服务的不同种类 ● 一些与这种贸易模式相关的交易也包括在 BOP 另外的分类中
模式 3：商业存在	● FAT 统计 ● BOP：FDI 数据（补充信息） ● BOP：建筑服务	● 很少国家产生 FAT 数据 ● FDI 统计涵盖大量分类，不仅（主要）是被控制的公司 ● 没有区分模式 3 和模式 4
模式 4：自然人流动	BOP：商业服务（旅行除外）	BOP 不允许模式 1（模式 3 中的建筑业）和模式 4 分离
劳工流动性	BOP 统计：雇员报酬和工人汇款（补充信息）	劳工流动性的利益

1. BOP 服务贸易统计

BOP 为国际收支平衡表（balance of payments）的英文缩写。各成员经济体均应按国际货币基金组织（IMF）编写的国际收支手册的统计口径和项目分类向其提交本国（地区）的国际收支平衡表。目前，国际货币基金组织与世界贸易组织这两大国际经济组织的服务贸易数据都来源于各国的 BOP 统计，但两者提供的数据并不完全相同。其主要区别在于，国际货币基金组织的统计包括政府服务，而世界贸易组织的统计则不包括此项内容。BOP 中经常项目下的"业务"指的是居民与非居民之间的业务交易。一成员方的"居民"通常被理解为在该成员方境内居住满 1 年的自然人和设有营业场所并提供货物或业务生产的企业法人。因此，BOP 定义的国际服务贸易主要是服务的跨境交易，包括"跨境交付""境外消费""自然人流动"。

将 BOP 关于国际服务贸易的定义与 GATS 的定义进行对比，可知后者把国际服务贸易的定义由前者"居民与非居民之间的跨境交易"的涵盖范围扩展至作为东道国居民的"外国商业存在"同东道国其他居民之间的交易，即居民与居民之间的交易。因而，GATS 定义的"商业存在"这种服务方式难以被 BOP 统计所反映。

BOP 统计已经被大多数国家和地区所接受。同时，BOP 统计数据由于高度累计，并且在统计范围和记录时间上有所差异，各种货币的换算差异、统计口径的不同及隐瞒、漏报等原因，加上很少在原产地和消费地进行统计，不可避免地会产生收支偏差或统计不全。

2. FAT 服务贸易统计

按国际公认的标准，应将外国直接投资额占投资总额 50% 以上的外商投资企业列入外国附属机构的范畴。FAT 统计反映了外国附属机构在东道国的服务交易情况，包括与投资母国

之间的交易、与东道国居民之间的交易，以及与其他国家之间的交易。

对任何一国来说，直接投资都是双向的，既有外国在本国的直接投资，也有本国在外国的直接投资。这种投资的双向流动反映在统计上，就形成了 FAT 的内向统计和外向统计。别国在东道国附属机构的服务交易称为"内向 FAT"；东道国在别国附属机构的服务交易称为"外向 FAT"。附属机构服务贸易（FAT）数据的采集、分类与汇总在各国都是统计的难点，由于二者针对的是不同的群体，因而统计方法与数据获取手段上存在差别。其中，外向 FAT 统计是针对一国母公司在国外的分支机构所开展的服务活动进行调查，因而信息获取的难度更大。为了满足 GATS 谈判对于这方面数据的需要，有必要在按 BOP 口径采集国际服务贸易统计数据的同时，另行采集 FAT 统计数据。

BOP 定义的服务与 FAT 统计之间虽互为补充，却不能简单相加。原因在于，一方面，FAT 统计与 BOP 统计的范围、内容和记录原则不同；另一方面，FAT 统计与 BOP 统计的部分内容有重叠，两者相加会产生统计内容的重复。表 2-2 显示的是贸易模式的统计模块不足。从该表可以看出，服务贸易统计仍存在巨大改进和提升空间。

表 2-2 贸易模式的统计模块不足

贸易模式	相关数据源	不足
跨境交付（模式 1）	国际收支平衡表统计（不含旅游）	——收支平衡没有区分不足 1 年的跨境交付，商业存在（公司）和自然人存在（个人）
境外消费（模式 2）	国际收支平衡表统计（主要是旅游）	——旅游也包括商品，没有细分为旅游者消费的不同服务
商业存在（模式 3）	FDI 和外国分支机构贸易（FAT）统计	——FDI 统计没有提供输出（或销售）数据；FDI 的定义和商业存在的定义不匹配 ——迄今为止，外国分支机构贸易统计只为美国服务。如今其他经济合作和发展组织的成员方也开始运用《国际服务贸易统计手册》中包含的基本概念和定义，收集此类统计
自然人流动（模式 4）	国际收支平衡表统计（多数不包括运输和旅游）	——国际收支平衡表没有区分不足 1 年的跨境交付，商业存在（公司）和自然人存在（个人） ——不包括作为居民的自然人

2.4.2 中国国际服务贸易统计

随着我国服务贸易迅速发展及服务业国际投资规模的扩大，进行全面、系统的服务贸易统计显得尤为必要。初期我国服务贸易统计只局限于国际收支（BOP）项下的服务进出口项目，无法提供与 GATS 对接的国际服务贸易统计数据。为建立符合国际规范的服务贸易统计体系，科学、有效地开展服务贸易统计监测工作，2007 年商务部与国家统计局联合发布了第一版《国际服务贸易统计制度》,开始着手建立包含服务进出口(BOP)及附属机构服务贸易数据的服务贸易统计制度。根据该制度,外国附属机构服务贸易的统计包括内向附属机构服务贸易和外向附属机构服务贸易,其中内向附属机构服务贸易指外国或地区的企业通过直接投资方式控制(直接投资者拥有50%以上的股权)的中国关境内企业在中国关境内实现的服务销售;外向附属机构服务贸易指中国关境内的企业通过直接投资方式控制(直接投资者拥有50%以上的股权)另一国或地区企业而在该国或地区关境内实现的服务销售。企业行业分类主要执行《国民经济行业分类》,接受调查的企业需填报销售收入总额、服务销售收入、从业人数、利润总额等指标,外向附属机构服务贸易的调查还需填报投资目的国所在地。此次商务部在前期开展调查收集数据的基础上,首次发布附属机构服务贸易统计数据,标志着我国服务贸易"BOP+FAT"统计体系制度逐步走向成熟。

附属机构服务贸易统计数据的发布为研判形势与制订政策提供了更为全面的决策依据。此前我国对外公布的服务贸易统计数据仅包括基于国际收支(BOP)的服务进出口数额,不能全面反映我国提供国际服务的能力和水平。2016年,我国服务业利用外资占利用外资总额的比重达到70.3%,服务业对外投资占对外投资总额的75%,商业存在形式的服务贸易总额已远超国际收支(BOP)统计口径下的服务进出口额,服务贸易为我国外贸平稳增长、经济结构转型升级做出了重要贡献。发布系统、全面的服务贸易统计数据,为相关主管部门研判发展形势、预测未来前景、制定发展战略和政策奠定了基础,也可为服务贸易企业开拓业务市场提供依据与引导。

概念和术语

国际服务贸易;要素服务贸易;国际核心服务贸易;BOP;FAT

复习思考题

1. 简述传统国际贸易的定义。
2. 简述GATS对服务贸易的定义。
3. 服务产品特征制约的国际服务贸易的特征都有哪些?
4. 国际贸易环境制约的国际服务贸易的特征都有哪些?
5. 国际服务贸易的分类主要有哪些?
6. 简述国际服务贸易统计的方法。

延伸阅读

服务贸易是经济全球化的催化剂

全球服务业出现了诸多新趋势。

新趋势之一：服务业对发展的重要性日益凸显。有一些学者认为，农业、采掘业和制造业是经济发展的砖块，而服务业则是把它们黏合起来的灰泥；服务业是经济的黏合剂，是便于一切经济交易的产业，特别是对于正面临着工业化和服务化双重任务的新兴经济体。

新趋势之二：服务业促进了产业融合和经济融合。现实的情况是，在服务业发展的影响下，其他行业尤其是制造业发生了很多质的变化，比如轻型化、高附加值化，服务与货物的互补性、融合性在增强。英国伯明翰大学教授彼得·丹尼尔斯称之为"制造—服务型"经济。

新趋势之三：全球服务业开放的水平与标准将有新的提升。1986年开始的乌拉圭回合谈判首次将服务贸易列为新议题，目标是为实现服务贸易自由化，制定各缔约方普遍遵守的国际服务贸易规则，即《服务贸易总协定》(GATS)。

然而，很多年过去了，世界贸易组织框架下的服务贸易谈判尽管取得了一些进展，但结果并不理想。世界贸易组织第九次部长级会议也未实质性地关注服务业开放问题。为了加快服务领域开放步伐，一组自称为"服务的真正好朋友"的经济体（包括欧盟27国及其他21个国家或地区）开始着力推动新的诸边《服务贸易协定》(TISA)，以替代目前的《服务贸易总协定》。

TISA是一个雄心勃勃的服务贸易协定，未来很有可能多边化。在TISA里面，任何服务部门的开放、任何服务贸易模式都是可以谈判的，而且在服务领域，消除"边境内壁垒"（涉及国内规制改革）要比消除"边境上壁垒"（降低关税与非关税壁垒）重要得多。还有，TISA将一改《服务贸易总协定》的"混合清单"开放模式，采用"负面清单"开放模式。因此，服务业开放国际规则的"升级"必将极大地推动有关经济体服务业的市场化、自由化和国际化。

总之，服务业在国民经济和世界经济中的地位在不断上升，已不再是"边缘化的或奢侈的经济活动"，而是位于经济的核心地带，具有"黏合剂"的功能。也正因为如此，服务业成为经济增长和效率提高的助推器、经济竞争力提升的牵引力、经济变革与经济全球化的催化剂。在这样的背景下，中国主要面临两大挑战。

第一，服务业与服务贸易统计问题。美国在服务业的统计核算（包括概念基础、分析框架和测算技术）方面走在世界的前面，这值得中国学者及相关政府部门，尤其是统计部门认真学习和研究，以便改进中国服务业的统计测算工作和统计数据质量。细致入微、真实可信的服务业与服务贸易统计也是实施"负面清单"开放模式的基本前提。

第二，规制、体制和机制问题。中国服务业发展相对落后不只是由经济发展阶段决定的，而是在很大程度上缘于社会诚信、体制机制和政策规制的约束。因此，打破市场垄断、理顺市场机制、规范市场运行秩序和政府行为及打造诚信经济，应该成为政策制定的着力点。这要胜过出台各式各样的所谓产业政策和扶持政策。另外，要突破既有观念，顺应服务业产业化、市场化、自由化和国际化发展大趋势，积极参与包括TISA在内的服务领域诸边、区域和多边谈判，以延续中国"入世"所带来的红利，同时避免未来被可能出现的新多边体制和框架边缘化。

第 3 章　国际服务贸易理论

3.1　传统贸易与投资理论的适用性

虽然国际服务贸易是国际贸易的重要组成部分，然而因为服务产品区别于有形产品的诸多特征，以及服务贸易的特殊性，使国际贸易理论及其他相关理论在解释国际服务贸易方面并不能一以贯之，因而面临适用性的质疑。这既对人们从理论上深入认识国际服务贸易提出了挑战，也为国际服务贸易理论的创新提供了机遇。然而国际服务贸易理论的研究总体上并未像实践一样如火如荼。恰因服务贸易涉及繁多各异的服务行业及独特的运行规律，其在理论探讨上面临如何建构统一的框架和一致性解释的诸多困难，因而不能像针对货物贸易的相关理论那样不断深入并取得更新的成果。但是从传统理论中，我们仍然能够探寻并认识国际服务贸易理论。

3.1.1　比较优势论的适用性

英国古典经济学家大卫·李嘉图提出了"比较优势论"，认为即使贸易的一方在两种商品生产上均比另一方占有绝对优势，但只要这种优势有程度上的差异，或者另一方在两种商品生产上均处于绝对劣势，则双方仍有进行互利贸易的可能性。每个国家专门生产自己有比较优势的产品并根据自己对产品的需要进行交换，就可以在这种分工中获得贸易利益。简言之，即"两害相权取其轻，两利相权取其重"。

比较优势论是国际贸易理论中极为重要的理论。它从供给角度阐释了贸易的动因和贸易的结构，以增进贸易利益的结果论证了分工和贸易的益处和必要性，即便在当今世界都具有很强的理论解释力。然而针对服务贸易，其比较优势与货物贸易又有怎样的不同？

事实上，国际服务贸易在比较优势的形成和作用发挥等方面之所以区别于国际货物贸易，其首先根源于服务产品、国际服务贸易的特征及存在的特殊规律。它们深刻地影响了国际服务贸易的动因、结构和贸易的结果。具体可以表现在诸多方面：① 服务的生产和消费的不可分离性决定了服务具有规模效益的可能性小，这就要求服务提供者具有一定的经营管理优势和专业素质优势；② 服务具有不可储存性，它必须在生产中被消费掉，因此有效地管理服务需求是决定服务贸易的又一个重要的比较优势；③ 服务产品的差异性要求服务提供者具有人员素质、管理、创新和差异化优势，而人力资本因素对于一国服务贸易比较优势的形成和保持显然起着重要作用；④ 相对货物贸易而言，服务贸易的生产要素移动要频繁得多，而传统的比较优势理论往往以生产要素不能在国际自由流动为前提条件，这也是比较优势理论在服务贸易领域应用需要解决的一个问题。当然还有其他很多方面的不同而引发的比较优势的差异。

从要素密集度来看，不同要素密集度的服务类型也具有不同的比较优势。劳动密集型货物贸易的比较优势在于劳动力成本，而劳动密集型服务贸易的比较优势则侧重劳动力素质；资本密集型货物贸易的比较优势在于资本金，而服务贸易的资本除了指有形的机器设备外，还包括人力资本这一重要因素；技术密集型货物贸易的比较优势在于货物的技术含量及研究开发，而技术密集型服务贸易的比较优势则侧重研究开发、培训教育、信息传输；还有自然资源密集型、文化密集型服务贸易，以及知识密集型服务贸易，它们的比较优势更为独特。

此外，不同贸易模式的服务也具有不同的比较优势。除了不同行业适用不同的贸易模式或模式组合，从而形成不同的优势，还应注意从不同贸易模式去探讨比较优势贸易理论的适用性。

概括起来，对于比较优势论的适用性主要有以下三方面。

1. 不适用论

不适用论的主要理由包括：第一，传统的国际贸易理论有严格的假设条件，包括两国之间要素不能流动、需求偏好相似、完全竞争市场等，但这些假设条件不符合服务贸易的实际情况，许多服务贸易要依靠要素流动才可以实现。第二，服务产品及服务贸易具有的一些独特性质无法用货物贸易理论解释。如传统的货物贸易理论中，两国货物的价格差是贸易产生的重要动因之一，但在服务贸易中，两国服务的价格差很难成为贸易动因，即使克服人员跨境流动的种种困难，对于某些服务产品，消费者也不可能跨境购买他国便宜的服务产品。此外，服务贸易比较优势难以获得长期的独占性，而且具有很大不确定性。

2. 完全适用论

完全适用论的观点认为比较优势理论是普遍有效的。尽管服务和商品间有显著区别，但服务产品生产也存在生产率的差异，各国要素禀赋不同也会导致各国服务产品生产成本的差异，从而导致价格差异和贸易的发生。一些传统领域的比较优势原则可以直接用于服务贸易，服务业的专业化分工有助于各国开发其自然与人力资源，并充分利用规模经济。此外，有学者还提出了服务贸易比较优势动态发展的观点，为发展中国家参与世界服务贸易提供了较为合理的解释。

3. 不完全适用论

更多的学者认为比较优势理论基本适用于服务贸易，但仍需要对比较优势理论进行模型

扩展和修正。许多研究表明，服务贸易领域内同样存在比较优势的合理内核，但比较优势理论不能很好地解释服务贸易的某些特征。如迪尔道夫模型、伯格斯模型的提出，塔克和森德伯格的分析等都对比较优势理论的适用性进行了较为深入的探讨。

在对比较优势原理的适用性进行争论以后，学者开始注重从不同角度研究服务贸易比较优势的决定因素。概括起来，这些因素包括自然禀赋、人力资本、制度安排、文化传统、服务基础设施等。实际上，由于服务贸易部门繁多，不同部门比较优势的决定因素往往有很大差别。比如多罗西·里德尔认为，旅游业主要取决于自然资源，金融服务业则与国际时区制的地理位置有关。克莱维斯和巴格瓦蒂认为发达国家在金融、工程咨询、信息处理等资本、技术密集型服务上具有比较优势。

3.1.2 要素禀赋论的适用性

李嘉图的理论创立100年之后，瑞典经济学家厄里·赫克歇尔与伯蒂尔·俄林提出要素禀赋论。其核心思想在于用各国生产要素丰裕程度的差异、要素价格差异，再进而是产品价格差异解释比较优势的形成和国际贸易的原因，是对古典贸易理论的补充与发展。其基本观点是：一国出口的商品是那些需要密集地使用该国相对丰裕和便宜要素的商品，而进口的商品是那些需要密集地使用该国相对稀缺和昂贵要素的商品。

两国之间的要素禀赋差异不仅可以说明商品与商品之间的相对价格差异，在普遍意义上讲也可以说明商品与服务之间及服务与服务之间的相对价格差异。在不考虑技术因素的条件下，服务的成本取决于生产所需要素的密集程度和要素价格。

然而传统的要素禀赋论并不能完全解释服务贸易，部分原因在于：第一，针对人力资本密集型服务，其因人力资本通过教育、培训、研究和开发获得，同时具有较强的自由流动性，因而不是单纯因禀赋而获得比较优势；第二，针对知识密集型服务，其对于将技术进一步转化为生产力和国际竞争优势发挥着重要作用，并推动一国服务贸易的比较优势不断发生转移，因而包括诸如技术、政府管制、竞争策略、人力资源等要素同样应该被看作构成服务贸易比较优势的重要来源；第三，服务要素的品质差异及过境移动，消费者参与贸易过程使需求因素更加突出，这些都成为要素禀赋理论必须面对和解决的问题。而上述这些原因显然与服务产品及服务贸易的特征和规律密切相关。

3.1.3 产业内贸易论的适用性

第二次世界大战后，国际贸易产品结构和地理结构均出现了新特点。服务贸易迅猛发展，同类产品之间及发达工业国之间贸易量大幅增加，对外直接投资兴起，这与传统贸易理论认为的贸易只会发生在劳动生产率或资源禀赋不同国家的产业间的经典理论相悖。在这样的背景下，众多国际贸易新理论相继涌现，主要围绕揭示产业内贸易发生、发展的动因而给出不同的解释。

产业内贸易,也称部门内贸易,即一国既出口又进口某种同类型产品。解释产业内贸易的原因大致包括产品差别、消费者偏好差别、规模经济等,而消费者偏好的多样性、国际直接投资活动成为产业内贸易最基本的推动因素。显然对于产业内贸易理论,市场的不完全竞争性、产品异质性、技术的可变性等都成为其区别于传统国际贸易理论假设的重要方面。

第一,就产品差别而言,在水平、垂直、技术三种差异中,尤为值得重视的是垂直差异和技术差异,它们一方面揭示了由于消费者对商品档次需求的差异而形成的相互之间的产业内贸易,另一方面通过产品生命周期理论解释了处于产品生命周期不同阶段的同类产品在不同类型国家进行生产,继而进行进出口贸易,便会产生产业内贸易。

产业内贸易的产品差别动因对于不同贸易提供方式的国际文化服务贸易的适用性、解释力均有不同。境外消费的贸易动因来自产品或服务差异,对于那些不能被"运输"的差别化服务,要想享用则需主动到服务的提供地进行消费。对于商业存在,由垂直差异引起的产业内贸易较之技术差异引起的产业内贸易对于服务业 FDI 更具解释力。毕竟由于品种和档次的垂直性差异使得服务贸易的商业存在模式具有区别于价格优势的竞争优势。而技术差异对于没有明显要素密集性转换阶段的服务,缺乏解释其商业存在模式的动因基础。至于跨境交付,仅以其服务"被运输"的服务实现手段而言,没有理由确定产品差异比价格差异更适合解释服务贸易的动因。

第二,从消费者偏好差别来看,偏好相似理论指出,国际贸易是国内贸易的延伸,在本国消费或投资生产的产品才能够成为潜在的出口产品;两个国家的消费者需求偏好或需求结构越相近,一国的产品也就越容易打入另一个国家的市场,这两个国家之间的贸易量就越大。该理论从需求角度,围绕需求偏好和结构,特别是决定需求偏好的平均收入水平差异来论证和支持产业内贸易的发生、发展。不妨将其称为贸易的需求结构和收入水平相似动因。就国际服务贸易而言,来自需求及相关影响因素的作用可能更为重要。而跨境交付的贸易模式为服务贸易提供了极为重要的"延伸"通路。因而相对传统贸易理论中来自供给的国际价格差的贸易动因在部门间服务贸易的解释力方面,偏好相似理论则立足于从需求结构和收入水平的视角给出了部门内服务贸易的动因。针对境外消费模式,收入水平足够支付和抵消跨境成本,并在需求结构的相似度和强烈程度的引致下发生贸易,因此就这种贸易模式,偏好相似理论具有一定的解释力。

3.1.4 对外直接投资理论的适用性

服务业的对外直接投资是以"商业存在"的形式存在的,讨论传统经济理论对服务业"商业存在"这种国际贸易动因的适用性问题就是讨论对外直接投资理论对服务业对外直接投资动因的适用性问题。至今最重要、最著名的 FDI 理论是英国经济学家邓宁的国际生产折中理论和美国经济学家弗农的产品生命周期理论。

1. 国际生产折中理论

国际生产折中理论综合了所有权优势理论、内部化优势理论和区位优势理论的精华，这三个理论都曾被单独用来解释FDI的动因。

1）所有权优势理论

所有权优势理论的创始人美国学者海默于1960年在其博士论文《国内企业的国际经营：对外直接投资的研究》中，首次提出垄断优势的理论观点。而国际直接投资与国际贸易，虽分属两种国际分工的基本形式，却有着极为密切的联系和渊源，相关理论也在一定程度上具有相互融合的趋势。这种联系和渊源的实体载体当归于跨国公司。而在美国学者海默关于FDI的著名的垄断优势理论中，跨国公司之所以选择对外直接投资，主要是利用其拥有的垄断优势，而这些优势主要来自：第一，产品市场的不完全，包括产品差别、商标、特殊的市场技能或价格联盟等；第二，要素市场的不完全，包括专利制度保护的技术诀窍、资金取得的便利性、特殊的管理技能等；第三，企业拥有的内外部规模经济。由此不难看出，垄断优势理论相对于传统贸易理论中的比较成本理论，是在更宽松条件和更大范围的发挥和提升。而就服务贸易的商业存在模式，上述垄断优势是国际服务贸易进行国际直接投资所追寻的，因而对其商业存在模式的贸易动因具有较强的解释力。

2）内部化优势理论

内部化优势理论认为，跨国公司进行FDI不一定需要拥有独特的垄断优势，而只要创造出比外部市场更有效的行政结构或内部市场，从而解决市场不完全所带来的不能保证内部供求安全问题。跨国公司是内部化一些中间产品的国际市场组织，是否内部化某些行为的决定因素是交易成本。若通过"内部化"获得中间产品比从国际市场上直接购买这些产品更有利，就应选择FDI。

内部化的经济效益来自创造内部远期市场、避免讨价还价、消除不确定性、减少政府干预的影响等因素。如果说所有权理论认为，因为企业有独特优势，所以要在外建厂生产产品，而且这个产品是最终产品的话，那么按照内部化理论则可以认为，因为本国产品生产的中间产品通过市场供应不经济或不安全，所以要跨国生产中间产品，而这个产品主要是配套于本国生产的。

对于服务产品，由于其不可运输性，跨国生产的服务一般不可能跨国服务于母国生产，除了可跨境交付的服务。而且服务生产时离不开直接消费的生产，并不具有像制造业那样的多阶段生产的特点。可见内部化优势理论对于服务业FDI动因的适用是有条件的，特别是对于作为最终产品的服务业，FDI的动因不具解释力。

3）区位优势理论

在此基础上，邓宁于1977年提出了生产折中理论。他认为只有企业优势和内部化优势两个变量不足以解释 FDI，必须纳入区位优势的分析思路。区位优势是东道国而不是投资国所拥有的。区位优势理论指出决定是否对一国直接投资的区位选择标准包括市场、出口障碍、成本、投资环境及其他因素。在这些因素中，市场因素、出口障碍和成本三个因素成为分析该理论对于"商业存在"服务贸易适用性问题的关键因素。

第一，服务产品的无形性决定了它的 FDI 是以东道国作为市场。投资国企业是为了建立或扩大东道国市场而进行 FDI 的。第二，对服务业而言，吸引国外消费者过境消费总是相对被动的，更为主动的"出口"是商业存在模式，即 FDI。第三，就服务业的 FDI 而言，不存在衡量同样的服务在东道国与投资国的价格比较问题，因为即使投资国的服务便宜，也无法运输到东道国销售，关键是衡量进行 FDI 企业的服务价格是否比东道国企业便宜。由此来看，除了跨境交付的服务产品，进行 FDI 企业的服务产品不可能像有形产品那样被返销或他销。至于服务贸易商业存在模式的动因问题，不仅仅是价格差，产品差异显然是必须考虑的因素。

2. 产品生命周期理论

美国哈佛大学教授雷蒙德·弗农于 1966 年在其《产品周期中的国际投资与国际贸易》一文中首次提出产品生命周期理论。该理论将产品生命周期划分为引入期、成长期、成熟期和衰退期四个阶段，而不同的生命阶段所需要密集投入的要素是不同的。在一种产品的生命周期中，最初的密集要素是创新技术、研发能力，然后是资本密集，最后是劳动密集，从而决定了生产的不同阶段成本和区位的选择。到产品结束了创新垄断阶段而进入成熟阶段后，出口产品的边际生产成本加上运输成本，甚至加上进口国关税逐渐接近并超过进口国市场的预期成本，成本竞争开始了，因此创新国的生产者需要进行 FDI。但产品进入标准化后，创新企业的垄断优势尽除，生产和装配逐渐转移至劳动力要素丰裕的发展中国家，创新国成为这种产品的进口国。

对于服务业而言，毕竟大多数服务始终是劳动密集型的，并没有像制造业产品那样存在要素密集性明显转换的过程，加之不可运输的服务同样不能像制造业产品一样在不同生命阶段替换生产中心而不影响其在全球市场的销售，毕竟服务的生产与消费的同步性对于服务的供给和需求具有极大的制约。可见，产品生命周期理论在解释服务业 FDI 时也存在局限性。

3.2 服务贸易的竞争优势理论

3.2.1 国际竞争力的主要理论

从比较优势到竞争优势，既是产业也是贸易寻求优化升级的动力和结果。全球化时代，国际竞争优势已经引起国际社会各界的广泛关注。早在 1985 年，世界经济论坛（World

Economic Forum，WEF）首次提出了国际竞争力的概念，认为国际竞争力是"一国企业能够提供比国内外竞争对手更优质和更低成本的产品与服务的能力"。1991年，瑞士国际管理发展学院（International Institute for Management Development，IMD）和世界经济论坛将国际竞争力定义为"在世界范围内一国企业设计、生产和销售产品与服务的能力，其价格和非价格特性比国内外竞争对手更具有市场吸引力"。

1994年，瑞士国际管理发展学院和世界经济论坛修改了国际竞争力的定义和评价准则，认为"国际竞争力是指一国或公司在世界市场上均衡地生产出比其竞争对手更多财富的能力"。1996年，世界经济论坛将国际竞争力定义为"一国使人均国内生产总值实现持续高速增长的能力"。2003年，瑞士国际管理发展学院认为，国际竞争力是"一国创造与保持一个能够使企业持续产出更多价值、人民拥有更多财富的环境的能力"。经济合作与发展组织把国际竞争力定义为"一国能够在自由、公正的市场条件下生产产品和服务，而这些产品和服务既能达到国际市场的检验标准，又能使该国人民的实际收入保持不变并有所提高的能力"。美国竞争力政策委员会对国际竞争力的定义与经济合作与发展组织相似，认为"国际竞争力是指一国既能提供满足国际市场检验标准的产品和服务，又能长期、持续地提高国民生活水平的能力"。

从国际竞争力概念的演进看，国际竞争力是一个多层次、综合性的概念。从国际贸易视角看，其相关理论可以追溯至绝对优势论和比较优势论。而对外贸易竞争力就是一国国际竞争力的重要体现，因而可以用外贸竞争力来反映和衡量。外贸竞争力是指一国或地区在国外市场的份额并获取长期利润的能力。影响对外贸易活动的内在因素可以用来解释一国国际竞争力的强弱。

实践证明，在国际竞争中仅有比较优势的国家不一定有竞争优势，特别是对发展中国家而言更是如此。比较优势更多地强调各个国家优势的潜在可能性，而竞争优势则更多地强调各国优势的现实状态；比较优势涉及的主要是各国不同产业、产品之间的国际交换关系，体现各个国家不同产业之间劳动生产率的比较优势和相对优势，而竞争优势涉及的是各国同一产业内的国际交换关系，体现的是各国相同产业生产率的绝对优势。

20世纪80年代以后，随着经济全球化和信息化进程的加快，真正在一个明确的竞争力概念下，以一套完整的理论体系揭示国际竞争力演变规律的理论才逐渐出现。当代国际竞争力理论中最具代表性的有国家竞争优势理论、核心竞争力理论、瑞士国际管理发展学院的国际竞争力理论等。

1. 国家竞争优势理论

哈佛大学的迈克尔·波特教授在《国家竞争优势》一书中，在继承和发展传统的比较优势理论的基础上提出了独树一帜的"国家竞争优势"理论，认为现有的国际贸易理论存在一定的缺陷，即问题的关键是应当揭示为何一个国家在某个特定行业能够获得国际性的成功并进而取得垄断性的行业地位，从而为贸易理论的发展做出巨大的贡献。

波特的国家竞争优势理论的中心思想是一个国家的四个基本方面的特质构成该国企业的竞争环境，并促进或阻碍国家竞争优势的产生。这些特质包括：

① 资源与才能要素，即一个国家的生产要素状况，包括熟练劳动力，以及在某一行业竞争所必须具备的基础设施条件。生产要素可分为基本要素和高级要素两类，其中高级要素的优劣是一国国际竞争力强弱的主要决定因素。

② 需求条件，即对某个行业产品或服务的国内需求性质。国内需求可分为细分的需求、挑剔的需求、前瞻性需求三类。

③ 关联和辅助性产业，即国内是否存在具有国际竞争力的供应商和关联辅助行业。关联产业是指因共用某些技术、共享同样的营销渠道或服务而联系在一起的产业或具有互补性的产业；辅助性产业则通过低成本的原料和中间产品的提供、信息的传递、提供合作机会等为主导产业创造优越的外部环境。

④ 企业战略、结构和竞争企业，即国内支配企业创建、组织和管理的条件，以及竞争的环境。

波特将这四方面的特质构成一个菱形，认为当某些行业或行业内部的菱形条件处于最佳状态时，该国企业取得成功的可能性最大。波特菱形还是一个互相促进的系统。任何一个特质的发挥程度取决于其他特质的状况。

机遇和政府是另外两个能够对国家菱形条件产生重要影响的变量，如重大技术革新在内的一些机遇事件会导致某种进程中断或突变，从而导致原有行业结构解体与重构，给一国的企业提供排挤和取代另一国企业的机会；政府部门通过法规、投资等政策选择，能够削弱或增强国家竞争优势。

波特的国家竞争优势理论的主要贡献在于：第一，该理论提出的国家竞争优势的决定因素系统是分析各国竞争优势的基础，为预测竞争优势的发展方向及长远发展潜力提供了一个非常有用的分析工具。第二，该理论强调动态竞争优势的形成和发展。而动态竞争优势的重要性在不断增强。第三，该理论强调国内需求的重要性。指出了国内需求同国家竞争优势之间的因果关系。国内买主的结构、买主的性质、需求的增长、需求结构的变化都对一国的竞争优势有决定性作用。第四，该理论强调国家在决定企业竞争力方面的关键作用。在全球化时代，国家的作用实际上是加强了而不是削弱了。波特的理论强调加强国家对企业竞争优势的培育和促进，对企业竞争优势的发展无疑具有积极意义。

波特的国家竞争优势理论已经成为研究服务贸易竞争优势的重要理论基础，并且在服务贸易实践中发挥着重要的理论作用。

2. 核心竞争力理论

企业竞争力理论是国际竞争力理论的重要组成部分，它从企业内部寻找国际竞争力的来

源。1990年,作为核心竞争力理论的开拓者,普拉哈拉德和哈默提出了"企业核心竞争力"的概念。他们指出,核心竞争力是"组织中的积累性学识,特别是关于如何协调不同的生产技能和有机结合多种技术流派的学识",是企业长期形成的,蕴含于企业内部的,企业独具的,支撑企业过去、现在和未来竞争优势并使企业长期在竞争环境中取得主动的核心能力。他们认为,建立"核心竞争力"是公司长期竞争优势的来源,"从短期来看,公司竞争力取决于当前产品的价格和性能比。但从长期来看,竞争力取决于能比竞争对手以更低的成本和更快的速度建立可以应用于无法预知的未来产品的'核心竞争力'的能力"。

艾迈·斯奈德和埃贝林指出,真正的"核心竞争力"就是那些有形的价值增值活动。他们认为,"优势技术""良好的商誉""顾客忠诚"等并不是核心竞争力,它们只是发挥核心竞争力的结果。核心竞争力应该被看作一种能为公司创造长期竞争优势的能力,正是这种能力才创造出优于竞争者的"优势技术""良好的商誉""顾客忠诚"等。

核心竞争力理论的主要观点是:① 企业是一个能力集合体,企业的能力可分为技术开发能力、市场开拓能力、管理创新能力、生产组织能力、社会协调能力等,而核心竞争力在企业各种能力中处于支配地位;② 核心能力是企业拥有的最主要的资源,企业之间核心能力的差别是企业效率差异和继而造成的收益差异的主要原因,通过对核心技术、核心产品的开发和控制,企业可以始终保持领先优势和垄断优势;③ 企业拥有的核心能力是企业长期竞争优势的源泉,核心竞争力具有战略价值,它是独特的,是不可引进或模仿的,它暗含于企业文化、员工的观念和行为方式之中。

核心竞争力理论从企业层面出发提出增强国际竞争力的重点和途径,对于国际服务贸易竞争优势的来源和形成具有一定的解释力和指导力。

3. 瑞士国际管理发展学院的国际竞争力理论

瑞士国际管理发展学院(IMD)认为,国际竞争力是指一国提供能够创造增加值和积累国民财富的环境的能力。这一竞争力环境,既是一国传统、历史和价值体系变迁的结果,也是政治、经济和社会发展的产物。在塑造国际竞争力环境中,存在着包括吸引力(attractiveness)与扩张力(aggressiveness)、本土化(proximity)与全球性(globality)、资产(assets)与过程(processes)、个人冒险精神(risk taking)与社会凝聚力(social cohesiveness)这四种力量。一国只有主动把握与平衡这四种力量,才能推动国际竞争力的发展。

通过20多年来对国际竞争力理论与政策的研究,IMD提出了一国提升国际竞争力的十大要素。这十大要素分别是:① 创建一个稳定、可预测的法制环境;② 构造一个灵活和弹性的经济结构;③ 对基本基础设施和技术基础设施优先投资;④ 促进私人储蓄和国内投资;⑤ 在吸引国外直接投资的同时增强在国际市场上的扩张力;⑥ 政府和行政管理需在服务质量、工作效率和透明度方面努力创新;⑦ 保持工资水平、生产率和税收之间的合理关系;⑧ 减小收入分配不公,扩大中间阶层,确保社会结构的稳定、优化;⑨ 增加教育投资,尤其是注重中等教育水平的提高和劳动力的终身培训；⑩ 保持经济运行在全球化和本土化之间的整体协调力，促进国民财富创造能力的持续提高，维护公民意愿及其所追求的价值体系。

瑞士国际管理发展学院的国际竞争力理论对于增强国际服务贸易竞争力具有一定的指导意义。

3.2.2 服务贸易竞争优势的形成

基于服务产品、服务贸易的特征，依循服务贸易的竞争优势理论，可见提升国际服贸易竞争力不仅要深入研究服务产品与服务贸易的特殊性，遵循相关规律，而且要分析具体竞争环境、基础和条件，从企业、产业、国家等层面综合施力，才能达到促进国际服务贸易更快、更好发展的目标。根据波特国家竞争优势的理论框架，服务贸易竞争优势的形成可以从资源与才能要素，需求条件，关联和辅助性产业，企业战略、结构和竞争企业，机遇和政府这六个方面加以说明。

1. 资源与才能要素

服务贸易所涉及的相关资源和生产要素形成服务贸易竞争优势的基础。这些资源和要素不仅涉及面广，而且类型和特质也各不相同。对于服务贸易而言，要充分利用相关资源和生产要素，不仅要提供高品质的服务产品，而且要持续夯实服务产业，使服务贸易具有从初期比较优势向动态竞争优势转化的潜力和动力。在当今服务贸易竞争日趋激烈、改革创新日新月异的背景下，制约和影响服务贸易发展的高级要素显得至关重要。服务贸易强国拥有高新科技、高素质人才，恰恰体现出服务贸易依赖于人才的特点。因此，如果想通过生产要素建立持久的优势，就必须发展高级和专业生产要素，它们的可获得性与发展程度决定了竞争优势的水平。

2. 需求条件

服务产品生产与消费的同时性要求不仅要考虑服务生产和供给条件和状况，还要高度重视需要和消费的条件和状况，如此才能更好顺应服务产品及服务贸易的特征要求，推动服务贸易市场的健康发展。事实上，需求条件被纳入生产和贸易的过程也恰恰是服务贸易竞争优势形成的重要方面。特别是国内需求的发展，直接影响着服务产业的壮大、服务消费人群的增多、服务市场规模效益的获得，以及服务新业态的创新。满足个性化、多样化、规模化的需求无疑是促进服务产品品质提升、品牌培育，以及服务贸易繁荣发展的重要动力。

3. 关联和辅助性产业

服务贸易所涉行业不仅庞杂，而且有其独特的作用和地位。在当下产业融合的背景下，服务业内部以及与其他产业的融合创新力度不断加大，由此不仅通过渗透、提升等机制推动服务新业态的发展，增强服务产品竞争力，而且也促进了服务贸易整体创新发展的良性态势的形成。不仅如此，在全球价值链的背景下，服务贸易竞争力高度依赖分工中各产业、各部门、各环节的高度配合和合作，这也成为服务贸易竞争优势形成的重要方面。

4. 企业战略、结构和竞争企业

服务贸易企业是服务贸易的主体。服务企业战略、结构等的构建，以及国内竞争的激烈程度使处于产业竞争中的企业竞争形成优势或劣势。对竞争优势影响最大的是国内竞争的激烈程度、竞争对手的素质和潜在竞争对手。良好的竞争环境使产业保持生机并构成持续改进和创新的压力，也会促使企业寻找国际市场，以支持其扩大的规模和研发投资，从而形成独特的服务贸易竞争优势。

5. 机遇

服务贸易竞争优势的形成也离不开重要机遇。机遇有外部的发展，也有内部的变革；既有科技的创新发展、市场的开拓扩大，还有政策的变化、企业的改革。机遇可遇不可求，善于及时利用机遇并使之转化为优势的企业可以形成自身的竞争优势。

6. 政府

政府由于其多重身份，既是服务的消费者，又是各种标准、政策法规的制定者，还是商业活动的管理者，因而对竞争优势的决定因素有极其重大的影响。政府作为消费者，能够引导服务的创新和优势的培育；政府作为标准和政策的制定者，能够更快、更好地扶持企业的发展，加快竞争优势的形成；政府作为商业活动的管理者，能够更好维护服务市场的高效竞争，提供贸易平台和渠道，不断提高本国服务贸易的国际竞争地位和优势。

3.2.3 服务贸易竞争力的衡量

1. 服务贸易总量

服务贸易总量包括进出口总额、出口额、进口额，以及各自的增长率和在世界的排序。这是一个国家服务贸易国际竞争力的直接体现。

2. 国际市场占有率

衡量一个国家服务贸易的国际地位还有一个很重要的指标，就是一国服务贸易出口在世界市场上占有的份额，即国际市场占有率。计算公式为：

$$国际市场占有率 = 出口额/世界出口总额$$

3. 贸易竞争优势指数

国际贸易竞争优势指数分析是行业结构国际竞争力分析的一种工具，总体上能够反映计算对象的竞争优势状况。所谓贸易竞争优势指数（trade comparative indicator，TC），又称国际贸易专业化系数（trade specialization coefficient，TSC），是指一国进出口贸易的差额占进出口贸易总额的比重。计算公式为：

$$贸易竞争优势指数 =（出口额 - 进口额）/（出口额 + 进口额）$$

其取值范围为 [-1, 1]，当其值接近 0 时，说明竞争优势接近平均水平；大于 0 时，说明竞争优势大,越接近 1,竞争力越强;反之,则说明竞争力小。如果为–1,则说明该服务没有出口只有进口;如果等于 1,则说明该服务只有出口没有进口。

4. 服务贸易对外开放度

服务贸易的全球化、自由化是世界经济发展的必然趋势,但由于各国服务产业发展水平与阶段不同,对服务贸易的开放和控制程度是不同的。国际货币基金组织对一国服务贸易的开放度提供了相关的计算公式:

$$\text{服务贸易对外开放度} = (S_x + S_j)/\text{GDP}$$

S_x、S_j 分别表示服务贸易的出口总额和进口总额,GDP 是国内生产总值。

5. 显性比较优势指数

显性比较优势指数(revealed comparative advantage,RCA)又称"相对出口绩效指数"(relative export performance,REP),可以定义为一经济体某种商品或服务的出口占世界该种商品或服务出口的比率对于该经济体总出口占世界总出口的比率之比。在 n 个经济体、m 种出口商品或服务中,一经济体的显性比较优势指数为:

$$\text{RCA}_{ij} = \left[\frac{X_{ij}}{\sum_{j=1}^{n} X_{ij}} \div \frac{\sum_{i=1}^{m} X_{ij}}{\sum_{j=1}^{n}\sum_{i=1}^{m} X_{ij}} \right] \times 100$$

其中 RCA_{ij} 表示 j 经济体在服务 i 上的显性比较优势指数;X_{ij} 表示 j 经济体服务 i 的出口;$\sum_{j=1}^{n} X_{ij}$ 表示 n 个经济体在服务 i 上的总出口;$\sum_{i=1}^{m} X_{ij}$ 表示 i 经济体 m 种服务的总出口;$\sum_{j=1}^{n}\sum_{i=1}^{m} X_{ij}$ 表示 n 个经济体 m 种服务的总出口。

当一经济体的 RCA 大于 100 时,则其在该商品或服务上就拥有显性比较优势;相反,当一经济体的 RCA 小于 100 时,则其处于非比较优势地位。更深入的分析认为,若 RCA 大于 250,表明该经济体的该商品或服务具有极强的国际竞争力;若 RCA 小于 250 而大于 125,表明该经济体的该商品或服务具有较强的国际竞争力;若 RCA 小于 80,表明该经济体的该商品或服务的国际竞争力较弱。

3.3 服务外包兴起与发展

3.3.1 服务外包的兴起

传统国际贸易主要以国与国之间产品的交换为主。随着信息技术的巨大进步,商品生产

可以进行分解，商品的生产过程日趋精细与国际化。全球化生产中复杂工业品的制造或者知识密集型服务的提供由分布在不同国家、不同地点的许多工序连接而成。每个国家也日益采取工序交换的方式而不是通过交换产品的方式参与全球化的生产供给链。因此，随着工序贸易在国际贸易中的地位日益重要，越来越多的中间品与半成品也加入了国际贸易往来中。这些中间品与半成品的跨国流动将不同国家的制造业或者服务生产活动连接起来，并生产出最终产品或服务。企业因此得以摆脱专业化生产要求地理集中的限制，从而在全球市场上利用国家之间的要素成本差异及专门技能，进一步提高生产专业化带来的利益。一种新的国际分工模式——外包随之兴起。

所谓外包（outsourcing），其英文的原意是"outside resource using"，直译为"外部资源利用"，是指企业通过签订外包协议将其非核心业务交给其他企业承担，而自己则专注于核心业务的发展，其实质是为了利用外部专业化资源，从而降低成本、提高效率、增强企业对环境的应变能力，以充分发挥自身核心竞争力。这就是说，应该将企业视为一系列的产品索引——企业应该从一系列可供选择的业务中，选取核心部分由企业自己掌控，而其他部分则从第三方，即商业伙伴或者供应商那里采购。该企业称为发包商，它所属的国家即发包国（多为发达国家）；第三方或商业伙伴或供应商则称为接包商，其所属的国家即承接国（多为发展中国家）。

20世纪90年代以来，国际外包这一新的国际生产分散化的组织形式又扩展至服务业。此前，由于服务的不可流动性，服务部门几乎不受国际竞争的影响。然而20世纪90年代后期，无线通信与互联网通信成本的急剧下降和计算机使用成本的普遍减少降低了专业化生产对地理集聚的要求。生产工序在时间与空间上的分解日益成为可能。在当今无线通信与互联网的时代，工作指令可以在瞬间传递，有关产品规格的详细信息与所需要完成的工序操作也都可以通过电子传递。在这样几乎瞬时传递的通信环境下，并不需要地理集聚也可以实现生产的专业化。因此，许多原来"不可贸易的服务"也变得可贸易了，服务的跨国流动迅速发展起来，服务外包也日趋流行。

制造外包和服务外包可以依据交易对象的经济属性差异加以区分。大体而言，如果外包转移和交易对象属于制造加工零部件、中间产品工序活动，或以中间品、半成品、最终产品某种组装或总装为对象活动，则属于制造外包；如果外包转移对象是特定服务活动或流程则属于服务外包。具体而言，服务外包是指企业将信息服务、应用管理和商业流程等业务，发包给本企业外第三方服务提供者，以降低成本、优化产业链、提升企业核心竞争力的商业行为。

如果发包方与承包方同属特定国家企业，服务外包的产品分工在特定国家内部展开则属于国内外包或"在岸外包"（onshore outsourcing）。如果服务发包方与承包方分属不同国家的企业，则这类外包从发包方角度看是"离岸外包"（offshore outsourcing），对承包方来说则是"到岸外包"（inshore outsourcing），总称国际服务外包。国际服务外包是实现企业间以特定服务流程为对象的跨国交易，因而是一种特殊类型的（国际）服务贸易。

3.3.2 服务外包的特点与分类

1. 服务外包的特点

1）业务专业化水准更高

外包作为一种管理模式，具有整合利用其外部最优秀的专业化资源，从而达到降低成本、提高效率、充分发挥自身核心竞争力和增强企业对环境的迅速应变能力的本质属性。因而对于接包商，往往是某个领域的专家和领先者，它们能够充分发挥自身优势，提供更加专业化的服务，业务技能水准更高。

2）具有更高的技术含量和更强的知识外溢效应

服务外包主要集中于服务业中的智力密集型行业，如保险、银行、软件开发、人力资源、管理等领域。通常发包企业为了集中企业核心竞争力而将相对属于低端的业务环节外包给其他企业。即便如此，服务外包作为现代服务业的有机构成，依然具有较传统加工贸易更高的技术含量，因而对人力资源提出较高要求。另外，作为一种服务业，国际服务外包需要供应商与客户进行大量的业务沟通和交流，相对于制造业中的加工贸易形态，它具有更强的知识外溢效应。

3）低消耗、无污染

在货物贸易传统的资本与人力分工模式下，发展中国家为了发挥自身的人力资源优势和增加就业，往往在吸引外资的过程中付出了牺牲环境的代价。服务外包作为一种现代服务贸易形式，不用进行实物生产，多数是依赖IT设备，并不需要生产方消耗自然资源，对生态环境几乎不会造成任何影响。

4）对基础设施条件要求较高

服务外包需要具备恰当的互联网基础设施和介入条件，因此对该地区信息基础设施条件有较高要求。信息技术的迅猛发展使得原先不可储存和不可运输的跨境服务成为可能，进而产生了国际服务外包这种新兴贸易形态。因此，相对于货物贸易中的加工贸易，贸易的发展存在较高的门槛。也正因如此，目前，服务外包主要集中在一些发达国家和新兴市场国家，世界上最不发达地区从中所得甚少。此外，有条件的发展中国家不断拓展本国的服务外包，也将会有力促进本国的信息化进程。

2. 服务外包的分类

1）按服务的部门分类

WTO 的《服务贸易总协定》将服务分为 12 个部门、155 个服务项目，与此相对应，服务外包就有这些相应的大类和小类。目前，发展较快的服务外包部门主要有：软件开发、信息技术、通信、人力资源、媒体公关、金融、保险、医疗、文化、分销等。

2）按服务的性质分类

依据该标准，可将服务外包分为生产与消费同时型与非同时型两类。所谓同时型外包，是指生产与消费同时进行的服务外包。呼叫服务是这种类型的典型代表。所谓非同时型外包，即服务的生产与消费在时间上是分开的，一般是先生产后消费。例如，软件开发、研究与设计等领域就是这种类型的代表。

3）按外包方式分类

依据该标准，服务外包可分为整体外包和分项外包。例如，某个芯片生产公司，除芯片制造这个核心业务自己完成外，非核心业务均外包，包括人力资源管理、办公室文案、财务会计及库存管理等。这些服务项目既可以整体包给某一个公司，也可以分项包给多个不同的公司。前者称为整体外包，后者称为分项外包。

4）按发生部门不同分类

依据该标准，服务外包大体分为两种类型：一是以服务为最终产出的服务业企业和机构，把某些内部生产性服务活动或流程转移为外部提供。如美国超市的顾客打折申报单录入环节通过中国公司完成，美国银行和其他金融机构把回应顾客询问的呼叫业务委托给印度或菲律宾呼叫中心。二是制造业等非服务业企业和机构，把某些内部生产性服务活动或流程转移为外部提供。如香港国际牛奶公司把人事和薪酬发放服务流程委托给广州公司承担，联想把生产笔记本电脑需要的部分IT支持服务流程外包给IBM。

5）按服务外包承接商的地理分布状况分类

依据该标准，服务外包分为三种类型：离岸外包、近岸外包和境内外包。离岸外包是指转移方与为其提供服务的承接方来自不同国家，外包工作跨境完成；近岸外包是指转移方和承接方来自邻近国家，近岸国家很可能会讲同样的语言，在文化方面比较类似，并且通常提供了某种程度的成本优势；境内外包指转移方与为其提供服务的承接方来自同一个国家，外包工作在境内完成。

6）按服务外包业务内容分类

依据该标准，服务外包分为信息技术外包（information technology outsourcing，ITO）、业务流程外包（business process outsourcing，BPO）和知识流程外包（knowledge process outsourcing，KPO）

信息技术外包是指服务外包发包商将全部或部分IT业务发包给专业服务外包公司完成的商务模式。

业务流程外包指服务外包发包商将一个或多个原本企业内部的职能外包给外部服务提供商（ESP），由后者拥有、运作、管理这些指定的职能。

知识流程外包作为业务流程外包BPO的高端业务类型，相比一般的服务外包具有高附加值和高利润率的特点，是外包企业的业务服务内容沿着价值链条向高端领域的不断延伸，进而进入基于知识型的、侧重流程创新、市场研发和业务分析为主的领域。它是最为接近发包方核心竞争优势,进而培育接包企业自主创新能力的一种业务模式。

3.3.3 服务外包的地位和作用

1. 有效节约成本

由于服务外包的承接方通常都是通过互联网或电子通信的方式向发包方交付服务,这种远程交付方式使得服务外包双方(发包方和承接方)均不需要从事任何形式的跨境活动(如人员的过境流动或设立境外分支机构),从而使得服务外包双方均可以有效节约成本、增大利润空间。

2. 提升发包企业的核心竞争力

一般来讲,服务提供商具有服务范围广、员工技术精湛、管理水平高等优势,因此,相对于发包商,它们能够提供更加专业、更高质量的服务。当企业由于受资金、技术支持等因素的限制而无法在短期内提升内部服务质量时,选择将服务外包给专业的服务提供商将会使得上述问题迎刃而解,而且能够享受更加专业的服务质量。此外,企业通过把一些非核心的服务外包出去,可以把主要资源集中在核心竞争力的建设上,从而进一步增强企业的核心竞争能力。从战略角度来讲,服务外包有利于实现企业的可持续发展。

3. 提高企业市场变化应对能力

随着经济全球化浪潮的继续深入,企业的竞争环境日趋复杂,所应对的挑战也日趋国际化。在这种背景下,如果一个企业事无巨细地包揽所有的业务,则无法对迅速变化的外部市场环境和顾客需求做出更好的反应。因此将非核心服务业务外包给服务提供商无疑是最佳选择。一方面,服务外包使得企业内部机构得以大大精简,从而显著提升了企业的市场变化应对能力和灵活性。另一方面,发包商与服务提供商之间是一种战略合作伙伴关系,是风险共同体,而不是单纯的雇佣关系。服务外包可以使企业与服务提供商共担新技术的风险,或将风险完全转移给服务提供商。服务外包也可以使组织将由于技术和技能陈旧所带来的固有风险全部或部分转移给服务提供商。

国际服务外包是一种新的商务模式。除了企业的角度外,从更宏观的视野看,服务外包有助于实现全球资源的有效配置,深化国际分工与合作,扩大国际贸易和投资,提高劳动生产率,一定程度上也有助于缩小南北经济差距和数字鸿沟,对加强教育和职业培训、提高劳动力素质也有积极意义。

3.3.4 国际服务外包的发展

美国、欧洲和日本作为离岸服务外包主要发包国家,发包总额占全球离岸外包业务总额的80%以上。根据国际数据公司的统计,2013年美国离岸服务外包发包额居全球首位,约

占全球离岸外包总额的 60%；欧洲为第二大离岸发包市场，占比约 18%；日本为第三大发包市场，占比约 10%。

新阶段，以"补充劳动力资源、建立成本中心"为特征的外包需求日益淡化，主要发达经济体为缓解失业率上涨压力，通过采取多种政策措施引导企业减少境外发包业务，如 2017 年美国改革 H–1B 签证，收紧移民政策；印度、中国等传统接包市场劳动力成本攀升，成本优势逐渐萎缩。与此同时，"提升价值、创造价值"成为外包新需求，服务外包不再是完成标准化的、固定的业务模块，而是参与企业管理、标准、流程设计，完成有创造价值的服务需求。

2017 年全球有 67%的企业将数字化转型作为战略核心，数字经济、数字化转型上升为多个国家的国家战略，Forrester 研究显示，2016—2018 年，数字服务保持 20%的增速，数字化转型在各行各业有序铺开，如智能制造、金融科技、智能汽车、电子商务、智慧医疗等。

数字经济发展离不开服务外包支撑，行业数字化转型推进服务外包与行业融合发展。全球知名外包商 Infosys 拟将数字化创新与数字体验工作室拓展至全球；国内领军企业文思海辉发布"以数字科技领先全球，用行业服务创造价值"新远景，为高科技、金融、互联网、电信、制造、零售、旅游、汽车、医疗、媒体娱乐等行业提供数字化解决方案服务。据中国服务外包研究中心调研，服务外包企业日益关注大数据、云计算、移动互联、智能应用、网络应用和服务体系架构、物联网、数字技术平台等方向。

在当代全球服务外包市场上，美国、欧洲、日本等发达国家企业基于降低成本、提高企业核心竞争力的需要，将企业非核心的信息技术服务、后台服务业务和研发设计服务业务外包给亚洲和爱尔兰、中东欧等人力资源丰富、成本较低、专业服务水平较高的服务提供商，形成了以美国、欧洲、日本等发达国家为主体的离岸服务外包发包国，以印度、中国、菲律宾等亚洲国家和中东欧、爱尔兰为主体的离岸服务外包接包国的全球离岸服务外包市场格局，这一市场格局为发达国家和发展中国家经济发展带来新的空间和机遇。

就中国服务外包而言，据商务部统计，2017 年全年中国共签订服务外包合同金额 1 807.5 亿美元，同比增长 25.1%；完成服务外包执行金额 1 261.4 亿美元，同比增长 18.5%。其中，离岸服务外包合同签约金额、执行金额分别为 1 112.1 亿美元、796.7 亿美元，同比分别增长 16.7%、13.2%，增长速度领先服务贸易出口速度，是新兴服务业出口的核心。

从三大类业务发展来看，2017 年知识流程外包发展迅猛，特别是国际业务领域，增长约 18%，均超过信息技术外包、业务流程外包 7 个百分点以上。增长主要得益于知识产权外包服务、管理咨询服务、数据分析服务、工业设计外包及医药研发服务。2017 年 ITO、BPO、KPO 业务执行额分别为 618.5 亿美元、235.7 亿美元、407.2 亿美元，业务结构由 2016 年的 53:16:31 调整为 49:19:32。

另外，受日本经济、汇率、成本上升、中日政治关系等多重因素的影响，中日服务外包合作一度放缓。2017年中国企业承接日本发包业务同比增长19.5%,对日外包市场回暖向好,日本外包订单增多与内容难度增加、客户需求提高并存,对日外包企业在坚守中加快转型。

2017年,企业承接"一带一路"沿线国家的服务外包合同执行额达152.7亿美元,同比增长25.98%,成为国际业务发展新亮点,占离岸服务外包执行总额的19.2%,比前一年提升2个百分点。其中,东南亚11国是规模最大的区域,承接该区域合同执行额78.81亿美元;西亚北非16国是增长最快的区域,合同执行额同比增长44.9%。

2017年,中国服务外包产业实现高质量增长,在向智力投入转变,向高技术含量、高附加值业务拓展中迈出坚实步伐,成为新常态下产业升级、外贸转型的有利支撑。未来中国服务外包必将迎来更大的发展。

概念和术语

贸易竞争优势指数;显性比较优势指数;国际竞争力;服务外包;ITO;KPO;BPO

复习思考题

1. 从国际服务贸易四种模式的角度,试分析比较优势论对国际服务贸易的适用性。
2. 在评析国际生产折中理论对国际服务贸易适用性基础上,试进一步分析国际服务贸易商业存在模式的动因。
3. 简述波特国家竞争优势理论。
4. 什么是服务外包?服务外包有哪些特点?
5. 试述服务外包的分类。
6. 试述服务外包的地位和作用。

延伸阅读

专家"把脉"服务贸易未来新走向

在2018全球服务贸易大会高峰论坛上,政府、专家、企业高管从"高站位"为服务贸易产业"把脉",探讨未来发展方向。

观点一:数字经济成为服务贸易增长新动能

商务部国际贸易经济合作研究院院长顾学明指出,当前,世界服务贸易呈现恢复性增长的态势。根据WTO的统计,全球服务贸易出口在经历了2015年的5%负增长,以及2016年的0.5%微增长之后,终于在2017年恢复了增长势头,全球服务出口增长7.4%。

他认为,数字经济将成为推动全球服务贸易增长的新动能。根据研究,过去15年,数字经济的增长是全球GDP增长的2.5倍,到了2025年,数字经济的规模将达到23万亿美

元,占全球经济比重将达到24.3%,并由此催生众多数字服务贸易新业态和新模式。

观点二:去"一带一路"拓展新空间

联合国国际贸易中心服务贸易专员赵全指出,当前,服务贸易呈现几个趋势。增长是全球服务贸易的总体趋势。当前,全球服务贸易占全球贸易的比重从1980年的17%,增长到了2016年的24%,服务贸易的增速高于货物贸易,服务贸易占全球贸易的比重已接近50%。

另外一个发展趋势是,服务贸易结构加速调整,传统贸易比重不断下降,新兴服务贸易的比重不断上升。2005年到2016年,旅游、运输等传统服务贸易所占比重从53%下降至47%,与此同时,计算机相关服务、管理资讯等新兴服务的比重从47%提高至53%。

全球服务贸易结构调整是第三个趋势,发展中国家的市场份额不断扩大。

他建议,城市发展服务贸易一方面要为新兴服务贸易注入创新活力,另一方面通过"一带一路"拓展新空间。在"一带一路"的倡议下,海外运输、电信等基础设施的投资将大幅提升。很多"一带一路"沿线国家,如哈萨克斯坦等,非常重视电子商务的发展,并出台减税政策,制定电子商务发展规划,对外寻求帮助,推动本地的电子商务发展。

观点三:制造业和服务业已不分你我、深度融合

阿里研究院跨境电子商务研究中心主任欧阳澄指出,发展服务贸易,需要留意一个新现象:在科技的推动下制造业和服务业在深度融合。

因为有了电子商务、大数据、云计算,不管是制造业还是服务业,都发生了变化。第一,服务半径大了,服务时间长了。第二,出现了很多新服务、新产品,给制造业转型发展带来巨大机会。第三,服务效率大幅提升,以前跨境做生意很难,而现在有语音识别、自动翻译、跨境电商平台,人们可以很轻松地进行跨境产品交易和服务贸易交易。在服务和制造融合的背景下,数据成为核心,数字让制造者更好地洞悉市场变化,了解消费者的需求,拉动供给侧的改革。服务贸易中的数字经济给制造业转型带来巨大机遇。

第4章 国际服务贸易发展

4.1 世界服务贸易的发展

4.1.1 世界服务贸易兴起的原因

第二次世界大战后,世界贸易迅猛发展。服务贸易作为其重要组成部分,也取得了快速发展。总体上,依据第二次世界大战后国际服务贸易发展过程的不同特征,可将其发展分为三个阶段。第一阶段从20世纪70年代之前至1970年。这一阶段的服务贸易处于货物贸易的附属地位;第二阶段从1970—1994年,服务贸易处于快速增长阶段;第三阶段自1994年以来,服务贸易在规范中向自由化方向发展。纵观世界服务贸易的发展历程,其兴起的主要原因可以归纳为以下几个方面。

1. 国际分工的深化

国际分工的发展使国际的货物及服务交换日益扩大。特别是第二次世界大战之后,货物及服务贸易迅猛发展,不仅商品出口的年平均增长率超过了世界产出的年平均增长率,而且服务贸易也逐渐摆脱了附属于商品贸易的地位,取得了更快的增长率。

第二次世界大战后国际分工呈现出新的特征,这些特征主要包括:第一,超经济的强制分工瓦解,利益关系在国际的尖锐对抗在一定程度有所缓和,广大发展中和不发达国家为建立新的国际经济秩序而持续抗争,区域及国际协调合作凸显;第二,国际分工的知识、技术基础更加突出,水平型国际分工及产业内及产品内国际分工或网络分工兴起,发达国家之间的国际分工居于主导地位,跨国公司成为国际分工的重要实体;第三,服务业大规模进入国际分工,国际服务分工成为国际分工的新领域,为国际分工的发展注入了新的动力。

社会分工的范围不断扩大,甚至有的学者提出将服务业的产生称为第四次社会大分工;企业内部分工的程度则不断深化,程序分工、机能分工及办公室分工成为重要的形式,从而使脑体分工进一步分化,使物质生产过程包含诸多必要而且十分重要的服务需要。

2. 科学技术的推动

科学技术是第一生产力,也是第一推动力。科技作为重要的要素在参与服务的生产和提

供中,不仅极大地提高了服务生产的效率,而且为服务的消费,以及生产与消费的双向互动提供了条件。更重要的是,科技创新催生了新兴服务业态,极大地提高了交通、通信和信息处理能力,为信息、咨询和以技术服务为核心的各类专业服务领域提供了新的服务手段,使原来不可能发生贸易的许多服务领域实现了跨国贸易。如原来不可贸易的知识、教育服务现在可以存储在光盘中,以服务产品的形式交易,或者通过卫星电视、互联网直接发送。这与国际的技术、产品和产业梯度扩散紧密相关。新技术不仅为附加服务提供了贸易机会,而且使高新技术服务成为一些跨国公司的核心竞争力。当前科技的发展正在促使国际服务贸易发生革命性的变革和创新。

3. 世界产业结构的调整

随着社会经济的发展,世界经济规模不断增长,产业基础不断壮大,产业结构也不断向高端、优化方向调整。世界经济结构调整步伐加快,传统制造业比重相对下降,服务业地位提升,服务业在各国 GDP 和就业中的比重不断提高。21 世纪初,随着全球经济与信息化进程的加快,新一轮的世界产业结构调整正在全球迅速展开,高新技术产业、新兴产业发展日益加快,特别是服务业的发展成为服务经济时代背景下各国产业结构调整的重要方向,为国际服务贸易的繁荣奠定了坚实的产业基础。

4. 跨国公司的扩张

跨国公司国际化经营活动的开展,带来了资本、技术、人才的国际流动,促进了与其相关或为其服务的国际服务贸易的发展。首先,跨国公司在世界范围的扩张引致大量追加性服务,如设立为本公司服务的专业性公司,这些服务子公司除满足本公司需求之外,也向东道国的消费者提供服务,从而促进了东道国服务市场发展。其次,跨国公司在国际服务市场上提供的银行、保险、会计、法律、咨询等专业服务,也随着跨国公司的进入,在东道国市场上获得渗透和发展。最后,制造业跨国公司对海外的直接投资产生了"企业移民",这种企业移民属于服务跨国流动的一种形式,随着设备技术的转移,其技术人员和管理人员也产生流动,因而带动了服务的出口。

5. 服务需求的扩大

从需求角度看,经济的发展、分工的深化不仅使生产的服务需求大幅增加,生活的服务需求也如火如荼。发达国家的经济主体已经从原来的制造业转换至服务业,其生产性服务业的增长远远超出服务业的平均增长水平,发展速度非常引人注目。在 OECD 国家中,金融、保险、房地产及经营服务等生产性服务行业的增加值占国内生产总值的比重均超过了三分之一。而制造业国际营销网络的形成,就是聚集营销人才、进行研发产品、产品运输与储存、广告、保险、会计和法律服务等开发市场的过程,在这一过程的每一环节都伴生服务需求。此外,随着人们物质生活水平不断提高和中等收入群体不断扩大,花钱买享受、买时尚、买轻松、买健康等将成为消费的重要趋势,教育、健康、养老、文化、旅游等服务消费不断蓬勃发展，服务性消费支出的占比越来越高。这些服务需求的增加极大地推动了服务贸易的发展。

6. 货物贸易的带动

国际货物贸易的快速发展带动了相关服务贸易的发展。其中，金融、保险业和运输业表现最为突出。加之跨国公司的扩展及生产性服务需求的强劲增长，不仅推动国际货物贸易规模不断扩大，而且也使货物贸易与服务贸易相互促进，从而使国际贸易呈现良好的发展态势。

7. 开放政策的促进

在经济全球化的促进及国际组织和各国的共同努力下，自由贸易的推进使参与国际分工及采取开放政策成为主流，特别是发展中国家为了发展经济，普遍采取了开放型经济政策，积极从发达国家引进资金和技术。与此同时，为增加外汇收入，实现本国经济现代化，发展中国家也积极参与国际服务贸易，随着外贸政策不断趋向自由化和经济实力的增强，贸易范围不断扩大。近年来，发展中国家除积极参与国际运输、劳务输出外，还大力发展旅游业，千方百计吸引外国游客，并且积极扩大其他服务出口，推动了世界服务贸易的发展。

4.1.2 世界服务贸易的总体状况

1. 贸易规模不断增长

经济全球化依然在推动国际服务贸易快速发展。统计显示，在 1990 年至 2013 年的 24 年里，国际服务贸易出口增速超过货物贸易出口增速，而近 10 年来，转型经济国家、发展中国家服务贸易出口增速超过发达国家，其中，转型经济国家出口增速最快。国际服务贸易快速发展，使全球服务贸易规模达到了一个新的高度，2005 年至 2015 年，全球服务贸易规模翻一番，接近 10 万亿美元。而据 WTO 官网公布的数据显示，2016 年全球服务贸易规模相比 2015 年有所增长：出口额为 4.77 万亿美元，增长 0.1 个百分点；进口额为 4.645 万亿美元，增长 0.5 个百分点。

2. 贸易结构不断优化

伴随着服务贸易的快速发展，全球服务贸易结构不断优化，主要表现在传统服务贸易，如运输服务和旅游在整个全球服务贸易中的比重逐步下降，而其他服务的比重则不断上升。近年来，随着世界经济的发展，全球服务贸易品种进一步增加，传统的劳动密集型服务贸易比重趋于下降，知识与技术密集型服务贸易开始居于主导地位。早在 2000 年，运输服务和旅游占到全球服务贸易总出口的比例分别为 23.2%和 31.9%，到 2012 年已经分别下降至 20.5%和 25.5%，其他服务贸易出口占比则从不足 50%上升至 53.9%。特别是伴随科技的发展，贸易结构优化的态势不断加强。

3. 新兴服务快速成长

联合国贸易和发展会议数据显示，在运输、旅游两项传统服务的出口比重不断下降的同

时,包括计算机与信息服务等新兴服务在内的其他服务在出口中占比提高,由2005年的48.97%提高至2015年的53.19%,占服务贸易出口的一半以上。2015年,首先是其他商业服务占服务贸易出口比重最高,由2005年的19.36%增至2015年的21.25%;其次是电信、计算机和信息服务,占比由7.78%增至9.79%;最后是金融服务,占比由8.07%增至8.63%。特别是计算机与信息服务、通信服务、技术服务等新兴服务增速较快。其中,计算机与信息服务增速最快,2005年至2013年,平均年增速为14%。

4. 贸易地区不均衡

全球服务贸易发展的地区不均衡性表现为发达经济体依然占据全球服务贸易的优势地位,发展中国家同发达国家相比仍存在较大差距,不过部分新兴经济体开始迎头赶上。在2013年世界服务贸易进出口额前十名排名榜上,发达国家占7个,且前三位都是发达国家。两个发展中国家(中国、印度)都是人口大国。在世界服务贸易进口额排名榜中,前十位的国家有8个是发达国家。

而在国际服务贸易规模的区域分布上,欧洲、亚洲是全球第一大和第二大服务贸易进出口市场。2015年两大区域在全球服务贸易出口市场的占比为73.6%,在服务贸易进口市场中占比为74.2%。在国际服务贸易产业的区域分布上,2015年欧洲在与生产相关的服务、运输、旅游、保险和养老服务、金融、电信、计算机与信息服务、商业服务、文化娱乐服务出口中全球占比最高。特别是在保险和养老服务、金融、电信、计算机与信息服务、商业服务、文化娱乐服务方面,欧洲占据绝对优势,出口超过全球一半以上。亚洲在建设服务市场上具有较强的竞争优势,出口超过全球一半。北美则在技术服务上具有较强的竞争优势。

4.1.3 世界服务贸易的发展趋势

在全球价值链的形成中,服务业也发挥了重要作用。联合国贸易和发展会议数据显示,2010年在贸易总出口中,虽然制造业占总出口的71%,服务业占总出口的22%,但按照新的增值贸易统计方法计算,在出口增加值的创造上,服务业(46%)高于制造业(43%),出口增加值的46%来自服务业。服务贸易已经成为拉动经济增长和扩大就业的驱动力。而在世界服务贸易总体状况的基础上,伴随国际政治经济环境的变化、科技的发展等因素,世界服务贸易呈现新的发展态势。

1. 科技及新兴服务推动贸易结构加速优化

当前全球经济增速放缓,但全球服务贸易总体发展较快,成为拉动世界贸易增长的新引擎。2009年至2016年,全球服务出口年均增长率为4.55%,2017年全球服务出口规模达5.25万亿美元,较上年增长7.6%。全球经济复苏进程加快,新一轮产业变革、科技的应用与助力,特别是数字经济的蓬勃发展将推动全球服务贸易的持续增长和结构的加速优化,新兴经济体有望成为拉动服务贸易增长的主要引擎,数字技术将推动新兴服务贸易快速发展,交付模式不断创新，全球服务外包市场将继续快速发展。

2. 货物贸易与服务贸易的互动性进一步增强

信息技术的发展打破了三大产业间的传统界限，出现了服务业制造化和制造业服务化的产业融合发展新趋势。与此同时，全球价值链生产引发的中间产品贸易的增加也表明，货物贸易与服务贸易两者并非分离，而是彼此互动共生，有机地融为一体。2017年WTO最新研究显示：运输、物流、分销为货物贸易的发展提供了必要的基础设施；服务使全球价值链生产成为可能，如果没有跨境服务，就不可能有效地协调跨境生产，有效服务是提升制造业产品出口的决定性因素；服务贸易在数字经济时代将发挥重要作用。德国相关研究也认为，如果成功将基于网络的服务整合，将极大发挥制造业的创新潜力。这意味着货物贸易与服务贸易的协同发展，将促使全球服务贸易发展进入一个新的时代。

3. 国际服务贸易的全球治理需要进一步加强

在贸易保护主义抬头及逆全球化的态势下，推动国际服务贸易领域公平、合理的秩序及加强全球治理成为各方的需要以及重要的举措。当然即便面临贸易保护主义的抬头和贸易摩擦的增多，在经济全球化和科技蓬勃发展的必然趋势下，世界服务贸易的发展前景依然明朗广阔，不仅规模增长、结构优化会继续持续下去，而且新兴服务贸易将为其注入新的发展动力和活力，各国参与服务领域全球分工在强化，因此全球治理增强也就成为必然趋势。此外，一国国内规制或服务贸易的政府监管成为影响国际服务贸易自由化的重要因素。近年来，信息技术发展和全球经济一体化深化引发的规制缺位、规制壁垒也对现行国内规制提出了新的挑战，并对开展全球性的规制协调和规制合作提出了新的要求。这种情况同样需要加强全球协调和治理。

4.2 发达国家与发展中国家国际服务贸易的发展

4.2.1 发达国家国际服务贸易的发展

1. 总量规模上占支配地位

发达国家在国际服务贸易总量规模上处于绝对优势。迄今为止，西方发达国家在世界服务贸易中仍处于支配地位。1996年，全球近200个国家和地区中，在服务贸易排名中位居前25名的国家的服务贸易额高达总额的80%，这25个国家主要是发达国家。2016年发达国家服务贸易仍然占到全球的73.7%。

2. 贸易产业基础极为发达

产业基础对于贸易发展而言具有重要的支撑作用。服务业在发达国家经济中具有极其重要的地位。发达国家服务业在全部经济中占比多数超过70%以上，拥有较强的服务供给能力

和国际竞争优势。世界银行的数据显示，1997年至2014年，所有收入类别国家的服务业在GDP中的比重均有提升。其中，高收入国家由69.5%增至73.9%，中高收入国家由48.9%增至56.9%，中等收入国家由48.1%增至55.8%，低收入国家由40.4%增至47.7%。从地域分布看，2014年除中东和北非地区外，所有地区服务业增加值在GDP中的占比均超过50%。而以美国为例，美国的生产性服务业的增长远远超过其服务业的平均增长水平，约占美国经济总量的二分之一，已成为美国的支柱产业。其中，信息服务业、专业服务业和商业服务业的增幅显著。美国的专业服务业整体实力全球领先，信息服务业引领全球的发展。而2013年中国服务业现代化指数为35，排在世界131个国家的第59位，处于服务业初等发达国家水平。同年高收入国家服务业现代化指数平均值为100，美国为110，英国为105，世界平均值为48。发达的服务业为发达国家和地区服务贸易高水平发展奠定了强有力的基础。

3. 服务贸易国际竞争力突出

发达国家服务贸易国际竞争力的基础首先在于以强劲科技实力为支撑的供给能力，其次是以成熟市场和高水平服务消费为基础的需求能力，更重要的是与服务业及服务贸易相关的各行业领域跨国公司的竞争能力，使发达国家服务贸易具有极强的国际竞争力，其表现就在于发达国家和地区在服务贸易领域享有巨额的贸易顺差。2013年，美国服务贸易总额居全球首位，当年共实现服务贸易进出口总额10 890亿美元，占全球服务贸易总额的12.1%。德国服务贸易总额为6 020亿美元，列全球第二位。新兴经济体中，中国和印度服务贸易发展迅速。印度以服务贸易总额2 800亿美元位居世界第七位。总体来看，发达经济体在国际服务贸易竞争方面比较优势明显。仍以美国为例，2006—2016年，美国的服务贸易顺差由756亿美元增加至2 494亿美元，顺差规模居全球首位。其中包含教育在内的旅游服务顺差扩大了3.1倍，金融服务顺差扩大了1.2倍，知识产权使用费顺差增加了近1倍。由此可见，美国是全球服务贸易领域的最大受益方，而且在金融服务、教育和旅游服务、知识产权服务领域拥有很强的优势。

4. 主导国际服务贸易格局和秩序

长期以来，发达国家主导了全球服务贸易发展的方向，在国际贸易领域拥有强势话语权，在国际经济秩序方面享有优先地位，从而确保其享有稳定而持续的贸易利益，显示出其主导国际贸易发展的空间、产业和产品的格局。而从市场需求来看，发达经济体仍然是引领全球服务贸易发展方向的主要力量。全球经理人采购指数显示，2016年以来，发达国家的服务业经理人采购指数始终在50%以上的扩张区域内，明显高于发展中国家平均水平，最高时达到54.5%；发展中国家则在50%上下波动，其中3个月低于荣枯线。最高时也仅达到52.1%。不仅如此，发达国家拥有健全的服务贸易管理机制，以及积极的贸易促进政策，对于服务贸易的繁荣发展起到了重要的推动作用。

4.2.2 发展中国家国际服务贸易的发展

与发达国家和地区相比,发展中国家不仅服务业和服务贸易整体规模小,发展滞后,水平较弱,而且在国际经济秩序、规则制定等方面处于弱势地位,服务贸易逆差明显。其中最大的逆差项目是其他商业服务,其次是运输,旅游有一定的顺差,但所占比重也不大。像中国、俄罗斯、泰国、马来西亚、墨西哥及巴西等国家都存在数额不等的服务贸易逆差。

发展中国家虽然在资本、技术密集型服务行业较发达国家明显滞后,但在资源、劳动密集型服务领域中则具有一定优势,因此发展中国家的服务贸易也得到迅速发展,服务出口占世界服务出口总值的比重增加,且各国发展不平衡。

近年来,发展中国家经济的服务化正在加快,具有服务贸易持续扩大的潜力。根据 WTO 统计,2010—2016 年,全球服务贸易年均增长速度达到 3.7%,其中发展中国家达到 4.7%,高于发达国家 0.8 个百分点。发展中国家不仅打破了长期以来发达国家主导国际服务贸易的利益格局,在全球服务贸易出口中的占比突破了 30%,而且在旅游、建筑、运输服务、其他商业服务、计算机与信息服务五大产业出口中占比接近或超过 40%。特别是中国和印度已经跻身全球十大服务贸易出口国行列。其中,2015 年中国仅次于美国,成为全球第二大服务贸易国。此外,转型经济国家、发展中国家对全球服务贸易增长的贡献度增大。

世界贸易组织公布的数据显示,2015 年,发展中国家的服务贸易额在全球占比达到了 36%。就排名来看,2016 年全球服务贸易出口前十名没有太大的变化,美国仍然位居世界首位,占据 15.4%的份额,其次是英国(6.9%)、德国(5.6%)、法国(4.9%)、中国(4.3%)、荷兰(3.7%)、日本(3.5%)、印度(3.4%)、新加坡(3.1%)和爱尔兰(3.1%)。进口方面,亚洲呈现出较高增长,已然成为服务进口领域增长最快的地区。中国位居全球第二,占全球服务贸易进口份额的 9.7%;爱尔兰的排名下降两位,仅为第五名(4.1%)。

现阶段发展中国家国际服务贸易发展虽然迅速,但仍然不足以撼动发达国家的主体地位,其输出多为旅游、劳动密集、自然资源密集的项目。这类项目技术水平差,附加值低,创造的价值不高,因而发展中国家在提升服务贸易国际竞争力方面任重道远。

4.3 中国国际服务贸易的发展

4.3.1 中国国际服务贸易的发展现状

1. 服务贸易规模持续扩大

伴随我国开放水平的不断提升及对外贸易规模的不断增长,我国服务贸易规模也持续扩大,2016 年我国服务进出口规模位居全球第二位,显现出较好的发展态势。统计显示,2017

年我国全年服务进出口总额达 46 991.1 亿元,同比增长 6.8%;其中:出口额达 15 406.8 亿元,服务出口增幅达 10.6%;进口额达 31 584.3 亿元,服务逆差 16 177.5 亿元,与 2016 年基本持平。服务出口平稳发展,是 2011 年以来出口的最高增速,出口增速比进口高 5.5 个百分点,7 年来我国服务出口增速首次高于进口。同时,服务进出口增速高于世界主要经济体。世界贸易组织公布的数据显示,2017 年前 11 个月以美元计,我国服务进出口增速分别比美国、英国和法国高出 1.5 个、2.6 个和 1.8 个百分点。

2. 服务贸易结构持续优化

贸易结构优化对于贸易竞争力提升具有重要影响。随着贸易结构持续优化,我国服务贸易高质量发展特征逐步显现。2017 年我国服务进出口还表现出服务贸易结构进一步优化、新兴服务领域进出口保持均衡快速增长、中西部地区服务进出口快速增长、试点引领作用不断增强等特点。

从服务贸易产品结构看,以技术、品牌、质量和服务为核心的新兴服务优势不断显现。2017 年,新兴服务进出口额达 14 600.1 亿元,增长 11.1%,高于整体增速 4.3 个百分点,占比达 31.1%,提升 1.2 个百分点;而旅行、运输和建筑三大传统服务占比下降 1.1 个百分点。随着我国制造能力向生产性服务能力的逐步扩展,专业服务领域竞争力将逐步提升。

从新兴服务领域进出口来看,2017 年新兴服务进口额达 7 271.7 亿元,增长 10.6%,新兴服务出口额达 7 328.4 亿元,增长 11.5%。其中,电信计算机和信息服务、知识产权使用费和个人文化娱乐进口额同比分别增长 54.9%、21% 和 30.6%。

中西部地区服务进出口快速增长。2017 年中西部地区服务进出口总额合计 6 575.7 亿元,增长 8%,高于全国增速 1.2 个百分点,其中出口增速达 23.5%。东部沿海 11 个省市服务进出口总额合计 39 986.8 亿元,占全国的 85.9%。其中上海、北京和广东服务进出口额分别为 10 200.5 亿元、9 677.5 亿元和 8 316 亿元,居全国前三位。

试点引领作用不断增强。2017 年以来,商务部会同各部门、各相关地方继续落实服务贸易创新发展试点的相关政策文件,营造良好的营商环境,政策效应进一步显现。2017 年,试点地区服务进出口总额合计 24 405.5 亿元,进出口、出口和进口分别同比增长 8%、11.1% 和 7.4%,均高于全国水平。

3. 商业存在模式快速发展

商业存在在服务贸易四种模式中占有重要地位。统计显示,2016 年,我国服务业实际使用外资 885.6 亿美元;我国对外直接投资 1 832 亿美元,同比增长 43.6%,其中服务业投资占比超过 70%。在"一带一路"倡议实施方面,我国对沿线国家的服务业投资超过 300 亿美元。按外国附属机构服务贸易统计,2016 年我国服务业附属机构服务贸易规模居全球第二,销售额规模达 10.25 万亿元,同比增长 10.5%,是当年服务进出口总额的 2.3 倍。根据主要国别现有数据测算,我国附属机构销售额规模仅次于美国,居全球第二。

其中，内向服务业附属机构销售收入高于外向1.1万亿元。2016年我国内向服务业附属机构销售收入达5.66万亿元，同比增长3.2%；外向服务业附属机构销售收入达4.59万亿元，同比增长21%。内向服务业附属机构销售高于外向服务业附属机构，这表明我国服务业开放已经达到一定水平，也表明我国服务业对外提供能力有待进一步提升，发展空间广阔。

此外，内、外向服务业附属机构行业发展领域明显分化。在内向服务业附属机构销售收入前十大行业中，增速最快的是房地产业、金融业和建筑业，分别增长27.5%、18%和17%，其中建筑业增速是同期国内建筑业总体增速的2.8倍。在外向服务业附属机构销售收入前十大行业中，增速最快的是文化体育和娱乐业、信息技术服务业，分别增长1 257.7%和423.1%，这表明我国生产性服务的对外提供能力逐步提升，文化"走出去"成效显著。

4. 服务外包态势良好

服务外包对服务贸易的推动作用进一步加强。2017年我国服务外包产业取得了长足发展。

首先，服务外包成为服务出口增长的新引擎。我国企业全年承接服务外包合同额为12 182.4亿元人民币，执行额为8 501.6亿元，均创历史新高，同比分别增长26.8%和20.1%；其中，离岸服务外包合同额为7 495.5亿元，执行额为5 369.8亿元，同比分别增长18.3%和14.7%。离岸服务外包占新兴服务出口的比重达到73.3%，对服务出口增长的贡献率达到46%。

其次，服务外包成为新业态、新模式融合发展的新平台，有力促进科技助力服务贸易发展。在"互联网+"、大数据、人工智能等国家战略推动下，服务外包企业广泛应用新一代信息技术，加快与传统产业的跨界融合，数据分析、电子商务平台、互联网营销推广和供应链管理等服务新业态、新模式快速发展，执行额同比分别增长55.4%、44%、40.6%和17.8%，逐步形成相互渗透、协同发展的产业新生态。

再次，服务外包成为区域协调发展的新示范。服务外包示范城市的技术先进型服务企业税收优惠政策推广至全国实施，进一步营造了稳定、公平、透明、可预期的营商环境。示范城市继续保持集聚引领态势，离岸服务外包执行额占比为91.6%，业务不断向价值链中高端转型升级；非示范城市地区的积极性显著提升，承接离岸服务外包执行额达448.9亿元，同比增长46%，占全国的比重提高了1.8个百分点。

此外，服务外包成为深化"一带一路"服务贸易合作的新渠道。截至2017年，我国服务外包的业务范围已经遍及五大洲200多个国家和地区，服务外包执行额超亿元的国家和地区达到130个。在"一带一路"倡议的引领下，我国与沿线国家加强在信息技术、工业设计、工程技术等领域的服务外包合作，执行额达到1 029.3亿元，首次突破1 000亿元，同比增长27.7%，带动我国高铁、核电、通信、移动支付等世界领先的技术和标准

加快走出去。

最后，服务外包成为推动实体经济转型发展的新动能。我国服务外包企业依托信息技术优势，利用云计算、大数据、人工智能等先进技术，支持制造企业改造研发、生产、销售和售后服务流程，逐步由生产型制造向服务型制造转型。我国研发、设计、维修维护服务等生产性服务外包执行额达 2 902.6 亿元，同比增长 24%。一批领军 IT 企业提供云外包服务达到 200 亿元，成为实现中国制造向中国智造迈进的关键基础设施。

5. 政策管理紧密跟进

在我国经济结构优化升级的过程中，服务贸易的繁荣发展是重要的指向和着力点。为此，2015 年国务院办公厅印发《关于加快发展生活性服务业促进消费结构升级的指导意见》，同年国务院印发《关于加快发展服务贸易的若干意见》，2017 年商务部等 13 部门关于印发《服务贸易发展"十三五"规划》的通知，以及发布了一系列具体行业领域加快发展的意见和通知。当前，我国经济正进入需要积极发展服务业的阶段，政府相关产业政策也在服务业上有所倾斜。这些意见和通知的发布，从政策和管理层面上为促进服务贸易的发展注入了动力，指出了发展的方向。不仅如此，服务贸易创新发展试点和服务外包示范城市建设成为重要的实践创新典型。而在区域开放布局上，我国设立了自贸试验区，在北京开展服务业扩大开放综合试点。在行业开放布局上，提出放宽银行、证券、期货、保险等领域外资准入限制，放开会计审计、建筑设计、评级服务等领域外资准入限制，推进电信、互联网、文化、教育、交通运输等领域有序开放。

然而，我国服务贸易处于较严重的逆差状态，贸易结构需要进一步优化，而且发展不平衡，国际竞争力亟待提升，"质"或者"量"上都很难与发达国家匹敌。一旦货物贸易出现逆差，那么肯定会严重影响我国的国际收支平衡。因此，实现货物贸易和服务贸易的协同发展迫在眉睫。

4.3.2 中国国际服务贸易的发展趋势

1. 生产性服务贸易地位进一步提升

货物贸易和服务贸易并不是此消彼长的关系，通过相互融合发展有助于提升出口商品出口附加值率，同时货物贸易增长可以带动与其相关服务贸易增长。而从世界经济发展历史看，制造业和服务业的发展经历了从分离、专业化再到高层次融合的发展态势。制造业为服务业提供需求，服务业为制造业提供支撑。在新一轮科技革命与产业变革兴起的背景下，产业链、供应链、价值链深度整合，服务业和制造业也呈现高层次融合趋势，带动生产性服务产业的进步和生产性服务贸易的发展。在我国推动制造业强国的进程中，必须高度重视服务业及服务贸易的地位和作用。在这种背景下，生产性服务贸易地位进一步提升。

2. 市场需求拉动作用进一步显现

服务市场需求既是服务贸易发展的动力,也是影响服务生产的极为重要的因素。随着国内外市场服务需求趋于个性化、多样化,继商品消费全球化之后,服务消费全球化成为新的热点。各类消费市场,如旅游、留学与医疗服务等不断扩大;跨境电商及其他高科技助力的服务需求快速成长;新业态、新模式也激发新的服务需求,从而成为我国国际服务贸易发展的重要拉动力。

3. 数字网络经济驱动效应进一步放大

日新月异的科技创新正在推动新经济的壮大。而服务贸易的全球化、技术化,要求其必须向着科技化、智能化的服务方向发展。当前,3D打印、大数据、云计算等新技术不断涌现,数字经济、共享经济、平台经济等新产业、新模式加快发展,提高了各个行业的生产效率。数字技术的发展引发交易形式的变革,不断创造出新的可贸易服务产业。我国数字经济、网络经济的快速崛起有力地带动了相关领域服务贸易发展,其效应将在未来服务贸易的成长中进一步放大。

4. "一带一路"作用进一步增强

随着"一带一路"建设深入推进,我国与沿线国家的经贸交流不断加强,人员往来更加便利,有力地促进了我国与沿线国家之间的旅游、文化、技术等服务贸易合作。2016年外向服务业附属机构在"一带一路"沿线国家销售收入合计8 929亿元,占比为19.4%。其中,我国在新加坡、沙特阿拉伯、巴基斯坦和哈萨克斯坦4国的外向服务业附属机构销售收入排名居前十位,且同比增速均在30%以上。据有关机构测算,"十三五"期间,我国将为沿线国家输送1.5亿人次游客、2 000亿美元旅游消费,将吸引沿线国家和地区8 500万人次游客来华旅游,拉动旅游消费约1 100亿美元。

5. 服务贸易不平衡将进一步缓解

我国服务贸易存在产品结构、进出口结构、区域结构等多方面的不平衡问题。长期以来,我国自身在建筑、运输、旅游等传统服务贸易具有较强的贸易优势,但我国的高新技术服务、金融服务、设计、广告等服务贸易活动,仍然不够成熟,不仅呈现较严重的逆差,而且制约着服务贸易竞争力的提升。此外在国内外服务贸易进出口区域上也存在不平衡的问题。随着我国经济结构的优化升级及对外开放水平的进一步提升,我国服务贸易不平衡问题将得到进一步缓解。

4.3.3 中国国际服务贸易的发展对策

1. 以全方位创新助力服务贸易创新发展

当前我国正在推动以创新为动力的社会经济发展。我国服务贸易的发展,必须以全方位创新赢得发展动力,创造发展空间。目前来看,我国外贸增长新动力、新型贸易业态和模

式开始显现。跨境电子商务将成为下一代主要的贸易方式。据统计，2016年我国跨境电子商务规模有望达到6.5万亿元，占当年外贸进出口总额比重可达20%。"十三五"期间，我国政府应继续探索服务贸易创新发展模式，推动新技术、新模式、新业态、新产业与服务贸易融合发展，探索扩大服务贸易双向开放政策和便利化措施。不仅如此，还应在服务贸易企业培育、服务贸易人才培养等方面加强改革创新，为我国服务贸易的繁荣发展注入强大的创新动力。

2. 以多层面融合夯实服务贸易成长基础

融合发展是服务贸易发展的重要方向和路径。我国需要促进服务业内部各行业、服务业与制造业、服务业与农业等产业融合，促进服务贸易与货物贸易、服务贸易与技术贸易、服务贸易与知识产权贸易的融合，以及服务贸易与科技的融合，以融合增强发展动力，推动业态创新，形成创新发展的合力，不断夯实服务贸易成长的基础。

3. 以促进市场消费推动服务贸易持续发展

服务消费与服务生产同样重要。一方面，要拓展国内服务消费市场，提高大众服务消费能力，改善服务消费环境，完善消费政策，引导服务消费，营造有利于扩大服务消费的社会氛围。把加快发展服务业与实施城镇化战略结合起来，积极、稳妥地推进城镇化，调整城镇规模结构，扩大城市服务消费群体。另一方面，要积极拓展国外服务消费市场，通过平台建设、国际合作、对外投资等途径进一步优化外部贸易和投资环境，促进我国服务贸易的国际化发展和竞争力提升。

4. 以做强贸易主体增强服务贸易升级动力

贸易主体是贸易发展的主导力量。我国服务贸易要不断优化服务业企业组织结构，不仅要鼓励多种所有制服务贸易企业公平发展、同台竞争，而且要做强大企业，提升其企业的国际竞争力，还要支持中小微服务贸易企业的发展。要促进企业联合重组，实行网络化、品牌化经营，大力发展连锁经营、物流配送、多式联运等新型业态，满足多层次的服务需求，不断增强服务贸易升级动力。

5. 以政策战略扶持拓展服务贸易发展空间

我国服务贸易要密切关注国内外形势发展，牢牢把握国家政策导向和重大战略指向，充分发挥好政策红利的作用。要改变部分行业垄断经营严重、市场准入限制过严和透明度低的状况，按市场主体资质和服务标准，逐步形成公开透明、管理规范和全行业统一的市场准入制度。加快垄断行业管理体制的改革，放宽部分行业市场准入的资质条件，鼓励非国有经济在更广泛的领域参与服务业发展；凡鼓励和允许外资进入的领域，均鼓励和允许国内投资者以各种方式进入。加强"放管服"，改革市场准入的行政审批制度，大幅度减少行政性审批。同时，加强全球治理，增强贸易规则制定的话语权、贸易谈判的实力，以及应对贸易摩擦和经济风险的能力，不断拓展我国服务贸易的发展空间。

复习思考题

1. 试述世界服务贸易兴起的原因。
2. 简述世界服务贸易的状况和发展趋势。
3. 查阅资料,对比主要发达国家服务贸易状况。
4. 查阅最新数据资料,比较典型发达国家与发展中国家服务贸易的发展。
5. 简述中国服务贸易的现状及发展趋势。
6. 选取一个具体的服务行业,讨论如何促进该行业对外贸易的发展。

延伸阅读

推进以服务贸易为重点的开放转型

发展服务贸易,是我国扩大开放、拓展发展空间的重要着力点,有利于稳定和增加就业、调整经济结构、提高发展质量、培育新的增长点。近年来,我国服务贸易发展较快,但总体上国际竞争力相对不足,必须进一步适应经济新常态,着眼全球服务贸易发展新趋势,着力构建公平竞争的市场环境,促进服务领域相互投资,完善服务贸易政策支持体系,加快服务贸易自由化和便利化,推动扩大服务贸易规模,优化服务贸易结构,增强服务出口能力,培育好"中国服务"的国际竞争力。

由货物贸易为主向服务贸易为重点的开放转型,是新一轮经济全球化的重要趋势。目前,我国服务贸易发展水平较低,这不仅成为扩大对外开放的突出短板,也成为供给结构与消费需求结构不适应的突出矛盾。

世界经济,特别是国际贸易中的不确定性增大,是2017年我国经济发展实现"稳中求进"的一大挑战。尤其是一些国家贸易保护主义抬头,其带来的冲击,以及可能随之而来的全球市场分化,将使今年我国经济增长面临多重风险。在此背景下,我国坚持扩大开放,坚持在开放中谋求共同发展,既是坚定推进全球自由贸易进程的重大举措,又是推动经济发展方式转变与供给侧结构性改革的务实行动。

在经济全球化新变局下,应不断加大服务业市场的开放,解决好体制机制和理念上的痛点、难点,推进以服务贸易为重点的开放转型。这将有利于积极应对经济全球化带来的新挑战,有利于推动经济转型,激发市场活力,推进更深层次、更高水平的双向开放,赢得国内发展和国际竞争的主动。

推动服务业市场扩大开放

由货物贸易为主向服务贸易为重点的开放转型,是新一轮经济全球化的重要趋势。近年来,货物贸易增速明显下降,但服务贸易较快增长。2008年至2014年,全球服务贸易比货物贸易的年均增长速度约高1倍。2015年，我国服务贸易占对外贸易的比重比全球平均水平低8个百分点，比发达国家低10个百分点，尽管2016年这一比重提升了3个百分点，但仍与世界发达国家有明显差距。究其原因，主要是服务业市场开放滞后。当前，服务贸易发展水平低，不仅成为扩大对外开放的突出短板，也成为供给结构与消费需求结构不适应的突出矛盾。

目前，我国服务业市场开放滞后，突出表现在四个方面：一是市场化程度低，工业部门尤其是制造业80%以上已实现高度市场化，而服务业中约50%仍被行政力量垄断和市场垄断；二是对外开放程度低；三是服务水平低；四是服务价格高。

对此，应以服务业市场开放为重点深化结构性改革，形成经济增长的新动力。第一，可以拓宽社会资本投资空间，有效激发市场活力，扩大服务型消费的有效供给。第二，可以有效对接国际国内市场，拉动外来投资，做强服务业这个经济增长的"第一引擎"。第三，可以促进"一带一路"自由贸易区网络建设，推动双边、多边投资贸易谈判进程。以中欧自由贸易区为例，如果双方能在服务贸易上达成共识，就有可能把目前进行中的中欧投资协定谈判与服务贸易谈判相结合，实质性地推进中欧自贸区进程。

同时，还应以服务业市场开放为重点推进服务业创新发展。建议明确把服务业双向市场开放作为重大任务，如出台相关政策，支持、鼓励社会资本进入服务业市场；推进服务业投资便利化改革，建立服务业领域平等竞争的市场环境；抓住全社会关切的消费热点，实现生活性服务业重点领域市场开放的政策突破等。

需要注意的是，服务业市场开放重在破除行政垄断和市场垄断。需全面推进垄断行业竞争环节向社会资本开放；推进服务业市场开放的相关政策调整，尽快实现服务业与工业、服务业体制内外政策平等；以政府购买公共服务为重点加快公共服务领域市场开放。

推进以服务贸易为重点的国内自贸区转型

近年来，国内自贸区以负面清单为重点的改革取得重要进展。然而，目前国内自贸区现存的负面清单仍有122项，其中有80余项针对服务贸易领域。这一情况需要我们适应经济全球化的新趋势并尽快改变。

一是把服务贸易开放先行先试作为国内自贸区建设的当务之急。现有的自贸区要适应新形势的需要，在服务贸易发展和服务业市场开放中扮演重要角色。建议尽快研究推出相关的方案，推进自贸区以服务贸易为重点的开放转型进程。

二是大幅缩减负面清单。正在修订的《外商投资产业指导目录》拟把限制性措施减少至62条，压缩三分之一。这个目录的修订，为自贸区压缩服务贸易负面清单创造了条件。建议参照国际经验逐步减少负面清单，争取到2020年把自贸区服务贸易领域的负面清单压缩至40项以内。

三是在条件成熟的地区推进产业项下的自由贸易。支持具备条件的地区率先实行旅游、健康、医疗、文化、职业教育等产业项下，以及制造业研发等生产性服务业的自由贸易，为在全国范围内推广积累经验。如果产业项下的自由贸易政策能尽快在一些地区落地，其影响和带动效应会更大。

推进粤港澳服务贸易一体化

在服务贸易开放方面，粤港澳服务贸易一体化有条件率先突破，也需要率先突破。同时可发挥广东在服务贸易开放中的先行先试作用。

首先，应尽快制定并出台粤港澳服务贸易一体化方案。由于粤港澳服务贸易一体化涉及多方面的协调，仅靠三地自身力量难以突破。建议制定并出台粤港澳服务贸易一体化总体方案，并建立协调机制。

其次，应赋予地方先行先试的更大权限。粤港澳服务贸易一体化在一些领域有所推进，但在实践中面临着地方管理权限的制约。建议在比较成熟的领域，比如旅游、健康、教育、医疗、文化等方面，赋予广东更大的开放管理权限。

最后，在按照现有的规定及管理办法管理货物贸易的同时，建议全面放开人文交流，尤其是鼓励并支持三地青年人积极开展多种形式的沟通、对话、交流。

政策篇

第 5 章　国际服务贸易协议

5.1 《服务贸易总协定》的产生

5.1.1 《服务贸易总协定》的产生背景

随着世界经济结构的调整、产业结构的升级和新技术革命的兴起，20 世纪 70 年代以来服务业迅速发展。同时，经济全球化也推动着世界服务贸易的繁荣发展。而自 1947 年《关税及贸易总协定》（GATT）签订以来，多边贸易谈判逐步深入，GATT 面临新的问题。其中包括长期游离于 GATT 之外的农产品贸易和纺织品贸易亟须纳入谈判范围，以及快速增长的服务贸易为多边谈判提供了新的议题。

对于发达国家，在服务贸易领域强有力的国际竞争力使其更希望拓展全球市场，因而积极倡导服务贸易自由化。就美国来看，在经历 1979—1982 年经济危机后，美国经济增长缓慢，在国际货物贸易中赤字日增，而在服务贸易领域占据明显优势。作为世界最大的服务贸易出口国，美国急切地希望打开其他国家的服务贸易市场，通过大量的服务贸易出口弥补贸易逆差，推动经济增长；而各国对服务贸易不同程度的限制，成为美国利益最大化的障碍。因而美国积极倡导实行全球服务贸易自由化。

早在东京回合谈判中，美国政府根据《1974 年贸易法》的授权，试图把服务贸易作为该回合谈判的议题之一，因为当时有更加迫切的问题需要解决，美国没有提出服务贸易的减让谈判，但在东京回合中所达成的海关估价、政府采购协议中写入了一些服务贸易的内容。美国国会在《1984 年贸易与关税法》中授权政府就服务贸易等进行谈判，并授权对不在这些问题上妥协的国家进行报复。发展中国家和一些发达国家抵制美国的提议。欧盟起初对美国的提议持有疑虑，但经过调查发现欧共体的服务贸易出口量要高于美国，转而坚决地支持美国。日本虽然是服务贸易的最大进口国，呈逆差形势，但由于在国际贸易中呈现顺差，加之为调和与美国之间日益尖锐的贸易摩擦，也始终支持美国。

相对于发达国家，发展中国家在服务贸易领域处于弱势地位，对服务贸易自由化的态度由坚决抵制发展到逐步接受。当美国开始提出服务贸易问题时，绝大多数发展中国家都坚决

反对服务贸易自由化,理由包括:第一,服务业中的许多行业,如银行、保险、证券、通信、信息、咨询、专业服务(如法律、会计等),都是一些资本、知识密集型行业,在发展中国家这些行业是很薄弱的,不具备竞争优势;第二,发展中国家的服务部门尚未成熟,经不起发达国家激烈竞争的冲击,过早地实行服务贸易自由化会挤垮这些尚处于幼稚阶段的民族服务业,因此,在这些行业获得竞争力以前,不会实施开放;第三,有些服务行业还涉及国家主权、机密和安全。随着发达国家在服务贸易谈判问题上的认识逐步统一,发展中国家坚决抵制的立场有所改变。一些新兴的发展中国家和地区的某些服务业已取得相当的优势,如韩国的建筑工程承包就具有一定的国际竞争力,新加坡的航空运输业在资本、成本和服务质量上也具有明显的优势,这些国家希望通过谈判扩大本国优势服务的出口。另外,大部分发展中国家一方面迫于发达国家的压力,另一方面也认识到如果不积极地参与服务贸易的谈判,将会由发达国家制定服务贸易的规则,而自己只能成为被动的接受者,其利益将会受到更大的损害。因此,许多发展中国家也先后表示愿意参加服务贸易谈判。1994年4月15日,各成员方在摩洛哥马拉喀什正式签署《服务贸易总协定》(GATS)。

5.1.2 《服务贸易总协定》的谈判历程

1986年,埃斯特角城部长宣言将服务贸易作为三项新议题,列入乌拉圭回合的多边贸易谈判议程。由此拉开了服务贸易多边谈判的序幕。

具体来说,乌拉圭回合服务贸易谈判大体可分为四个阶段。

1. 第一阶段:从1986年10月27日到1988年11月

谈判的主要内容包括服务贸易定义;适用服务贸易的一般原则、规则;服务贸易协定的范围;现行国际规则、协定的规定;服务贸易的发展及壁垒等。这一阶段各国的分歧很大,主要集中在对国际服务贸易如何界定的问题上,发展中国家要求对国际服务贸易采取比较狭窄的定义,将跨国公司内部交易和诸如金融、保险、咨询、法律规范服务等不必跨越国境的交易排除在外面,而美国等发达国家主张较为广泛的定义,将所有涉及不同国民或国土的服务贸易都归为国际服务贸易一类。多边谈判最终基本采取了欧共体的折中意见,即不预先确定谈判的范围,根据谈判需要对国际服务贸易采取不同定义。

2. 第二阶段:从1988年12月至1990年6月

在加拿大蒙特利尔举行的中期部长级会议上,谈判的重点集中在透明度、逐步自由化、国民待遇、最惠国待遇、市场准入、发展中国家更多参与、保障条款和例外等服务贸易的基本原则上,此后的工作主要集中在通信、建筑、交通运输、旅游、金融和专业服务各具体部门的谈判。与此同时,各国代表同意采纳一套服务贸易的准则,以消除服务贸易中的诸多障碍。各国分别提出自己的方案,阐述了各自的立场和观点,其中,1990年5月4日,中国、印度、喀麦隆、埃及、肯尼亚、尼日利亚和坦桑尼亚几个亚非国家向服务贸易谈判组联合提交了《服务贸易多边框架原则与规则》提案，对最惠国待遇、透明度、发展中国家更多参与等一般义务及市场准入、国民待遇等特定义务作出区分。后来，《服务贸易总协定》的文本结构采纳了"亚非提案"的主张，并承认成员方发展水平的差异，对发展中国家作出了很多保留和例外，这在相当程度上反映了发展中国家的利益和要求。

3. 第三阶段：从 1990 年 7 月至 1990 年 12 月

1990 年 7 月，服务贸易谈判组举行高级官员会议，各方代表对于国民待遇、最惠国待遇等原则在服务贸易的适用领域已达成共识，但在各国开放和不开放服务部门的列举方式上，出现了"肯定列表"（意思是减让表对所包含的部门列出各成员愿意接受的实际市场准入和国民待遇承诺）和"否定列表"（意思是减让表包括的措施是各成员想保持的与共同规则不一致的例外）之争。美国、加拿大等发达国家提出"否定列表"方式，要求各国将目前无法实施自由化原则的部门清单列在框架协议的附录中作为保留，部门清单一经提出，便不能再增加，承诺在一定期限内逐步减少不予开放的部门。

发展中国家则提出"肯定列表"方式，即各国列出能够开放的部门清单，之后可随时增加开放的部门数量。这对于服务业相对落后的国家来说较为灵活。因为服务贸易范围广泛且不断扩大，发展中国家难以预先将本国不能开放的部门全部列举出来，如果采用"否定列表"方式将会带来难以预料的后果。后来 GATS 文本采纳了发展中国家的主张，对市场准入和国民待遇等特定义务按"肯定列表"方式加以确定，从而使发展中国家的利益有了一定程度的保障。

由于各国之间，特别是发达国家与发展中国家之间利益上的矛盾与冲突，谈判的艰难程度可想而知。然而，各方经过妥协和让步，谈判最终还是取得了一定成果。在 1990 年 12 月的布鲁塞尔部长级会议上，服务贸易谈判组修订了《服务贸易总协定多边框架协议草案》文本。

4. 第四阶段：从 1991 年至 1994 年 4 月

1991 年 6 月 28 日，服务贸易谈判组达成一项《关于最初承担义务谈判准则》的协议，对初步承诺的时间进行了安排。依据该准则，各承诺方要在 1991 年 7 月 13 日之前提交有条件的各项承诺，并详细说明将承担草案文本第三部分、第四部分中所陈述的义务，同时对影响国际贸易的规则做出解释。各承诺方要求在当年 9 月 20 日之前提交最初要求。然而，承诺安排并未如期进行。到 1991 年 11 月大多数国家仍没有提交其承诺表。在附件方面，只有海运服务、电信、金融服务和劳工流动等取得了一些进展。

经过进一步谈判，1991 年 12 月 20 日总干事提交了一份《实施乌拉圭回合多边贸易谈判成果的最终方案（草案）》，即著名的《邓克尔方案》，从而形成了 GATS 草案。该草案包括 6 个部分、35 个条款和 5 个附录，基本确定了该协定的结构。草案由参加谈判的代表团带回各自国内进行讨论。如果各国认为基本可以接受，就将该草案作为进一步谈判的基础；

如果各国不同意该草案的主要规定，那么谈判就此结束。倘若如此，将意味着"乌拉圭回合"整体谈判的完结，建立新的多边贸易体系的努力化为乌有。

事实证明，尽管各国都对 GATS 草案存有或多或少的不同意见，但都不愿承担"乌拉圭回合"失败的责任，因此都表示可以进一步考虑，于是各国进入了关于开放服务市场具体承诺的双边谈判阶段。经过各国继续磋商、谈判，协议草案根据各国的要求又进行了进一步修改。最后，各谈判方终于在 1994 年 4 月 15 日于摩洛哥马拉喀什正式签署了 GATS。该文本在总体结构和主要内容上对框架协议草案并无重大变更，只在部分具体规范上有所调整。该协定作为"乌拉圭回合"一揽子协议的组成部分和世界贸易组织对国际贸易秩序的管辖依据之一，于 1995 年 1 月 1 日与世界贸易组织同时生效。

"乌拉圭回合"之后，有关服务贸易的后续谈判主要包括两方面内容：一是部门谈判，即各谈判方根据 GATS 的要求继续就"自然人跨国流动""金融服务""基础电信服务""海运服务"进行互相开放市场的谈判；二是完善 GATS 有关条款的谈判，主要是就"服务业紧急保障问题""服务业补贴问题""政府服务采购"等进行谈判，以便确立完善的规则。

5.2 《服务贸易总协定》概况

5.2.1 《服务贸易总协定》的框架结构

《服务贸易总协定》是在多边贸易体制下第一个有关国际服务贸易的框架性法律文件，旨在使世界服务业市场的开放和国际服务贸易在透明和渐进自由化条件下发展。

《服务贸易总协定》文本由三方面内容组成：一是《服务贸易总协定》条款；二是《服务贸易总协定》附件；三是各成员方的具体承诺（市场准入减让表）。这些内容除序言外，由正文 6 个部分，共 29 项条款、8 个附件和 9 个部长会议决定，以及各成员方的承诺表组成。

1. 条款

条款包括序言和 6 个部分，共 29 项条款。其中，序言确定了各成员参加及缔结《服务贸易总协定》的目标、宗旨及总原则。6 个部分具体包括：

① 第一部分（第 1 条）确定了《服务贸易总协定》的适用范围和定义。

② 第二部分（第 2 条至第 15 条）规定了各成员的一般义务和纪律。

③ 第三部分（第 16 条至第 18 条）规定了各成员服务部门开放的具体承诺义务。

④ 第四部分（第 19 条至第 21 条）规定各成员，尤其是发展中国家服务贸易逐步自由化的原则。

⑤ 第五部分（第 22 条至第 26 条）是制度（机构）条款。

⑥ 第六部分（第 27 条至第 29 条）是最后条款。

2. 附件

附件是《服务贸易总协定》不可分割的部分。这些附件包括：① 关于最惠国待遇豁免的附件；② 关于根据本协定自然人移动提供服务的附件；③ 关于空运服务的附件；④ 关于金融服务的附件一、附件二；⑤ 关于海运服务谈判的附件；⑥ 关于电信服务的附件；⑦ 关于基础电信谈判的附件。

此外，"乌拉圭回合"一揽子协议中与《服务贸易总协定》有关的文件还包括 9 个部长会议决定，如关于制度安排决议、关于争端解决程序决议、关于第 14 条"安全例外"的决议、关于服务贸易与环境决议，以及有关基础电信、金融服务、专家服务、自然人流动和海运的谈判决议等。

5.2.2 《服务贸易总协定》的主要内容

针对条款部分，涉及 6 个部分，包括适用范围和定义、一般义务和纪律、承担特定义务（具体承诺义务）、逐步自由化、制度（机构）条款、最后条款。

1. 第 1 条：适用范围和定义

1）适用范围

① "成员的措施"指：中央、地区或地方政府和主管机关所采取的措施；由中央、地区或地方政府或主管机关授权行使权力的非政府机构所采取的措施。在履行本协定项下的义务和承诺时，每一成员应采取其所能采取的合理措施，以保证其领土内的地区、地方政府和主管机关及非政府机构遵守这些义务和承诺。

② "服务"包括任何部门的任何服务，但在行使政府职权时提供的服务除外。

③ "行使政府职权时提供的服务"指既不依据商业基础提供，也不与一个或多个服务提供者竞争的任何服务。

2）定义

① 自一成员领土向任何其他成员领土提供服务即跨境交付。

② 在一成员领土内向任何其他成员的服务消费者提供服务即境外消费。

③ 一成员的服务提供者通过在任何其他成员领土内的商业存在提供服务即商业存在。

④ 一成员的服务提供者通过在任何其他成员领土内的自然人存在提供服务即自然人流动。

2. 第 2 条至第 15 条：一般义务和纪律

一般义务和纪律适用于所有部门，是 GATS 的核心内容，是成员方各项权利和义务的基础；各成员方在各服务部门，均应统一实施。

1）第2条：最惠国待遇

① 关于本协定涵盖的任何措施，每一成员对于任何其他成员的服务和服务提供者，应立即和无条件地给予不低于其给予任何其他国家同类服务和服务提供者的待遇。

② 一成员可以维持不一致的措施，只要该措施已列入第2条豁免附件并符合该附件的条件。

③ 本协定的规定不得解释为阻止任何成员对相邻国家授予或给予优惠，以便利仅限于毗连边境地区的当地生产和消费的服务的交换。

2）第3条：透明度原则

① 除非在紧急情况下，各成员应迅速并最迟于其生效之时，宣布所有普遍适用的有关或影响本协定实施的措施。一成员为签字方的涉及或影响服务贸易的国际协定也应予以公布。

② 如第1款所指的公布不可行，则此类信息应以其他方式公之于众。

③ 各成员应立即或至少每年一次向服务贸易理事会通报其显著影响在本协定下已作具体承诺的服务贸易的新的法律、规章或行政指示或对现行法律、规章或行政指示的任何修改。

④ 各成员应对任何其他成员就其普遍适用的任何措施或第1款意义内的国际协定所提出的所有具体资料要求予以迅速答复。各成员还应设立一个或多个咨询点，以便应请求，就所有这类事项及第3款要求通知的事项向其他成员提供具体资料。这些咨询点应在关于建立世界贸易组织的协议（本协定中称为WTO协议）生效后的2年内建立。在建立咨询点的时限方面，经同意可以给予个别发展中国家成员适当的灵活性。咨询点不必是法律和法规的保管处。

⑤ 任何成员可将其认为影响本协定运用的、任何其他成员采取的任何措施通知服务贸易理事会。但本协定的任何规定不得要求任何成员提供一经披露即妨碍执法或违背公共利益或损害特定公私企业合法商业利益的机密信息。

3）第4条：发展中国家的更多参与

① 按照本协定第三部分和第四部分的规定，不同成员应通过谈判达成以下方面的具体承诺来促进发展中国家成员更多地参与世界贸易：

a. 加强其国内服务能力、效率和竞争力，特别是通过在商业基础上获得技术。

b. 改善对分销渠道和信息网络的利用。

c. 在它们有出口利益的部门及提供方式上实现市场准入的自由化。

② 发达国家成员和在可能的程度上其他成员，应在WTO协议生效后的两年内建立联系点，以便利发展中国家成员的服务提供者获得与其相应市场有关的资料，包括：

a. 有关服务提供的商业和技术方面的资料。

b. 有关登记、认可和获得专业资格方面的资料。

c. 服务技术可获得性的资料。

③ 在履行第1款和第2款的义务时,应特别优先考虑最不发达国家成员。由于它们的特殊经济状况,以及它们的发展、贸易和财政需要,对它们在接受谈判达成的具体承诺方面存在的严重困难应给予特殊的考虑。

4)第5条:(区域)经济一体化

① 本协定不应阻止任何成员参加或达成在参加方之间实现服务贸易自由化协议,只要这种协议:

a. 包括众多的服务部门。

b. 在 a 项所说的部门中,两个或多个参加方之间通过以下方式不存在取消第17条意义上的所有歧视:取消现有的歧视性措施,和/或禁止新的或更多的歧视性措施。

或者在一协议生效时,或者在一个合理的时间框架基础上,第11条、第12条、第14条允许的措施除外。

② 在评估第1款 b 项的条件是否满足时,可考虑本协议与有关国家更广泛的经济一体化或贸易自由化进程之间的关系。

③ 如果发展中国家是第1款所述类型协议的参加方,则应根据这些国家所有的和单个服务部门及分支部门的发展水平,在第1款,特别是 b 项所列条件方面,显示灵活性。当第1款所述类型的协议只有发展中国家参加时,可对该协议参加方的自然人所拥有或控制的法人给予更加优惠的待遇。

④ 第1款所提到的任何协议应促进该协议参加方之间的贸易,对该协议外的任何成员,不应提高在相应服务部门或分部门中在该协议之前已适用的服务贸易壁垒的总体水平。

⑤ 如果在任何第1款所述协议的达成、扩大或作任何重大修改时,一成员打算撤销或修改具体承诺因而违背其在承诺表中所列规定和条件,则它应提前90天通告上述修改或撤销,并应适用第21条第2款、第3款及第4款所规定的程序。

⑥ 任何其他成员的服务提供者,如是根据第1款所述协议的参加方的法律组建的法人,则只要它在该协议参加方境内从事实质性的商业经营,就有权享受该协议给予的待遇。

⑦ a. 各成员如系任何第1款所述协议的参加方,应立即将这类协议及对该协议的任何扩大或重大修改通知服务贸易理事会。它们也应向理事会提供其要求的其他有关资料。理事会可设立一工作组以审查此类协议,并就其与本条规定的一致性向理事会报告。

b. 各成员如系第1款所述的根据一时间表而实施的协议的参加方,则应定期向服务贸易理事会报告协议实施情况。理事会如认为必要可设立一工作组以审查此类报告。

c. 根据本款 a、b 两项所指的工作组报告,理事会认为适当时可向参加方提出建议。

⑧ 参加任何第1款所述协议的成员,对任何其他成员从该协议中可能获取的贸易利益

不得谋求补偿。

⑨ 关于劳动力市场一体化协议,本协议不应阻止任何成员成为在两个或多个参加方之间建立的劳动力市场完全一体化协议的成员,如果这项协议:

a. 免除协议参加方的公民有关居留和工作许可的要求。

b. 通知服务贸易理事会。

5) 第6条:国内法规

① 在已作出具体承诺的部门,每个成员应确保所有普遍适用的影响服务贸易的措施,以合理、客观和公正的方式予以实施。

② 每个成员应维持或尽快地建立司法、仲裁或行政法庭或程序,在受影响的服务提供者的请求下,对影响服务贸易的行政决定作出迅速审查,并在请求被证明合理时给予适当的补救。在这些程序不独立于受委托作出有关行政决定的机构时,该成员应确保这些程序实际上会作出客观和公正的审议。以上规定不能解释为要求一成员建立与其宪法结构或法律制度的性质不一致的法庭或程序。

③ 在提供一项已作具体承诺的服务需要得到批准时,成员的主管当局应在一项符合国内法律和规章的完整的申请提出后的一段时间内,将有关该项申请的决定通知申请人。应申请人的请求,该成员的主管当局应毫不迟延地告知其有关申请的批准情况。

④ 为了确保有关资格要求和程序、技术标准和许可要求的措施不致构成不必要的服务贸易壁垒,服务贸易理事会应通过其建立的适当机构,制订任何必要的纪律。这些纪律应旨在确保这些要求,特别是:

a. 基于客观和透明的标准,诸如提供服务的资格和能力。

b. 除为保证服务质量所必需以外,不应成为负担。

c. 如为许可程序,则其本身不应成为提供服务的限制。

⑤ a. 在各成员已作出具体承诺的部门,在按照第4款为这些部门制订的纪律尚未生效前,成员不能以以下方式使用损害或阻碍具体承诺的许可和资格要求及技术标准:与第4款 a、b 或 c 项所列标准不符;和在对那些部门作具体承诺时,不能合理地预想到该成员会采取这种做法。

b. 在确定一成员是否符合上述第5款a项所确定的义务时,对该成员所实施的有关国际组织的国际标准应加以考虑。

⑥ 在对专业服务已作具体承诺的部门,各成员应提供充分的程序以验证任何其他成员的专业人员的资格。

6) 第7条:承认

① 为全部或部分地实行对服务提供者的有关批准、许可或证明所规定的标准,并依照第3款的要求,成员可承认在一特定国家获得的教育或经验、已满足的要求,以及所颁发的

许可证和证明。这种通过协调或其他办法实现的承认，可基于与有关国家签订的协议或安排，也可自动给予。

② 一成员如系第 1 款中所说的这类协议或安排的参加方，不管是现有或将来，应为其他有关的成员提供充分的机会，谈判加入这类协议或安排与其谈判类似的协议或安排。当成员自动给予承认时，则它应给予任何其他成员充分的机会来证明在另一其他成员所获得的教育程度、经验、许可证或证明以及已满足的资格条件等应得到承认。

③ 成员在实施其对服务提供者的批准、许可或证明的标准时，其给予承认的方式不得成为国家间实行歧视的手段，或对服务贸易构成隐蔽的限制。

④ 每个成员应：

a. 在 WTO 协议对其生效之日起的 12 个月内，将其现行的承认措施通知服务贸易理事会，并说明这些措施是否基于第 1 款的协议或安排。

b. 在第 1 款所述的协议或安排开始谈判前，尽可能提前迅速通知服务贸易理事会，以便为任何其他成员提供足够的机会，在谈判进入实质性阶段之前表明其参加谈判的兴趣。

c. 当采取新的承认措施或对现有的措施作重大修改时，应迅速通知服务贸易理事会，并说明这些措施是否基于第 1 款的协议或安排。

⑤ 只要合适，承认应基于多边同意的标准。在适当情况下，各成员应与有关的政府间或非政府组织进行合作，以建立和采用有关承认的共同国际标准和从事有关服务贸易的共同国际标准。

7）第 8 条：垄断和专营服务提供者

① 每个成员应确保在其境内的任何垄断服务提供者，在相关市场上提供垄断服务方面，不得违反该成员在第 2 条下的义务和具体承诺。

② 当一成员的垄断提供者，不论是直接或通过一附属企业参与在其垄断权范围之外且该成员已作出具体承诺的服务提供的竞争，该成员应确保该提供者在其境内不滥用其垄断地位，从而违反其承诺。

③ 当一成员有理由相信任何其他成员的垄断服务提供者的行为不符合第 1 款和第 2 款的规定而向服务贸易理事会提出请求时，理事会可要求建立、维持或批准上述服务提供者的成员提交有关经营的具体资料。

④ 在 WTO 协议生效后，如果一成员在其已作具体承诺的服务的提供方面授予垄断权时，在给予的垄断权即将实施前不晚于 3 个月，该成员应通知服务贸易理事会，并适用第 21 条第 2 款、第 3 款和第 4 款的规定。

⑤ 本条规定也同样适用于专营服务提供者，如果一成员正式或实际上，批准或建立少数几个服务提供者和实质上阻止这些服务提供者之间在其境内竞争。

8）第 9 条：商业惯例

① 各成员承认除第八条之外，服务提供者的某些商业惯例，会抑制竞争从而限制服务贸易。

② 每一成员应任何其他成员的请求，应就取消第 1 款所述的商业惯例与其进行磋商。被要求的成员对此类请求应给予充分和同情的考虑，并通过提供与该事项有关的、公开的非机密性资料予以合作。在不违反国内法并就请求方保障其机密性达成满意协议的情况下，被请求的成员也应向请求方提供其他资料。

9）第 10 条：紧急保障措施

① 应在非歧视原则基础上就紧急保障措施问题进行多边谈判。谈判结果应不迟于 WTO 协议生效之日起 3 年内付诸实施。

② 在第 1 款的谈判结果开始生效前的一段时期，尽管有第 21 条第 1 款的规定，任何成员在其承诺生效之日起 1 年，可以将修改或撤销一具体承诺的意愿通知服务贸易理事会；前提是该成员向理事会说明此修改或撤销不能等待第 21 条第 1 款规定的 3 年期限的理由。

③ 第 2 款的规定，应在 WTO 协议生效 3 年后停止适用。

10）第 11 条：支付和转移

① 除非在第 12 条所说的情况下，任何成员不得对与其具体承诺有关的经常交易实施国际转移和支付方面的限制。

② 本协定的任何规定不得影响国际货币基金组织成员在基金组织协议下的权利和义务，包括使用符合协议条款的外汇措施，前提是该成员对任何资本交易，除非按第 12 条规定或应国际货币基金组织的要求，不得实施与有关该交易的具体承诺不一致的限制。

11）第 12 条：保障收支平衡的限制

① 出现严重的收支平衡和对外财政困难或其威胁时，一成员可以对其已作具体承诺的服务贸易，包括与该承诺有关交易的支付和转移，采取或维持限制。各成员承认处于经济发展或经济过渡过程中的成员，其收支平衡会受到特殊压力，因此该成员会有必要使用限制以确保维持足以实施其经济发展或经济过渡计划的财政储备水平。

② 第 1 款所说的限制：

a. 不应在各成员之间造成歧视。

b. 应符合国际货币基金组织协议的条款。

c. 应避免对任何其他成员的商业、经济和财政利益造成不必要的损害。

d. 不应超出为应付第 1 款所述情形所需要的限制。

e. 应是暂时的并随着第 1 款所述情形的改善而逐步取消。

③ 在确定使用此类限制的范围时，成员可优先考虑对它们的经济或发展计划更为重要的服务的提供。然而采用或维持这类限制不应是为了保护某一特定服务部门。

④ 根据第1款规定所采用或维持的任何限制,或对此类限制的任何变更,都应迅速通知总理事会。

⑤ 实施本条规定的成员,应就本条下采取的限制,迅速与收支平衡限制委员会进行磋商;部长会议应建立定期协商的程序,以便能够向有关成员作出适当建议。

此类磋商应对有关成员的收支状况及根据本条所采用或维持的限制进行评估,特别要考虑下列因素:

a. 收支平衡的性质和程度和对外财政的困难。

b. 参与磋商的成员外部经济和贸易环境。

c. 其他可选择的纠正措施。

在此类磋商中,应接受国际货币基金组织所提供的有关外汇、货币储备和收支平衡方面的统计和其他因素的调查结果和其他事实,并应以基金组织对磋商成员的收支平衡和它的对外财政状况的评估作为所有裁决结论的基础。

⑥ 如果不是国际货币基金组织成员的成员愿意适用本条规定,部长会议应建立审议程序和其他必要的程序。

12) 第13条:政府采购

① 第2条、第16条和第17条不应适用于关于政府机构为政府目的而采购服务的法律、法规或要求,而不是为商业转售或为商业销售提供服务之目的。

② 在WTO协议生效后2年内,应就本协定下服务的政府采购问题进行多边谈判。

13) 第14条:一般例外与安全例外

一般例外:

① 只要这类措施的实施不在情况相同的国家构成武断的或不公正的歧视,或构成对服务贸易的变相限制,则本协定的规定不得解释为阻止任何成员采用或实施以下措施:

a. 为保护公共道德或维护公共秩序而必需的。

b. 为保护人类、动物或植物的生命或健康而必需的。

c. 为确保服从与本协定规定不相抵触的包括与下述有关的法律和法规所必需的:

(i) 防止欺诈和欺骗做法的或处理服务合同违约情事的。

(ii) 保护与个人资料的处理和散播有关的个人隐私,以及保护个人记录和账户秘密的。

(iii) 安全问题。

d. 与第17条不一致的,只要待遇方面的差别旨在保证对其他成员的服务或服务提供者公平或有效地课征或收取直接税。

e. 与第2条不一致的,只要这种待遇差别是源于避免双重征税协议或该成员受其约束的任何其他避免双重征税的国际协议或安排的规定。

安全例外:

① 本协定不得解释为：
a. 要求任何成员提供其认为公开后会违背其基本安全利益的任何资料。
b. 阻止任何成员为保护其基本安全利益而采取的有必要的行动：
（i）直接或间接为建立军事设施而提供服务。
（ii）有关裂变或聚变材料或提炼这些材料的原料。
（iii）在战时或国际关系中其他紧急情况期间采取的行动。
c. 阻止任何成员为履行联合国宪章下的维护国际和平与安全的义务而采取的行动。
② 根据第1款b、c两项规定所采取的措施及其终止，应尽可能充分地通知服务贸易理事会。

14）第15条：补贴
① 各成员承认，在某些情况下，补贴对服务贸易可能会产生扭曲影响。各成员应进行多边谈判以制定必要的多边纪律避免这类贸易扭曲的影响。谈判也应讨论反补贴程序的适当性。谈判应承认补贴对发展中国家发展计划的作用，并考虑到各成员，尤其是发展中国家成员在这一领域中所需的灵活性。为进行谈判，成员应交换其提供给该国服务提供者的与服务贸易有关的补贴的所有资料。
② 任何成员如认为另一成员的补贴使其受到负面影响，可就此事要求与该成员进行磋商。对这种要求应给予同情的考虑。

3. 第16条至第18条：具体承诺义务

1）第16条：市场准入
① 在第1条所确定的服务提供方式的市场准入方面，每个成员给予其他任何成员的服务和服务提供者的待遇，不得低于其承诺表中所同意和明确的规定、限制和条件。
② 在承担市场准入承诺的部门中，一成员除非在其承诺表中明确规定，既不得在某一区域内，也不得在其全境内维持或采取以下措施：
a. 限制服务提供者的数量，不论是以数量配额、垄断、专营服务提供者的方式，还是以要求经济需求测试的方式。
b. 以数量配额或要求经济需求测试的方式，限制服务交易或资产的总金额。
c. 以配额或要求经济需求测试的方式，限制服务业务的总量。
d. 以数量配额或要求经济需求测试的方式，限制某一特定服务部门可雇佣的或一服务提供者可雇佣的、对一具体服务的提供所必需或直接有关的自然人的总数。
e. 限制或要求一服务提供者通过特定类型的法律实体或合营企业提供服务的措施。
f. 通过对外国持股的最高比例或单个或总体外国投资总额限制外国资本的参与。

2）第17条：国民待遇
① 在列入其承诺表的部门中，在遵照其中所列条件和资格的前提下，每个成员在所有

影响服务提供的措施方面,给予任何其他成员的服务和服务提供者的待遇不得低于其给予该国相同服务和服务提供者的待遇。

② 一成员给予其他任何成员的服务或服务提供者的待遇,与给予该国相同服务或服务提供者的待遇不论在形式上相同或形式上不同,都可满足第1款的要求。

③ 形式上相同或形式上不同的待遇,如果改变了竞争条件从而使该成员的服务或服务提供者与任何其他成员的相同服务或服务提供者相比处于有利地位,这种待遇应被认为是较低的待遇。

3) 第18条:附加承诺

各成员可就不在第16条或第17条的列表要求内,但影响服务贸易的措施,包括有关资格、标准或许可事宜的措施,进行谈判作出承诺。这种承诺应列入一成员的承诺表中。

4. 第19条至第21条:逐步自由化的原则

1) 第19条:具体承诺谈判

① 为实现本协定的目标,自WTO协议生效之日起不迟于5年,为逐步实现更高水平的自由化,各成员应进行连续回合的谈判,并在以后定期举行。这种谈判的方向是减少或取消各项对服务贸易产生不利影响的措施,以此作为提供有效市场准入的一种方式。该过程应在互利的基础上促进所有成员的利益,并保证权利和义务的总体平衡。

② 自由化的过程应对各成员的国家政策目标及每个成员的整体和个别服务部门的发展水平给予应有的尊重。应给予个别发展中国家成员适当的灵活性,开放较少的部门,开放较少类型的交易,根据它们的发展状况,逐步扩大市场准入。

③ 对每一回合建立谈判的指导原则和程序。为确立指导原则,服务贸易理事会应根据本协定的目标,包括第4条第1款规定的目标,对服务贸易进行全面和在部门基础上的评估。谈判指导原则应为如何对待成员自先前谈判以来自主进行的自由化,以及为根据第4条第3款规定给予最不发达国家成员特殊待遇确立模式。

④ 在每一回合中通过双边、诸边或多边谈判,逐步自由化的进程都应向提高本协定项下成员所承担具体义务的整体水平的方向推进。

2) 第20条:具体承诺减让表

① 每个成员都应在承诺表中列明其根据本协定第三部分而承担的具体承诺。在承担该承诺的部门,每个成员应明确列出:

a. 市场准入的规定、限制和条件。

b. 国民待遇的条件和资格。

c. 有关附加承诺的义务。

d. 适当情况下,实施这类承诺的时间表。

e. 这类承诺的生效日期。

② 与第 16 条和第 17 条都不符的措施，应列入与第 16 条有关的栏目中。在这种情况下，列入的内容也将被视为对第 17 条规定了一项条件或资格。

③ 具体承诺表应作为本协定的附件，并应作为本协定的整体组成部分。

3）第 21 条：承诺表的修改

① a. 根据本条规定，在一承诺生效之日的 3 年以后，成员（本条称"修改成员"）可在任何时候修改或撤销承诺表中的任何承诺。

b. 修改成员应将其根据本条修改或撤销某一项承诺的意向，至迟在其准备实施该修改或撤销承诺之日的 3 个月前通知服务贸易理事会。

② a. 根据第 1 款通知的修改或撤销建议如果影响了任何成员在本协议下的利益（本条中称为"受影响成员"），则应其请求，修改成员应进行谈判以就必要的补偿调整达成协议。在这种谈判和协议中，有关成员应尽力维持互利的承诺总体水平，使其不低于谈判前具体承诺表中对贸易提供的有利条件。

b. 补偿调整应在最惠国基础上作出。

③ 如在谈判期结束前，修改成员和任一受影响成员之间未达成协议，则该受影响成员可将该事项提交仲裁。希望实施它所具有的补偿权利的任何受影响成员必须参加仲裁。如果受影响成员不要求仲裁，则修改成员可自由实施其提出的修改或撤销。

④ 修改成员在依照仲裁结果作出补偿调整前不可以修改或撤销其承诺。如修改成员实施了其建议的修改或撤销而未遵照仲裁结果，则任何参加了仲裁的受影响成员可依照仲裁结果修改或撤销实质上相当的利益。尽管有第 2 条的规定，但这样的修改或撤销只可对修改成员实施。

⑤ 服务贸易理事会应为承诺表的调整或修改设立程序。任何在本协议下修改或撤销承诺的成员应根据这些程序修改其承诺表。

5. 第 22 条至第 26 条：制度（机构）条款

1）第 22 条：磋商

① 各成员对任何其他成员就影响本协定运行的任何事项可能提出的磋商请求应予以同情考虑，并给予充分的磋商机会；争端解决谅解（DSU）应适用于这种磋商。

② 服务贸易理事会或争端解决机构（DSB）应一成员的要求，可就通过第 1 款下的磋商仍未能找到满意解决办法的任何事项与任何成员进行磋商。

③ 一成员不可根据本条或第 23 条就另一成员的属于它们之间有关避免双重征税的国际协议范围的措施引用第 27 条。如果成员间就一项措施是否属于它们之间的这种协议范围一事达不成一致，则应允许其中任一成员将该事项提交服务贸易理事会。理事会应将此事项提交仲裁。仲裁人的决定是最终的并对各成员具有约束力。

2）第 23 条：争端解决和实施

① 任何成员如果认为任何其他成员未履行本协定下的义务或具体承诺，为就该事项达成相互满意的解决办法，它可以对在 WTO 协议生效之日前存在的避免双重征税协定诉诸争端，有关事项只有在经过该协定双方同意的情况下才能提交服务贸易理事会。

② 如果争端解决机构认为情形严重到足以有理由采取这种行动，它可以授权一成员或多个成员依照争端解决谅解的第 22 条对任何其他成员或各成员中止义务和具体承诺的适用。

③ 如果任何成员认为根据另一成员在本协议第三部分下的具体承诺给予它的能够合理预见的利益由于实施与本协议条款并不冲突的任何措施而正在丧失或受到损害，它可以诉诸争端解决谅解。如果该措施被争端解决机构裁定为丧失或损害了这样一种利益，则受影响成员应有权在第 21 条第 2 款的基础上作相互满意的调整，可包括该措施的修改或撤销。如果有关成员间不能达成协议，则争端解决谅解应适用第 22 条。

3）第 24 条：服务贸易理事会

① 服务贸易理事会应履行委派给它的职能以便利本协定的运行并实现其目标。为了有效地履行其职能，理事会在认为合适的时候可以设立附属机构。

② 除非理事会另有决定，理事会及其附属机构应向所有成员的代表开放。

③ 理事会主席应由各成员选举产生。

4）第 25 条：技术合作

① 各成员的服务提供者在需要帮助时应能利用第 4 条第 2 款中提及的咨询点的服务。

② 对发展中国家的技术援助应在多边层次由秘书处提供并由服务贸易理事会决定。

5）第 26 条：与其他国际组织的关系

总理事会应就与联合国及其专门机构和其他政府间组织进行与服务有关的协商和合作作出适当安排。

6. 第 27 条至第 29 条：最后条款

1）第 27 条：利益的拒给

成员在下述情况下可拒绝给予本协定的利益：

① 对于一项服务的提供，如果确认该服务是在一非成员方或不适用 WTO 协议的成员方境内提供的。

② 在提供海运服务的情况下，如果它确认该服务的提供是：由一般依照一非成员方或不适用 WTO 的成员方的法律注册的船只进行的，和由一个经营和/或使用整个或部分船只的人进行的，但该人属于一非成员方或不适用 WTO 协议的成员方。

③ 对于一个法人服务提供者，如果确认它不是另一成员的服务提供者，或它是一个不适用 WTO 协议的成员方的服务提供者。

2）第28条：定义

① "措施"是指一成员的任何措施，不论是以法律、法规、规章、程序、决定、行政行为的形式，或任何其他形式进行的。

② "一项服务的提供"包括一项服务的生产、分配、营销、销售和交付。

③ "各成员影响服务贸易的措施"包括以下方面的措施：

a. 服务的采购、支付或使用。

b. 与服务的提供相关联的获得和使用那些成员要求向公众普遍提供的服务。

c. 一成员的人为在另一成员方境内提供服务而存在，包括商业存在。

④ "商业存在"是指任何形式的商业或专业机构，包括：

a. 组建、获得或维持一个法人。

b. 创立或维持一分支机构或代表处，以在一成员境内提供服务。

⑤ 一服务"部门"是指：

a. 在一成员的减让表中明确规定的，有关一具体承诺的那项服务的一个或一个以上，或全部的分部门。

b. 如未规定，则指那项服务部门的全部，包括其所有分部门。

⑥ "另一成员的服务"是指：

a. 从其他成员境内提供的服务，或在海运服务的情况下，由一般依另一其他成员的法律注册，或由通过经营整个和/或部分船只提供服务的另一其他成员的人提供的服务。

b. 在通过商业存在或通过自然存在的情况下，由另一其他成员的服务提供者提供的服务。

⑦ "服务提供者"是指提供服务的任何人。

⑧ "垄断服务提供者"是指在一成员境内的相关市场上另一成员正式或实际上被授权或确定为另一服务的独家提供者的任何公共人或私人。

⑨ "服务消费者"是指得到或使用服务的任何人。

⑩ "人"是指自然人或者法人。

⑪ "另一成员的自然人"是指任何居住在另一其他成员或任何其他成员境内的自然人并根据另一其他成员的法律：

a. 是另一其他成员的国民。

b. 在另一其他成员国有永久居留权，如果一成员没有国民的话；如果该服务不是直接由一法人提供，而是通过其他方式的商业存在，如一分支机构或一代表处提供，则该服务提供者（该法人）仍应通过这种商业存在被给予根据本协定给予服务提供者的待遇。这种待遇应扩大至该服务所来源的商业存在，但不必扩大至该服务提供者设在提供的该服务的领土以外的任何其他部分的商业存在。依照其在接受或加入 WTO 协议时所通知的，在影响服务贸易的措施方面给其永久居民的待遇与它给予其国民的待遇实质上相同，只要没有成员有义务给予这些永久居民比另一其他成员给这些永久居民更优惠的待遇。

⑫ "法人"是指根据所适用法律正当组建或以其他方式组织的任何法人实体，不管是为了营利或其他目的，也不管是私人所有还是政府所有，包括任何公司、信托、合伙、合营、独家所有或联合所有的形式。

⑬ "另一成员的法人"是指：

a. 依另一其他成员的法律组建或以其他方式组织，并在另一成员或任何其他成员境内从事实质性业务活动。

b. 在通过商业存在提供服务的情况下，由另一成员的自然人拥有或控制。

⑭ 法人：

a. 为一成员的人所"拥有"，如果 50% 以上的股权为另一成员的人有偿所有。

b. 为一成员的人所"控制"，如果此人有权指定其大部分董事或以其他方式合法地指导其活动。

c. "附属"于另一人，如果它控制其他人，或被其他人控制；或者它和其他那个人都由同一人所控制。

⑮ "直接税"包括对总收入、总资本或对收入或资本构成项目征收的所有税收，包括财产转让收益税、不动产税、遗产和馈赠税、企业支付的工资或薪金税，以及资本增值税。

3）第 29 条：附件

附件略。

5.2.3 《服务贸易总协定》的重要意义

1. 提供共同遵守的国际规则

尽管国际服务贸易比国际货物贸易发展迅速，但它缺乏一套像货物贸易那样由《关税与贸易总协定》所提供的参与国际服务贸易的国家或地区共同遵守的国际规则，也缺乏针对性的约束机制。在《服务贸易总协定》正式形成之前，各国服务贸易政策和规则的协调主要通过两种形式：第一，以双边或区域协调为主。许多国家之间订立双边贸易协定，在服务贸易上相互给予互惠待遇。第二，以行业协调为主。这一形式的服务贸易规则的谈判以往都是在国际民航组织、国际清算银行、国际海事咨询组织等国际行业组织主持下进行的。这些协调方式显然不能够适应国际服务贸易发展的现实，妨碍了国际服务贸易的全面自由化并减缓了服务贸易流量的增长。

在"乌拉圭回合"多边贸易谈判中产生的《服务贸易总协定》为国际服务贸易的发展创立了各缔约国必须共同遵守的国际准则。《服务贸易总协定》的目的在于制定处理服务贸易的多边原则和规则的框架，包括对各个服务部门制定可能需要的守则，以便在透明度和逐步自由化的条件下扩大服务贸易，并以此作为促进所有贸易伙伴经济增长和发展中国家发展的

一种手段。

《服务贸易总协定》在提供各成员方可以共同遵守的国际规则背景下，显然有利于促进各国在服务贸易方面的合作与交流。其不仅对国际服务贸易的扩大和发展起了巨大的推动作用，而且使各成员方从对服务市场的保护和对立转向逐步开放和对话，倾向于不断加强合作与交流。特别是在透明度条款和发展中国家更多参与条款中关于提供信息、建立联系点的规定，更有利于各成员方在服务贸易领域的信息交流和技术转让。另外，定期谈判制度的建立，也为成员方提供了不断磋商和对话的机会。

2. 促进国际服务贸易的自由化

各国在国际服务贸易领域的竞争力差异、差别及对市场保护的措施使国际服务贸易虽然不存在关税壁垒，却存在各种各样、名目繁多的非关税壁垒，并对国际服务贸易的发展形成重大障碍。而《服务贸易总协定》的基本精神是服务贸易自由化，即提请各国在遵守一般义务和原则的前提下，做出开放本国各个服务部门的具体承诺，然后在框架协议生效后，就上述的具体承诺举行多边谈判，以逐步实现服务贸易的自由化，使服务业在各国或地区间无阻碍地自由流动。因此《服务贸易总协定》像关贸总协定那样，通过最惠国待遇、各国服务贸易政策透明度、市场准入和国民待遇、发展中国家更多地参与、逐步自由化，以及各成员方所制定的一系列义务、原则等在最大程度上促进其自由化，第一次提供了体制上的安排与保障，对于建立和发展服务贸易多边规范是一项重大突破。它确立了通过各成员方连续不断的多边谈判，促进各国服务市场开放和发展中国家服务贸易增长的宗旨，使各成员方具有进一步谈判的基础，得以向服务贸易自由化方向不断迈进。

3. 增强服务与货物贸易的协同发展

在经济全球化及全球价值链深化的趋势下，产业融合、协同发展已经成为重要的发展动力来源和有效路径。服务贸易与货物贸易的相互促进是必然选择。因此服务贸易的自由化在促进服务贸易发展的同时，必将会推动与服务贸易相关的货物贸易的发展，特别是资本、技术密集型服务的贸易，往往伴随着相应的硬件设备的有形商品贸易（如数据处理服务、远距离通信服务等）的扩大而促使通信类各种硬件设备的发展；航空运输服务的扩大会促进飞机制造业的发展；陆路、水运服务的发展必然促进相关产业的发展；银行金融服务的发展，也必将使银行系统的传真通信及资金调拨网络的硬件贸易增长。

《服务贸易总协定》的实施，虽然要求发展中国家为服务贸易的逐步自由化做出贡献，对本国服务业市场进行适度开放，但也允许发展中国家在特定条件下采取适当的措施保护其落后的服务业。如此发展中国家既可以为保护国内优质服务业或民族服务业的发展而采取限制服务进口的措施和规定，也可以在适度的开放过程中，学到发达国家在服务业方面的先进技术和经营管理方式，并可以在开放过程中，使本国相应的服务业与发达国家进行竞争，使其在竞争中得到发展。然而在关注《服务贸易总协定》的重要意义和积极作用的同时，也要高度重视可能产生的消极影响。由于各国经济发展程度不同，各国服务业发展亦参差不齐，各国所拥有的优势也各不相同，因此《服务贸易总协定》的签署和实施可能会使不同国家、不同类型的服务贸易产生不均衡性增长，也可能加剧发达国家与发展中国家服务业、服务贸易发展的不平衡。

5.3 世界贸易组织体制与国际服务贸易

5.3.1 世界贸易组织多边贸易体制

1. 多边贸易体制的形成与发展

随着国际货币基金组织和世界银行的成立，联合国经社理事会于 1946 年 2 月接受了美国提出的成立联合国贸易组织的建议。1947 年 4 月至 10 月在日内瓦召开第二届筹备委员会，包括中国在内的 23 个国家进行了关税减让谈判并讨论了《国际贸易组织宪章》草案，并将关税减让协议与《国际贸易组织宪章》第四部分"贸易政策"等有关条文合并，构成《关税与贸易总协定》。此后，为建立和发展多边贸易体制进行了 8 轮多边贸易谈判，逐渐发展成为由 100 多个主权国家和单独关税区参加的、进行多边贸易谈判、制定多边贸易规则和解决国际贸易争端的场所。

按照关贸总协定"乌拉圭回合"多边贸易谈判《马拉喀什建立世界贸易组织协定》的规定，总部设在日内瓦的世界贸易组织（WTO）于 1995 年 1 月 1 日正式成立运行，从而世界贸易组织（WTO）成为管理国际贸易的正式组织，《服务贸易总协定》及其附属协议也就成为该组织管辖的条约之一。

多边贸易体制是以多边议定的规则为基础的开放贸易体制。多边贸易体制的建立最直接的好处是简化了多国之间的贸易行为。而这一体制的宗旨就在于通过组织多边贸易谈判来增加国与国之间的贸易、规范贸易行为和解决贸易纠纷，从而使国际贸易更加自由，资源得到更有效的配置。因此在多边贸易体制下，需要与多国发生贸易关系的国家可同时与多个贸易伙伴进行谈判，达成适用于各伙伴国的统一协议，而不用与各国分别达成不同协议，从而大大简化了国际贸易谈判，促进了国际贸易的繁荣发展。

从《关税与贸易总协定》到世界贸易组织，多边贸易体制均以贸易自由化为宗旨。《关税与贸易总协定》在序言中指出："期望通过达成互惠互利安排，实质性削减关税和其他贸易壁垒，消除国际贸易中的歧视待遇，从而为实现这些目标作出贡献。"《马拉喀什建立世界贸易组织协定》在保留这一论述的同时，进一步指出"决定建立一个完整的、更可行的和持久的多边贸易体制，以包含《关税与贸易总协定》、以往贸易自由化努力的结果，以及乌拉圭回合多边贸易谈判的全部结果。"

从世界贸易组织法律框架看，世界贸易组织协定构成世界贸易组织体制的基本内容。世界贸易组织协定包括其本身文本 16 项条款和四大附件。四大附件涉及有关多边贸易关系的协调和贸易争端的解决，以及贸易竞争规则的规范等实质性规定，具体包括：

① 附件 1：涉及 13 个多边货物贸易协定；服务贸易协定；与贸易有关的知识产权保护协定。

② 附件 2：关于争端解决规则和程序谅解。

③ 附件 3：贸易政策审议机制。

④ 附件 4：4 个单项贸易协定，包括民用航空器贸易协定、国际奶制品协定、政府采购协定、国际牛肉协定。

通常把四大附件所包括的 21 个协定分成两大类。一类称为"多边贸易协定"（multilateral trade agreement），包括附件 1、附件 2、附件 3 的全部内容。它们是经"乌拉圭回合"谈判修订、制定的多边贸易新体制的主体，各成员方只能一揽子签署参加，不能选择参加。这体现了 WTO 体制的统一性。另一类协定称为"诸边贸易协定"（plurilateral trade agreement），指的是未经"乌拉圭回合"谈判的 GATT 体制中的四个"东京回合"守则，即附件 4 的内容，这些协定可以由各成员方或非成员方选择参加。

从世界贸易组织机构框架看，包括以下四个层次。

第一层次，成员方部长级大会。它是世界贸易组织的最高决策机构，由世界贸易组织（WTO）的所有成员组成，每两年召开一次。部长级会议全权履行世界贸易组织（WTO）的职能，并可以为此采取任何必要的行动。

第二层次，各成员方代表组成的总理事会。在部长级大会闭会期间，行使部长级大会职权和 WTO 协定规定的其他职权，包括履行争端解决机构和贸易政策审议机构的职责等。总理事会酌情召开会议，通常每年召开 6 次左右。

第三层次，包括 3 个专门理事会即货物贸易理事会、服务贸易理事会和与贸易有关的知识产权理事会，以及总理事会下设的 5 个委员会，即贸易与环境委员会、贸易与发展委员会、预算、财务和行政委员会、国际收支限制措施委员会、区域贸易协议委员会。3 个专门理事会分别负责监督相应协议的实施，并在总理事会的指导下开展工作，行使相应协议规定的职能，以及总理事会赋予的其他职能。上述理事会的下设委员会分别向相应的理事会负责。

第四层次，上述 3 个专门理事会下设的专门小组和专门委员会。

此外，WTO 还设立一个由总干事领导的秘书处，总干事由部长大会任命并确定其责任、服务条件和任期。总干事任命秘书处职员，并依据部长大会的规定确定他们的责任与服务条件。总干事和秘书处的职责具有国际性，他们在履行职责时，不寻求或接受除 WTO 以外的任何政府或当局的指示，他们被要求制止任何可能影响其作为国际官员地位的行为。

2. 多边贸易体制的特点

与《关税与贸易总协定》相比，世界贸易组织不再仅仅是一个条约性组织，而是拥有更完善的组织结构和管理机制的国际性机构，因此它更有能力管理比商品贸易更为复杂的服务贸易。世界贸易组织多边贸易体制具有如下特点。

1）制度安排的正式性

世界贸易组织确定的多边贸易体制相对稳定，以强有力的组织机构为依托。世界贸易组织不仅在法律上实现了从临时适用性向正式适用性的转变，而且还在世界贸易组织协定的基础上建立起一整套组织机构。世界贸易组织是根据《维也纳条约法公约》正式批准生效并成立的国际组织，具有独立的国际法人资格，是一个常设性、永久性存在的国际组织。

2）协定内容的广泛性

世界贸易组织管辖范围广泛，不仅包括货物贸易，还有服务贸易和与贸易有关的知识产权。而《与贸易有关的投资措施协议》第一次将与货物贸易有关的投资措施纳入多边贸易体制的管辖范围。世界贸易组织还努力通过加强贸易与环境保护的政策对话，强化各成员对经济发展中的环境保护和资源的合理利用。因此世界贸易组织将货物、服务、知识产权融为一体，置于其管辖范围之内。

3）承担义务的统一性

世界贸易组织成员不分大小，对其所管辖的多边协议一律必须遵守，以"一揽子"方式接受世界贸易组织的协定、协议，不能选择性地参加某一个或某几个协议，不能对其管辖的协定、协议提出保留。

3. 多边贸易体制的职能

1）制定和规范国际多边贸易规则

世界贸易组织制定和实施的一整套多边贸易规则涵盖面非常广泛，几乎涉及当今世界经济贸易的各个方面，从原先纯粹的货物贸易到后来的服务贸易、与贸易有关的知识产权、投资措施，一直延伸至新一轮多边贸易谈判可能要讨论的一系列新议题，如贸易与环境、竞争政策、贸易与劳工标准及电子贸易等。

2）组织多边贸易谈判

世界贸易组织及其前身《关税与贸易总协定》通过八个回合的多边谈判，各成员大幅度削减了关税和非关税壁垒，极大地促进了国际贸易的发展。不仅如此，多边贸易体制扩大了全球市场的参与者，推动国际贸易在更广范围内展开。

3）解决成员之间的贸易争端

世界贸易组织争端解决机制在保障世界贸易组织各协议有效实施及解决成员间贸易争端方面发挥了重要的作用，为国际贸易顺利发展创造了稳定的环境。越来越多的WTO成员，特别是发展中国家的成员开始利用争端解决机制。

4. 多边贸易体制的基本原则

世界贸易组织建立的法律体系是执行和管理多边贸易体制的保障，贯穿这一体系的基本法律原则则是多边贸易体制得以形成和发展的依据。这些原则构成了多边贸易体系的核心。

1）非歧视性原则

非歧视性原则即一国不应在其贸易伙伴之间造成歧视，它们都被平等地给予"最惠国待遇"；也不应在本国和外国的产品、服务或人员之间造成歧视，要给予其"国民待遇"。

2）市场开放，权利与义务平衡

市场开放，权利与义务平衡也称透明度原则，世界贸易组织倡导成员在权利与义务平衡的基础上，依其自身的经济状况及竞争力，通过谈判不断降低关税和非关税壁垒，逐步开放市场，实行贸易自由化。世界贸易组织成员要履行义务，如遵守世界贸易组织的基本规则，履行承诺的减让义务，确保贸易政策法规的统一性和透明度。与此同时，WTO 成员也享受一系列 WTO 赋予的权利。

3）公平贸易原则

世界贸易组织禁止成员采用倾销或补贴等不公平贸易手段扰乱正常贸易的行为，并允许采取反倾销和反补贴的贸易补救措施，保证国际贸易在公平的基础上进行。

5.3.2 国际服务贸易谈判及服务贸易多边体制完善

1. 国际服务贸易谈判

从 1995 年 1 月开始的服务贸易谈判主要集中在两个领域：金融服务等领域的市场准入谈判；通过在保障措施等方面的谈判及对国内管制约束适时解释等完善框架协议。

1）改善市场准入的谈判

（1）金融服务谈判

第一阶段：从 1986 年 10 月 27 日乌拉圭回合谈判开始至 1995 年 1 月 1 日 WTO 协议生效。主要成果是在《服务贸易总协定》框架下，产生了金融服务附件 1 和金融服务附件 2。前者对金融服务的范围和定义、有关金融服务的国内法规、认可及争端解决等实质性内容作了规定，后者对后续金融服务贸易谈判作了时间的安排。

第二阶段：从 1995 年 1 月 1 日 WTO 协议生效至 1995 年 7 月 28 日达成《临时金融服务协议》。该协议没有美国参加。

第三阶段：从 1995 年 7 月 28 日至 1999 年 1 月 1 日《世界贸易组织金融服务协议》生效。主要成果为修改了 1995 年临时协议承诺表并于 1997 年 12 月 13 日达成《世界贸易组织金融服务协议》。占世界金融服务贸易份额 95%的 70 个成员方同意开放银行、保险、证券和金融信息市场。

（2）基础电信服务谈判

谈判于1994年5月启动到1997年2月结束，达成了定于1998年1月生效的《全球基础电信协议》。谈判目标不仅是扩大国际电信市场的竞争，而且要制定统一的竞争规则，以保证各国相关政策的透明度和防止不公平竞争行为。

基础电信协议的主要内容是协议及所附各方的承诺表。协议的关键条款是市场准入，它包括以下规定：最惠国待遇；允许建立经营实体或商业机构；允许拥有和经营独立的电信网络基础设施。

（3）海运服务谈判

1994年4月至1996年6月28日，各成员方就国际海运、海运辅助服务、港口设施使用、在约定期间取消限制等进行谈判，谈判最终未能取得成功。

谈判失败的原因主要是美国以各方的承诺未能体现最起码的自由度为由拒绝作出任何承诺。

（4）自然人流动谈判

谈判的目的是改进有关承诺，使独立的访问供应商在没有商业存在的前提下能够在海外工作。奥地利等六成员方提交了有关自然人流动的更高水平的承诺。

2）完善服务框架的谈判

（1）服务业紧急保障问题

对于保障条款的确立问题，争议颇多。持肯定态度的人认为制定保障条款将会激励有关各方作出更积极、更务实的有关服务贸易自由化的承诺。对保障条款的确立持怀疑观点的人认为确立保障条款纯属多此一举，因为各方对《服务贸易总协定》所作出的具体承诺中都已含有保障因素，只就有限的服务部门作出承诺、限制性的服务市场准入等。此外，确立保障条款不仅不利于服务贸易自由化，相反，将为贸易保护主义提供契机和借口，因为保障条款的引入意味着承诺的可变性和贸易政策的不确定性。

下一步有关紧急保障问题谈判的重点，将是对可以实施保障措施的各种情况加以具体界定。缺乏全面、系统、准确的有关服务的生产、贸易和投资方面的统计数据，是造成《服务贸易总协定》未能确立紧急保障机制的一个主因。

（2）服务业补贴问题

在"乌拉圭回合"服务贸易谈判过程中，各国对补贴措施的实施，以及对补贴的约束问题争论不休。一些发展中国家和地区要求发达国家在服务业补贴方面维持现状、逐步退回。美国和欧盟则要求取消所有对别国的服务贸易利益形成严重损害或损害威胁的补贴措施。对于服务业补贴的约束，发展中国家要求参照商品贸易的做法，即发展中国家以较大的灵活性使用补贴，提高其国内服务供应能力，对发达国家的服务业补贴措施则给予严格的纪律约束；发达国家则强调服务业补贴问题的复杂性，特别反映在补贴的界定和补贴量的衡量方面，从

而使得对服务业补贴的约束变得极为困难。

而解决服务业补贴也面临技术上的困难，不仅缺乏分类统计数据，而且服务行业繁多，服务贸易方式多样化，这就意味着同样的补贴措施会因服务贸易方式的不同而出现差异，或出现不同的解释。针对计算因补贴而产生的价格差异和认定国服务业损害方面的困难，一些国家和地区建议运用争端解决程序或竞争法规制约服务贸易倾销，不赞成采取单方面的反补贴行动。在存在贸易扭曲性补贴的情况下，多边监督机构应根据有关各方的可比数据和有关补贴的公认定义，运用统一的计算标准审议服务业补贴与反补贴问题。

（3）政府采购谈判

国际服务贸易中政府采购问题的焦点在于各方为攫取一己之利都倾向于保留并利用《服务贸易总协定》第13条第1款的规定。发达国家主张应该确立同时适用于货物贸易和服务贸易的政府采购的多边协议，确立政府采购方面的程序性规则和强有力的实施机制。主张政府采取自由化者则建议对各种服务类政府采购的经济影响和现行的政府采购法规进行审议，以解决为实现市场开放应确立什么样的要求、如何简化程序、什么样的规则才能适应市场竞争等问题。

2. 服务贸易多边体制的完善

《服务贸易总协定》作为基础性的多边贸易协定，在促进成员服务业市场的开放、推动全球服务贸易快速发展方面发挥了重要作用。而在世界贸易组织多边贸易体制下，服务贸易依然面临诸多亟待协商解决的问题。然而随着国际经济形势的变化，在世界贸易组织多边平台上推动成员继续开放服务市场的难度越来越大。原定于2004年年底全面结束的世界贸易组织多哈谈判屡屡受挫，尽管2013年12月第九届部长级会议终于达成了"巴厘一揽子协定"，谈判取得巨大突破，但在服务贸易、争端解决、知识产权等领域并未达成一致。绕开陷入锁定状态的多哈谈判，发挥发达经济体自身的优势，针对服务贸易进行选择性谈判，为本国服务提供者创造优势条件，成为美欧两大主导方力推《国际服务贸易协定》（TISA）的重要动因。

《国际服务贸易协定》（TISA）谈判是服务贸易在特定国际政治形势及多边贸易体制存在不足和困难情况下的产物。它一方面为服务贸易谈判和国际合作寻求出路，另一方面对现存世界贸易组织多边贸易体制提出了挑战。然而在经济全球化背景下，维护、加强并完善多边贸易体制，加强服务贸易的全球治理符合大多数国家的利益。

概念和术语

最惠国待遇；国民待遇；非歧视原则；市场准入

复习思考题

1.《服务贸易总协定》谈判经历了哪几个阶段？

2. 简述《服务贸易总协定》的框架结构。
3. 试述《服务贸易总协定》的重要意义。
4. 试述多边贸易体制的特点和职能。
5. 查阅相关资料,追踪服务贸易谈判的最新进展。

延伸阅读

是起点,非终点

2013年12月7日,比原定时间推迟了1天,世界贸易组织(WTO)第九届部长级会议在印尼巴厘岛落下帷幕,并发表了《巴厘部长宣言》。此次会议在最后时刻达成了WTO成立18年、多哈回合谈判启动12年以来的第一份全球多边贸易协定——"巴厘一揽子协定"。这标志着多哈回合贸易谈判12年僵局终获历史性突破。此次会议成果振奋人心,但也要看到这只是多哈回合协议的一个缩水版协议,离多哈回合谈判的全面完成尚十分遥远。

谈判过程一波三折　重大成果来之不易

巴厘部长级会议之前,WTO各成员方就相关议题在日内瓦展开先期技术谈判,意图完成一揽子协定文本的拟定。但是,美国和印度等成员在粮食安全保护计划上不可调和的矛盾使得这一愿望落空,巴厘会议的前景一片黯淡。

12月3日,巴厘部长级会议开幕,印度继续其强硬态度,并以贸易便利化议题上的表决权为要挟,要求将其享受的不受世贸组织处罚的粮食安全保护计划的过渡性方案("和平条款")的时限确定为"永久性方案达成时",而非美欧要求的4年。经过协商,印度的要求终得满足,但同时建立一个工作组力争在4年时间内完成永久性解决方法。

在原定会议结束的6日协议即将达成时,古巴、玻利维亚、尼加拉瓜和委内瑞拉又就贸易禁运问题提出严肃的保留意见,导致会议进入加时,这一问题终于在将过境贸易商品非歧视性原则的表述加入最后部长宣言后得以解决。

"巴厘一揽子协定"共有10个文件,主要涉及贸易便利化、农业与棉花议题。其中,贸易便利化决议是旨在削减通关成本、提高通关速度和效率的多边协定,它是具有法律约束力的协议,也是WTO建立以来最重大的改革之一。它的目标是加快通关程序,促进贸易通关更为简化、快捷和低成本,确保透明和效率,克服官僚主义和腐败,以及促进技术进步。它还包括过境商品条款,这有利于内陆国家通过其邻国港口寻求贸易。决议还涉及援助发展中国家和最不发达国家更新基础设施,培训海关官员,以及执行协议的费用。贸易便利化将会削减贸易成本的10%~15%,为世界经济创造4 000亿~1万亿美元的收益。贸易便利化协议将在2014年7月31日正式实施。

此外,农业和棉花协议允许印度等发展中国家的农业安全保护公共储备计划不受WTO

处罚直到永久性解决方案出台,强化关税配额管理,加强配额数量的信息提供和询问权,确保出口补贴和类似措施维持在低水平,提升最不发达国家棉花产品的市场准入和生产能力。发展协议包括4个文件,分别是对最不发达国家向发达国家的出口免关税和配额、简化最不发达国家的原产地规则、给予最不发达国家进入发达国家服务市场的豁免权和发展中国家特权的监督机制达成协议。"巴厘一揽子协定"可以说实现了多哈回合的早期收获,在一些分歧不大又有坚实前期基础的议题上达成了第一个多边贸易协定,使WTO这一全球多边贸易平台免于陷入边缘化的窘境。

多哈回合尚未完成　议题众多进程漫漫

"巴厘一揽子协定"的达成虽然振奋人心,但其只是多哈回合协议的一个严重缩水版协议,离多哈回合谈判的全面完成尚十分遥远。多哈回合谈判于2001年WTO第四届部长级会议启动,共有21个议题,涉及农业、服务业、与贸易有关的知识产权、贸易投资关系、政府采购透明度、贸易与环境、贸易与竞争政策等敏感议题,是迄今为止层次最高、参与方最多、涉及领域最广的一次多边贸易谈判。各成员方在乌拉圭回合谈判后已在关税减让、非关税壁垒削减、服务贸易等方面作出了最大让步,在此基础上进行更高标准的多哈回合谈判,需要让渡更多的利益甚至部分主权,难度可想而知,以致12年竟不能达成协议。

WTO多边贸易谈判举步维艰的根源在于以下几点:一是WTO框架的决策机制效率低下。WTO采取"一致性"规则,所有协议必须经所有成员方同意才能通过生效,部分成员方利用在某些无关自身议题上的"一票否决权"作为争取切身利益的筹码,致使所有议题的谈判都进展缓慢。这对于涉及160个谈判方和21个谈判议题的多哈回合来说几乎是无解的难题。二是WTO成员方组成利益集团,在敏感议题上强硬对抗。由于各国或地区具体情况的差异,成员方在不同的议题上组成不同的利益集团相互对峙。既有传统的南北对立,也有发达国家之间的对立和发展中国家之间的对立。比如在多哈回合谈判的农业议题上,美国作为世界头号农业强国力主农产品贸易自由化,要求欧盟等大幅度削减关税和农业补贴,提高农产品市场准入;欧盟作为农业净进口方主张维持高补贴和高关税;澳大利亚、新西兰、巴西等农产品产出国组成的凯恩斯集团则致力于推动农业贸易自由化,要求欧美取消农产品出口补贴和关税保护;日本、韩国、挪威等10个农产品进口国组成10国集团,强调对其国内农产品的高度保护;而中国、印度等发展中国家组成20国集团,维护发展中成员的特殊优惠待遇,要求发达成员取消出口补贴,削减国内农产品支持。三是频发的经济危机促使贸易保护主义盛行。多哈回合是在美国2001年经济危机背景下诞生的,此后又经历2008年金融危机的冲击。世界主要经济体尤其是发达经济体经济表现低迷,新兴经济体经济增速也在放缓。贸易自由化本是推动全球经济增长的动力,但部分国家选择了短视的贸易保护主义以谋求单边的经济利益,政治意愿的摇摆也是多哈回合谈判受阻的关键。

区域协定成为筹码　中国表现得到赞许

与多边贸易谈判裹足不前形成鲜明对比的是双边、区域自由贸易协定的方兴未艾，使得本来作为WTO多边贸易框架补充的区域贸易协定大有取而代之的势头。尤其是美国近年来推进的跨太平洋伙伴关系协定（TPP）和跨大西洋贸易和投资伙伴协定（TTIP）更被认为是美国在WTO多边贸易体制主导地位动摇情况下的替代方案。由于新兴经济体实力的提升和WTO发展中成员数量的增加，曾经主导全球多边贸易谈判和规则的美国感受到了巨大挑战，不再能轻易将符合自身利益的贸易规则强加于各方，特别是在其最为关注的农业、知识产权、市场准入、公平竞争、环境和劳工标准等议题上难以施展。所以，美国抛开WTO多边体制，按照自身设想另起炉灶，打造更高标准的区域自由贸易协定。

然而，这绝非表明美国真得打算完全放弃WTO多边贸易体制，而更可能是通过TPP和TTIP等向中国、印度、巴西等新兴经济体施压，迫使它们在WTO框架下的多边贸易谈判中接受美国的高标准，即美国同时在双边、区域，以及多边层面上推动"竞争性自由化"，以此增强贸易自由化的杠杆作用，并在全球范围内推动建立新国际规则的过程。回顾乌拉圭回合谈判，美国在面临欧洲强有力挑战时，就是连续通过美-加自由贸易协定和北美自由贸易协定迫使欧洲就范，将包括农业、知识产权、服务贸易、投资等在内的贸易新规则推广至乌拉圭回合协定。

中国在此次WTO谈判中的表现得到各方赞许。中方继续坚定维护多边贸易体系，积极斡旋各方谈判，大力支持发展中国家和最不发达国家的经济发展。中国在贸易便利化议题上率先表示放弃援助要求，将资源留给其他发展中成员；在农业议题上提出粮食安全中间方案，并在对自身极度敏感的关税配额谈判中显示了最大的灵活性；在成功执行了两年最不发达国家和入世中国计划（简称"中国计划"）的基础上，和世贸组织签订了第三期备忘录，捐助40万美元帮助最不发达国家入世；与贝宁、布基纳法索、马里、乍得组成的"棉花四国"达成协议，从2013年开始，中国将为这四国提供7亿元人民币援助资金，通过援建设施、人员培训等方式全面提升这四国的棉花生产、加工、储运和贸易能力，促进棉花产业发展。中国为促成"巴厘一揽子协定"发挥了积极而重要的作用。在未来WTO多哈回合谈判中，作为世界第一贸易大国的中国将开始扮演越来越重要的历史性角色，以积极、认真、开拓的精神，力促推动全球贸易繁荣的多哈回合谈判早日全面完成。

第6章 区域性服务贸易规则

6.1 区域经济一体化与区域贸易安排

6.1.1 区域经济一体化与服务贸易自由化

1. 区域经济一体化

区域经济一体化始于20世纪50年代，以欧洲经济共同体的建立为标志，是指地理位置相临近、经济发展水平相当的两个或两个以上国家（地区），为取得区域内国家（地区）间的经济集聚效应和互补效应，实行统一的经济政策，实现商品、劳务和生产要素在区域内自由流动和重新配置而实行的某种形式的经济联合，或组成区域经济组织。区域经济一体化以贸易自由化和促进多边合作为共同目标，但形式多种多样，按照其一体化程度差异，可分为自由贸易区、关税同盟、共同市场、经济同盟及完全经济一体化五种。从世界贸易组织关于区域贸易协定的规定来看，可分为关税同盟、自由贸易区，以及为成立关税同盟与自由贸易区所缔结的"临时协定"三类。

作为多边贸易体制最惠国待遇的最大例外，区域经济一体化在多边贸易体制中具有合法地位，其法律依据就是1947年《关税与贸易总协定》第1条所规定的历史性优惠安排，1994年《关税与贸易总协定》第24条与第24条的谅解，世界贸易组织《服务贸易总协定》的第5条，以及1979年东京回合期间达成的《关于发展中国家差别、更优惠、互惠和较全面参与的决定》（简称《授权条款》）。

就《服务贸易总协定》第5条"经济一体化"条款而言，《服务贸易总协定》并不阻止其成员之间加入或成立服务贸易自由化的集团，但是这种服务贸易自由化的协定必须涵盖相当范围的服务部门，必须消除其成员方之间就所涵盖的服务部门的"绝大多数"不符合国民待遇原则的歧视措施，包括消除既有的歧视措施或禁止新的歧视措施。《服务贸易总协定》也规定服务贸易一体化的目的，必须在于促进成员方之间的贸易，而非提高对外服务贸易的整体障碍。

为了维护以世界贸易组织为核心的多边贸易体制，防止以"区域经济一体化"为合法外衣的贸易保护主义泛滥，世界贸易组织加强了对区域贸易协定的监督与审查。其中《服务贸易总协定》第 5 条第 7 款对服务贸易领域的区域一体化协定明确规定了审查程序。这是世界贸易组织对区域经济一体化协定进行审查的法律依据。世界贸易组织总理事会还于 1996 年 2 月成立了区域贸易协定委员会对各种区域贸易协定集中进行审议。其宗旨就是审查区域集团及评估它们是否与 WTO 规则相符合，该委员会同时审查区域安排将如何影响多边贸易体制，以及区域安排之间的关系如何。

在贸易争端解决的实践中，世界贸易组织争端解决机制中专家组与上诉机构认为区域经济一体化必须在最大程度上符合世界贸易组织的宗旨与目标，贸易体制是有等级的，世界贸易组织多边贸易体制优于区域贸易体制，也即区域贸易体制是属于从属与次级地位的。虽然区域贸易安排与多边贸易体制具有较强的互补性，但是区域贸易安排在短期或者一定程度上侵蚀了多边贸易体制的基础。区域贸易安排的迅猛发展及其在世界范围内蔓延，是对最惠国待遇原则的一种削弱，从而损害多边贸易体制的根基。区域贸易协定数量众多，规则繁冗、复杂，对世界贸易组织构成威胁，也使各国难以招架。特别是在贸易保护主义及单边主义的影响下，多边贸易体制受到了前所未有的挑战。

2. 服务贸易自由化

贸易自由化指各成员方通过多边贸易谈判，降低和约束关税，取消其他贸易壁垒，消除国际贸易中的歧视待遇，扩大本国市场准入度。而实现上述目标的途径是以市场经济为基础，进行贸易自由化。服务贸易自由化是在经济全球化的基础上发展起来的，是贸易自由化在服务领域的具体表现。当今世界任何一个国家的经济发展都离不开世界上的其他国家。服务贸易自由化已经成为经济全球化和一体化趋势下国际贸易发展中的重要趋势和现象。

服务贸易自由化的趋势，最早可以追溯至 20 世纪 50 年代，欧洲经合组织在成员方内部推行并完善了《无形贸易自由化法案》。20 世纪 70 年代起，面对巨额的货物贸易逆差和同样巨额的服务贸易顺差，美国开始积极推进服务贸易的自由化。1986 年，服务贸易被正式列为新一轮乌拉圭回合的谈判议题，1993 年《服务贸易总协定》终于达成，1995 年该协定正式投入运作。《服务贸易总协定》的签署和实施是国际多边贸易体制推动服务贸易自由化的一个重大突破，它为参与服务贸易的国家提供了服务贸易国际管理和监督的约束机制，为服务贸易的发展创造了一个稳定的、具有预见性的自由贸易法律框架。在这样的多边贸易体制下，各国做出服务市场准入的承诺，服务贸易壁垒有所降低，服务业国际化程度逐渐提高，服务贸易逐步自由化的原则被世界各国接受。

与货物贸易自由化相比，服务贸易自由化涉及范围更广，所涉及领域多为一个国家敏感性行业和意识形态领域，开放难度更大，加之服务贸易自由化对发达国家和发展中国家产生的影响存在差异，自由化不确定因素更多，这些特点导致达成统一规则的困难大，所花费的时间长。

随着服务贸易的不断发展,服务贸易自由化的路径也在不断发生变化,从最初的区域一体化发展演变至多边谈判,再回归于区域内部的一体化。目前,越来越多的区域贸易安排将服务贸易纳入其管辖范畴,区域经济一体化成为服务贸易自由化的重要路径和推动力。

6.1.2 区域贸易安排与区域服务贸易自由化

1. 区域贸易安排

区域贸易安排(reginal trade arrangements,RTA)是指区域内国家和地区之间通过签订区域贸易协定等方式,使得在区域内进行的贸易比在区域外的自由化程度更高。简而言之就是特定国家或地区之间的优惠贸易安排。根据成员之间贸易自由化程度的不同,区域贸易安排可以采取多种形式。安排水平的不同也决定了其可以依次构成区域经济一体化的不同阶段。随着世界经济的发展,区域性贸易协定数量日益增多。

区域贸易安排是对世界贸易组织最惠国待遇原则的例外。签订协定的成员彼此给予的优惠待遇不必按照世贸组织最惠国待遇原则给予区外的世贸组织成员。也就是说,协定成员之间的排他性安排并不违背世界贸易组织的规则。

区域贸易安排具有贸易创造效应。贸易创造效应是指由于国际经济一体化,组织成员方之间相互取消了关税和与关税具有同等效力的其他措施,造成相互之间贸易规模的扩大和福利水平的提高。这是各国(地区)积极签订区域贸易协定的主要动机之一。

此外,区域贸易安排还存在贸易转移效应。贸易转移效应是指由于关税同盟对内取消关税,对外实行统一的保护关税,关税同盟国把原来从同盟外非成员方低成本生产的产品进口,转换为从同盟内成员方高成本生产的产品进口,从而发生了贸易转移。在贸易创造和贸易转移两种效应的同时作用下,形成了参与区域贸易安排受益、被排斥在外受损的局面。

在新一轮多边贸易谈判举步维艰、困难重重的背景下,加之贸易保护主义的盛行,使许多国家和地区争相通过商签区域贸易安排规避贸易壁垒、拓展外部市场,促进自由贸易。但是由于区域贸易安排对内实行优惠贸易待遇,对外则具有明显的排他性和歧视性,为抵消或减弱这些不利影响,各国和地区也不得不谋求参与一个或多个区域贸易安排之中。区域贸易安排实际上已经成为各国和地区政府推行经济外交的行之有效的手段。

20世纪90年代以来,区域贸易安排迅速发展。据统计,在《关税与贸易总协定》施行时期,每年向其通报的区域贸易协定平均不足3项,而世界贸易组织成立以来,年均向其通报的区域贸易协定达到15项以上。其中,自由贸易区由于其灵活性和针对性,日益成为区域贸易安排的主要类型。然而需要注意的是,区域贸易安排更加复杂化,成员方之间经济一体化程度逐步深化。新签订的区域贸易安排除了扩展至服务贸易自由化之外,正在向投资规则、知识产权、环境政策和劳工条款等与贸易直接或间接相关的领域迈进,其贸易管理框架大多超出多边谈判达成的贸易规范,合作伙伴也不仅局限于地域上邻近国家或地区,而且呈现出扩展和联合的发展态势。

2. 区域服务贸易自由化

早在1957年的《罗马条约》中,区域服务贸易自由化就已初现,然而在《服务贸易总协定》签订之前的各相关服务贸易的协定还不足以推动当今区域服务贸易自由化的发展。直到《服务贸易总协定》达成,服务贸易被正式纳入国际多边贸易体制的框架,其自由化进程才开始正式起步。然而由于多边贸易体制谈判的高成本等问题,以及服务贸易自身特征等原因,在短时间内达成新的更加自由的服务贸易协定相当困难。因此,在多边贸易体制的指引下,推动区域服务贸易自由化成为选择。

从区域服务贸易安排的总体情况看,更多地倾向于以"否定列表"的形式作出。基于"否定列表"的服务贸易自由化承诺并非是针对特定的服务部门或特定的服务提供模式作出的。它能"自上而下"地覆盖整个服务贸易活动,能适用于除列表中列出的例外情形以外的所有服务部门和所有服务提供模式。同时,区域服务贸易自由化所覆盖的部门数量更加广泛,一般远远多于《服务贸易总协定》涉及的服务部门。随着发展中国家服务贸易的发展,服务业发展水平不断提高,越来越多的发展中国家开始推动服务贸易自由化,特别是区域服务贸易自由化。

区域性服务贸易规则规范了国际服务贸易,促使各国加快服务业发展,为服务业国际化创造条件。作为国内服务交换的扩大和延伸,只有国内服务贸易达到一定水平,在国际上才有竞争力。在推动区域服务贸易自由化的过程中,国内服务业与进入本国境内的外国服务业平等竞争、优胜劣汰。发展中国家应利用协定的优惠规定,大力发展服务业,增强其竞争能力,为发展对外服务贸易创造条件。

6.2 区域性服务贸易规则与多边规则

6.2.1 区域性服务贸易规则与多边规则的联系

1. 多边规则是区域性服务贸易规则的重要指引

多边贸易规则是多边贸易体制的重要组成部分。在经济全球化不断深化的趋势和背景下,特别是在贸易保护主义抬头的形势下,维护多边贸易体制、促进开放型世界经济、推动经济全球化向纵深发展不仅是大势所趋,而且对大多数国家是有利的,对于打造人类命运共同体具有重要意义。而区域性服务贸易安排促进服务贸易自由化快速发展也是在《服务贸易总协定》形成之后。多边贸易规则是区域性服务贸易安排和规则的重要基础。在世界贸易组织多边贸易体制的指引下,区域性服务贸易规则的谈判可以更有据可依且可以获得规则的相容性。

2. 区域性服务贸易规则是多边规则的补充

在世界贸易组织多边贸易体制框架下，区域经济一体化是其中的内容。其在多边贸易体制中具有合法地位。面对多边贸易体制下服务贸易谈判的困境，以及区域经济一体化的态势，区域性服务贸易规则的形成不仅在更广阔领域涉及区域服务贸易安排，而且通过区域性服务贸易规则，在一定程度上锁定了区域内成员方已经采取的服务贸易自由化政策，并且能借由区域经济体内部的条约抵制某些成员方贸易保护主义抬头，使多边贸易规则的内容更加完善。

3. 区域性服务贸易规则为多边规则提供发展动力

在《服务贸易总协定》产生之前，欧盟、北美自由贸易区、澳新自由贸易区等区域性经济一体化组织已就服务贸易自由化进行了大量细致的规定。区域性服务贸易规则的制定和实施进一步拓宽了人们对服务贸易规则的认识，是多边贸易的启蒙。同时，区域性服务贸易规则尤其是《北美自由贸易协定》的相关规定，为多边服务贸易规则提供了可供借鉴的先例。服务贸易理事会十分重视区域性协定项下相关规则的研究。区域性服务贸易规则不仅是多边贸易规则的重要补充，而且其成为多边贸易体制和规则进一步完善发展的重要推动力，成为未来多边贸易规则引入前的"试验田"。

6.2.2 区域性服务贸易规则与多边规则的差异

1. 区域性服务贸易规则与多边规则形成过程不同

在世界贸易组织成立前，区域性服务贸易规则和多边贸易规则已经存在。《关税与贸易总协定》不仅形成时间更早，而且由更多的国家参与并推动，其宗旨是"提高生活水平、保证充分就业、保障实际收入和有效需求的巨大持续增长、扩大世界资源的充分利用，以及发展商品的生产与交换"。实现上述宗旨的途径是各缔约方达成互惠互利协议，导致大幅度地削减关税和其他贸易障碍，取消国际贸易中的歧视待遇。相比来看，区域性服务贸易规则产生稍晚，参与并推动的国家是区域内的。它是区域经济一体化的重要贸易制度安排和成果。而在世界贸易组织成立后，多边贸易规则得到了更广泛、更有力的加强，形成了基于世界贸易组织的稳定的多边贸易体系。而区域性服务贸易规则则在区域经济一体化的推动下继续发展。

2. 区域性服务贸易规则与多边规则规范范围机制不同

区域性服务贸易规则是在区域经济一体化的基础上由相关国家实施谈判而缔结有关协定，从而形成规范区域内部服务贸易的制度安排。它并不是面向区域外其他国家或更广阔的区域范围。而世界贸易组织下的多边贸易体制则不同。在世界贸易组织成立后，多边贸易谈判有相应的机制和组织保障，其成果对于世界贸易组织成员方具有普遍的约束力，并且在世界贸易组织多边体制下也存在关于区域经济一体化的内容和制度安排。当发生贸易争端时，多边贸易体制有相应的争端解决机制和程序，用以解决贸易争端、协调贸易成员方的关系，这与区域性服务贸易规则的安排存在不同。

3. 区域性服务贸易规则与多边规则实施效果存在差异

区域经济一体化由于对非成员方实行贸易保护主义，其带来的"贸易创造"效应一定程度上被"贸易转移"效应所抵消。而区域性集团内部取消贸易壁垒，对外实行贸易保护主义，会使原来从区域外国家进口的服务转由区域内成员方进口，产生了贸易转移。这就无法实现资源的最优配置，给世界经济造成一定的损失。而多边贸易规则的基本原则和对成员方的普遍约束力推动贸易国从贸易中均能获益。这是多边贸易体制的一大特点。

6.2.3 区域性服务贸易规则对多边规则的影响

1. 积极影响

1）促进多边贸易体制的改革和发展

区域性服务贸易规则与多边贸易规则均在推动服务贸易的自由化。自由贸易可以使全世界的经济福利达到最大化，而区域经济一体化至少在区域成员方之间取消彼此的贸易限制。而区域性服务贸易规则一定程度上对多边贸易体制起补充作用，且可以推动多边贸易体制的完善与发展，使多边贸易体制尚未涉及的领域或谈判中的困难得到涉及和一定程度的缓解，并为发展、完善多边贸易体制提供经验和基础。

2）突破多边贸易体制的局限和不足

多边贸易体制下服务贸易谈判议题扩展存在一定障碍，重大利益分歧难以消除，谈判效率低。由于服务贸易的迅速发展及其多元化、国际化的趋势加强，市场竞争加剧，贸易保护主义盛行。国际服务贸易规则大量存在于各国国内立法层面，对国际服务贸易提供者及其所提供的服务产生最直接、最广泛的影响。国内立法者贸易政策取向较易受相关利益集团的影响，其摇摆不定阻碍了国际服务贸易自由化的发展。而区域性服务贸易规则可以实现将已取得的区域内服务贸易自由安排制度化，抵制区域内某些成员方内部利益集团的贸易保护主义，促进服务贸易自由化的发展。

2. 消极影响

1）对多边贸易体制形成挑战

经济全球化趋势势不可当，经济一体化程度加深，"块状"的区域性市场及相应的一体化规则将无边界的技术区域化，对全球及各国的经济发展都将带来消极影响。在区域主义下，域内国家为实现本地区的贸易利益最大化，采取贸易保护主义，对多边贸易体制造成一定的损害。例如，服务原产地规则容易被区域经济一体化成员利用作为一种贸易保护工具，背离了多边体制下的最惠国待遇原则。另外，区域经济一体化协定中的争端解决条款可能与世界贸易组织的管辖权发生冲突。

2）有可能形成更大的分化和不平衡

区域经济一体化协议数量剧增的原因除提高地区经济效益与加强合作以外，更重要的原因在于在竞争日益剧烈的国际市场上发挥地区优势，保证地区利益。经过多边贸易体制下多个回合的谈判，全球关税税率已大幅度降低，然而，各区域间各不相同的贸易规则、标准及原产地规则构成了新的区域间壁垒。区域性服务贸易自由化有可能拉大发展中国家与发达国家在世界服务贸易格局中的差距，对多边贸易体制产生分化性影响。

6.3 主要区域性服务贸易规则

6.3.1 北美自由贸易区服务贸易规则

北美自由贸易区（NAFTA）由美国、加拿大和墨西哥组成，1992年8月12日三国就《北美自由贸易协定》达成一致意见，并于同年12月17日由三国领导人正式签署。于1994年1月1日开始实施。该协定旨在通过在自由贸易区内扩大贸易及投资机会，增加三国的就业机会和促进经济增长，增强三国在全球市场的竞争力。自协定生效之日起，三国在5年的过渡期内全部取消商品、服务及投资领域的所有关税及非关税壁垒。《北美自由贸易协定》是《美加自由贸易协定》的扩充，突破了贸易自由化的传统领域，纳入了服务贸易，并在自由化步伐上迈得更大，在一定程度上成为乌拉圭回合谈判《服务贸易总协定》的范本。

《北美自由贸易协定》分为8大部分22章，共2 206个条款，包括各章的相关附件和附录；协定有关"投资、跨境服务贸易和金融服务"的纪律有所保留和例外的7个附件，其中，关于服务贸易的规定体现在第5部分"投资、服务及其他"。同时为了确保贸易自由化的有效推进，协定要求缔约方以否定清单的方式提出一套对协定有关"投资、跨境服务贸易和金融服务"纪律的保留或例外的附件。通过《北美自由贸易协定》，北美自由贸易区完成了服务贸易规则的制定和实施。

1.《北美自由贸易协定》关于服务贸易的主要内容

1）服务范围的界定

《北美自由贸易协定》第12章明确规定，如果一个服务部门没有被明确排除在协定之外，那么就自动适用此规则。《北美自由贸易协定》不适用于以下内容：① 金融服务、能源和基础石油化工，以及相关服务。② 航空服务及其支持服务，维修及特种服务除外。③ 跨境劳工贸易、政府补贴、政府采购，以及成员方进行的与法律执行、收入保障、社会福利和国际安全有关的服务。其他部门允许成员方作出不同程度、全部或部分保留。

2）跨境服务贸易

《北美自由贸易协定》第12章是与跨境服务贸易有关的规定，它较为全面地规定了服务贸易自由化的措施，包括国民待遇和最惠国待遇、市场准入、许可和证书、利益的拒绝给予等。

（1）国民待遇和最惠国待遇

《北美自由贸易协定》要求各成员方在协定生效后或者生效后的一段时间内，消除有悖于国民待遇原则和最惠国待遇原则的措施。例如，第 14 章第 5 条规定"每一缔约方给予另一缔约方的待遇应不低于本国投资者在类似情况下得到的待遇，如建立、收购、扩张、管理、销售或其他有关金融机构和投资的处置。"第 6 条要求"每一缔约国应给予另一缔约者不逊于其他缔约者或非缔约方的投资者、金融机构、金融机构投资者和跨境金融服务提供者在类似情况下的待遇。"

（2）市场准入

《北美自由贸易协定》的市场准入规则是由国民待遇原则引申而来的，这一规则保证了服务提供者在进入缔约国市场时，具有更广泛的服务提供方式选择。第 12 章规定的"非歧视数量限制"要求每一缔约国列明其某一行业的限制性非歧视措施时，其他缔约国均有权对这些措施的自由化和取消进行谈判。

（3）许可和证书

《北美自由贸易协定》在第 12 章第 10 条规定：① 一缔约国对另一缔约国的许可和证书要求不应构成不必要的壁垒，即许可和证书的要求应该基于客观、公开、必要的要求。② 设置相互认可的许可和证书认证机制，但没有相互承认许可和证书的义务。一旦机制被承认，出示证书的机会将被保证。③ 缔约国必须在缔约两年内取消对外国专业服务提供者必须取得本国永久居留权的要求，否则另一缔约国亦可保留或设置相应要求和规定。

（4）利益的拒绝给予

《北美自由贸易协定》通过"利益的拒绝给予"条款实现服务原产地规则。第 12 章第 11 条规定：① 如果缔约方证实一项服务是由另一缔约方企业提供但被非缔约国所控制，且在任一缔约国领土都没有实际经营活动进行，那么缔约方就有权拒绝给予该企业在协定中提及的利益。② 关于"实际经营活动"应按个案而定。

3）电信服务

《北美自由贸易协定》对电信用专章予以规范，第 13 章共有 10 项条款，分别对本章的适用范围、共同电信传输网及服务的有权使用、价值增值服务条款的条件、相关标准的措施、垄断、技术合作等做出了规范。《北美自由贸易协定》适用于一缔约方就另一缔约方的法人或自然人进入或使用公共电信传输网络或服务（包括经营私人网络）所采取或保留的措施；一缔约方就另一缔约方的法人或自然人在其境内或跨境提供改进或价值增值服务而采取或保留的措施；关于附加终端或其他公共电信传送网设施的标准而采取的措施。

4）金融服务

《北美自由贸易协定》第14章针对金融服务制定了一套综合性的原则和方法，对金融服务的政府措施进行约束。在金融服务上适用非歧视待遇原则和透明度原则，规定了对金融服务领域产生影响的措施和一些国家的保留意见。这些金融服务条款对于北美及其全球金融服务自由化具有重要的价值和借鉴作用。

5）竞争政策、垄断和国有企业

《北美自由贸易协定》第15章主要由5个条文和1个附件组成，其涉及竞争法、垄断和国有企业、贸易与竞争政策工作组，以及有关概念的定义等。对于垄断性行业的服务提供者，协定规定了它不能采取与协定不一致的措施，不得滥用其垄断地位在非垄断性市场上采取不正当竞争的手段占领市场，不得对其他缔约方的服务提供者构成歧视。

6）商务人员临时入境

《北美自由贸易协定》第16章对一缔约方的商务人员临时进入另一缔约方境内从事商务贸易活动作了程序性的规定，在客观、协调的标准下，在互惠的基础上便于商务人员的临时进入，而且缔约方应互相提供商务人员临时进入的有关信息及一些解释性资料，还应该提供身份证明以得到进入国的许可。

7）垄断行业的服务提供者

对于垄断行业的服务提供者，《北美自由贸易协定》有如下规则：① 不得采取与协定义务不一致的措施。② 进行服务时必须仅考虑商业方面。③ 对于其他缔约方服务提供者必须保持平等。④ 不得滥用垄断优势在非垄断市场进行不正当竞争。

8）透明度规则

第18章第2条规定：每一缔约国有义务及时公布其与协定相关的法规、法律与程序。

9）争端机制

《北美自由贸易协定》没有专门的争端机制，但可以按第20章"机构安排和争端程序"的有关规定进行具体规定。

2.《北美自由贸易协定》服务贸易规则的特点

1）涉及行业部门广泛

《北美自由贸易协定》的服务贸易规则涉及跨境服务、电信、金融、垄断及竞争政策等范围。协定采取"否定清单"的方式规定适用的服务部门的范围。该方式有利于更多服务部门开放，实现服务贸易自由化，又增强了政府管制措施的透明度，而且协定还明确规定一些规则不适用的服务和活动，如政府采购、政府补贴等。对诸如电信服务、金融服务、专业服务进行专门的规定，并允许缔约方在一些部门作出不同程度的保留。就服务提供方式而言，它包含了《服务贸易总协定》下的4种服务提供方式：跨境提供、境外消费、商业存在、自然人流动。

2）以美国为主导

《北美自由贸易协定》体现了以美国为主导的特点，它作为《北美自由贸易协定》的主要支撑力量，在自由贸易区中处于支配地位。尽管各缔约方的经济实力差异很大，彼此间也会出现利益的冲突，但是在经济上的互补性及由此产生的互利互惠性仍然都是地区性贸易安排得以建立的现实基础。

2018年11月30日，美国、加拿大及墨西哥三国领导人在出席二十国集团（G20）峰会期间，签订《美国–墨西哥–加拿大协定》（USMCA）贸易条约，取代实施了24年的《北美自由贸易协议》。美国贸易代表办公室于2018年9月30日发布新协定的内容。协定文本包括市场准入、原产地规则、农业、贸易救济、投资、数字贸易、争端解决、知识产权等30多个章节，还包括美墨、美加就部分问题达成的附加双边协议。

6.3.2 欧盟服务贸易规则

1957年3月，在欧洲煤钢共同体的基础上，法国、德国、意大利、荷兰、比利时、卢森堡6国政府首脑和外长在罗马签署《欧洲经济合作条约》和《欧洲原子能共同体条约》，这两个条约被称为《罗马条约》。该条约于1958年1月1日生效。1958年1月1日，法、德、意、荷、比、卢6国根据《罗马条约》正式组建欧洲经济共同体和欧洲原子能共同体；1967年7月1日生效的《布鲁塞尔条约》将上述两个共同体和1951年由上述6国组建的欧洲煤钢共同体合并，统称为欧洲共同体。随后，先后经过6次扩大，欧盟已成为一个涵盖27个国家、一体化程度最高的国家联合体。欧盟在服务领域的自由化进程主要是随着一系列法律措施的实施而逐步推进的。

1.《罗马条约》关于服务贸易的主要内容

《罗马条约》是服务贸易规则的基础。其涉及的内容极其广泛，新内容是建立关税同盟和共同市场，逐步协调经济和社会政策，实现商品、人员、服务和资本的自由流通，同时确立了"在过渡时期内，对于居住在劳务提供对象国以外的共同体国家的公民在共同体内部自由提供服务的限制，必须予以逐步消除"的目标。此后欧共体服务一体化的一系列贸易规则都是在此基础上产生的。欧盟服务贸易规则遵循内部贸易自由化优先原则，同时注意对外服务贸易规则遵循世界贸易组织原则。

1）服务的定义

通常以取得报酬为条件而提供的服务被认为是服务，但不能以商品、资本和人员流动所规定的管辖者为限。

2）非歧视性原则

非歧视性原则适用于内部成员方贸易，包含市场准入和国民待遇。欧盟的市场准入和国民待遇制度和北美自由贸易区的规定大致相同。

3）专业资格的相互承认

《罗马条约》第57条规定，共同体部长理事会应该根据规定程序发布指令，相互承认文凭、证书，以及其他正式的资格证明，便于有关人员作为自雇职业人员从事或继续活动。

4）透明度原则

《罗马条约》第64条规定，在一个成员方整体经济情况和有关部门情况许可的范围内，成员方除了应解除有关服务限制措施外，还应该将其余拟解除的服务限制公布。

5）服务原产地原则

欧盟服务原产地原则与一般服务原产地原则基本一致，即只有原产于成员方内部的服务和产品才能享受区域贸易优惠政策。

6）补贴和政府援助

《罗马条约》第29条规定，由一成员方发放或经由不论任何形式的国家援助，凡是以优待某些企业造成竞争扭曲的，均与共同市场相抵触。

7）政府采购

① 政府采购须在整个欧盟范围内招标，使所有成员方企业均有机会投标。② 禁止为歧视潜在外国投资者而规定的特定技术要求。③ 在招标和评标时须采用客观标准。

8）争端解决机制

服务提供者与某一成员方或成员方之间的诉讼可以在成员方法院、欧盟初审法院和欧洲法院进行。

2. 具体行业服务贸易规则

1）对外金融服务协议

（1）对外银行业

第三国信贷机构设立于共同体成员方的子公司，取得该成员方的营业执照，就可与其他共同体信贷机构一样，从"单一银行执照"制度获得在共同体范围内设立分公司和提供服务的好处，否则无此权利。第三国信贷机构能否在共同体内设立子公司或取得共同体信贷机构的股权，适用"互惠原则"。此外，第三国对共同体信贷机构存在的歧视待遇，委员会可发起谈判和进行补救，理事会不直接参与。

（2）对外保险业

成员方可根据其批准程序同意第三国保险企业在共同体内部设立分公司。共同体可根据互惠条件向第三国开放有关的保险服务，使其保险机构可取得共同体内部保险机构的同等待遇，但其应保持自己的偿付准备金，还应通过证券资产形式保持保证基金。欧盟承诺给予第三国保险机构全面最惠国待遇基础上的国民待遇。

（3）对外证券业

欧盟承诺给予第三国证券机构在全面最惠国待遇基础上的国民待遇，承认根据第三国法规制定和审查的公开发行的证券说明书。

2）对外运输服务协议

（1）海运服务

协议制定了关于价格承诺或补偿税款的有约束力的程序，规定在共同体船东和共同体利益受到重大损害或损害威胁时，可采取必要的保障行动。当其他国家用货载分摊方式限制或威胁共同体运输货物进入该国时，共同体可采取协调行为，若协调不成，可采取外交措施或诸如配额、税收方面的约束措施。

（2）航空运输服务

按照《服务贸易总协定》，欧盟承诺，如果第三国对欧盟航空公司不提供同等待遇，欧盟将解除对该国航空公司自动订票的义务。

3）对外电信服务协议

欧盟电信业对外开放一直有所保留。在进行电信服务谈判时，承诺开放各种先进的电信服务。此外，欧盟电信自由化计划要求各成员方开放诸如有线网络等"另类基础建设"市场，自1998年1月1日起开放基本电话服务市场，从而结束了欧盟各国国营电信事业垄断的历史。

4）对外试听服务协议

在乌拉圭回合谈判中，欧盟就视听业的市场准入和国民待遇没有做出任何承诺，将其列入最惠国待遇例外，以保护欧洲试听产品对本地市场的占领。欧盟承认《服务贸易总协定》中透明度、逐步自由化等原则适用于试听服务业。

6.3.3 东盟自由贸易区服务贸易规则

东南亚国家联盟的前身是由马来西亚、菲律宾和泰国三国于1961年7月31日在曼谷成立的东南亚联盟。1967年8月，印度尼西亚、新加坡、泰国、菲律宾四国外长和马来西亚副总理在泰国首都曼谷举行会议，发表了《东南亚国家联盟成立宣言》，即《曼谷宣言》，正式宣告东南亚国家联盟（简称"东盟"）的成立。

1. 东盟服务贸易框架协定

东盟区域服务贸易自由化始于20世纪90年代中期。此后东盟在《服务贸易总协定》框架下开启了本区域服务贸易自由化的进程，并于1995年12月签署《东盟服务贸易框架协定》作为指导成员方之间服务部门开放和服务贸易自由化的专门性文件。

1）宗旨

协定提出为了加强成员方之间的服务合作以增强本区域服务提供者在本区域内外的经营效率、竞争力，以及多样化产品的供应能力；在成员方之间消除服务贸易实质性限制；除了在《服务贸易总协定》中承诺的自由化措施外，各成员方应进一步采取扩大和加深自由化的举措，以实现服务贸易自由化的目标。

2）合作领域

第1款，所有成员方应根据本框架协定参加合作安排。如果其他成员方还未准备好履行这些安排，则两个或以上的成员方可首先起步。

第2款，成员方应在各服务部门努力加强现有的合作，进一步开展那些还没被包括在现有合作安排内的服务领域合作。合作应包括建立或改善基础设施；达成联合生产、营销或购买的安排；共同研究和发展；信息交换。

第3款，成员方应确认合作的部门，提出包含详细合作措施及力度的行动计划、进度安排、谅解书。

3）自由化

在成员方之间实质性消除所有现存的歧视性措施和市场准入限制；禁止新的和更多的歧视性措施和市场准入限制。

4）具体承诺的谈判

第1款，规定成员方应该在具体服务部门就影响服务贸易自由化的措施进行谈判。这类谈判应促使各成员方在《服务贸易总协定》已有承诺的基础上进一步做出具体承诺，并根据最惠国待遇在区域内部实施。

第2款，规定每一成员方应在承诺表中列明其具体承诺的事项。

第3款，规定该框架协定并不阻碍任何成员方基于边境地区内的服务流动而给予邻国的优惠。

5）互相承认

第1款，规定就服务提供者的执照和证书而言，每一成员方可承认在另一成员方获得的学历和从业经验、已满足的条件及所颁发的许可证或证明。

第2款，上述规定并非要求各成员方承担接受或达成此类相互承认协定或安排的义务。

6）利益的拒给

协定的特惠不必给予非成员方居民的自然人服务提供者，或者属于、受制于非成员方居民的法人。

7）争端的解决

成员方因协定或者相关安排的解释或适用而产生的分歧，应依《东盟争端解决机制议定书》的规定解决。

2. 中国-东盟全面经济合作框架协议服务贸易协议

2002年11月4日，中国与东盟签署了《中国与东盟全面经济合作框架协议》，决定到2010年建成中国-东盟自由贸易区。该框架协议是中国-东盟自由贸易区的法律基础，共有16项条款，规定了自由贸易区的目标、范围、措施、起止时间，先期实现自由贸易的"早期收获"方案、经济技术合作安排，给予越南、老挝、柬埔寨非世界贸易组织成员以多边最惠国待遇的承诺，以及在货物、服务和投资等领域的未来谈判安排等内容，总体确定了中国-东盟自由贸易区的基本架构。

根据协议，中国-东盟自由贸易区将包括货物贸易、服务贸易、投资和经济合作等内容。其中货物贸易是自由贸易区的核心内容，除涉及国家安全、人类健康、公共道德、文化艺术保护等世贸组织允许例外的产品以及少数敏感产品外，其他全部产品的关税和贸易限制措施都应逐步取消。

《中国-东盟全面经济合作框架协议服务贸易协议》由中国和东盟于2007年1月14日签署，于当年7月1日生效。该协议放宽了建筑、运输、金融、旅游等多个行业的准入标准，使中国与东盟国家在旅游、文化、教育、管理咨询、运输等领域进一步开放。根据协议，自贸区内允许外国独资设厂，放宽设立公司的股权限制，还促进资本、信息、人员等要素流动，使各国消费者享受到更多的优质服务，尤其是服务行业可从中获得更大的商机。

6.3.4 亚太经济合作组织服务贸易规则

亚洲太平洋经济合作组织，简称亚太经合组织（APEC），是亚太地区最具影响力的经济合作官方论坛。1989年11月5日至7日，举行亚太经济合作会议首届部长级会议，标志着亚太经济合作组织的成立。1993年6月其改名为亚太经济合作组织。亚太经济合作组织贸易投资自由化目标包括服务贸易的自由化。

亚太经济合作组织服务贸易规则主要面向贸易投资自由化和便利化发展，相关内容主要涉及：① 通过建立关税数据库交换信息，提高关税透明度，逐步削减关税。② 逐步减少服务贸易市场准入限制，首批在电信、交通、旅游和能源四个部门开展工作；逐步向投资者提供最惠国待遇和国民待遇，提高投资透明度，促进投资制度和投资环境自由化，通过技术援助和合作活动促进投资。③ 保证成员方之间标准评定的透明度，并且实现相互认可，促进技术发展合作。④ 增强政府采购制度与实践的共同理解，实现政府采购市场自由化。⑤ 提高成员方管理自由化与透明度，消除由于国内规章引起的贸易与投资扭曲。⑥ 保证原产地规则和国际规则统一，确保各成员方原产地规则的中立性、透明度和公正性。⑦ 及时采用有效程序解决本地区企业和政府、企业间争端，提高法律、法规透明度，减少和避免有关贸易与投资争端，形成一个稳定的商业环境。

1.《大阪行动议程》服务贸易规则

《大阪行动议程》确定在电信、交通、能源、旅游四个服务部门开展工作，成员可在自愿基础上采取行动。亚太经济合作组织经济体根据服务业领域工作政策构架逐步减少服务贸易市场准入的限制，逐步提供服务贸易的最惠国待遇及国民待遇，在受规范部门提供服务贸易法规及管制程序等信息的公平、透明度发展、确认与适用达到区域内自由及开放的贸易与

投资。

该议程的指导原则是：① 对在服务贸易方面进行的世界贸易组织谈判做出积极的贡献。② 在《服务贸易总协定》框架下增加对市场准入和国民待遇方面的承诺，在适当的方面取消最惠国待遇例外。③ 在适当的方面采取进一步行动执行亚太经济合作组织在服务贸易和投资领域自愿自由化、便利化和促进经济技术合作的选择菜单。④ 促使有关团体加入规则和法规进程，促使其迅速考虑和认可规则，促使其公平而透明地执行规则。⑤ 为了提供服务，应支持亚太经济合作组织能力建设，其方式是改善基础设施、促进先进技术应用和人力资源开发。

2.《马尼拉行动计划》服务贸易规则

《马尼拉行动计划》包含根据《大阪行动议程》循序渐进、逐步和全面实现贸易和投资自由化，以便到2010年和2020年实现贸易目标进程的前几步措施。该计划决心通过审议和协商的持续进程保持该计划的活力，改进单边行动计划。

《马尼拉行动计划》的目标是各成员逐步取消服务领域限制市场准入的措施，实施国民待遇和最惠国待遇原则，以实现亚太地区开放性的贸易和投资自由化。为此，各成员须遵循如下指导原则：积极参与世界贸易组织服务贸易领域的相关谈判，适当扩大《服务贸易总协定》中有关市场准入和国民待遇的具体承诺，削减对最惠国待遇原则提出的保留，进一步采取服务便利化措施。

概念和术语

区域经济一体化；服务贸易自由化；区域贸易安排

复习思考题

1. 简述区域性服务贸易规则与多边规则的联系和差异。
2. 简述区域性服务贸易规则对多边规则的影响。
3. 查阅相关资料，跟踪 USMCA 关于服务贸易规则的最新状况。
4. 查阅相关资料，跟踪欧盟服务贸易规则的最新状况。
5. 查阅相关资料，跟踪亚太经济合作组织服务贸易规则的最新状况。

延伸阅读

美国重塑国际贸易规则？

2018年9月30日，美国在与加拿大经历了一年多马拉松式的贸易谈判之后，最终达成了协议，双方决定联合墨西哥全面修改已运行20余年的《北美自由贸易协定》（NAFTA），推出全新的《美国-墨西哥-加拿大协定》（USMCA）。该协定的达成是特朗普政府继8月27日与墨西哥初步达成《美墨贸易协定》、9月24日与韩国正式签署新版《美韩自由贸易协定》后在国际贸易领域中所取得的第三个重要进展。此外，美国还正在与欧盟、日本紧锣密鼓地开展三边贸易协定谈判，目前谈判已经进行了四轮。经过一年多的"恩威并济"，特朗普政府在近期"连下数城"，不仅掀起了一股重塑世界贸易格局的旋风，更是拉开了重写国际贸易规则的大幕。

USMCA内容：突出"公平性"与"高标准"

从美加协议内容来看，正如特朗普所宣称的，USMCA是一个"里程碑式"的协定，充分体现了特朗普政府"自由、公平且对等"的国际贸易价值导向，其中，"公平性"与"高标准"是两大看点。

同NAFTA相比，USMCA在包括汽车、乳制品、日落条款等争议条款上有较大更新，谈判各方均互有让步。美国在汽车和乳制品条款方面有较大斩获。USMCA规定，零关税汽车75%的零件必须来自北美地区，高于此前62.5%的标准。协议还要求，零关税汽车40%~45%的零部件必须由时薪最低16美元的工人所生产。此外，协议保留了特朗普政府对进口汽车加征25%关税威胁的能力，但根据协议附加条款，如果美国根据"232"国家安全调查对进口汽车征税，从加拿大和墨西哥进口的乘用车、皮卡和汽车零件基本上免受关税威胁。此外，加拿大在乳制品条款上做出让步，同意取消"7级"的乳制品定价协议，向美国开放约3.5%的乳制品市场份额。

一方面，美国在日落条款和争端解决机制方面有所妥协。USMCA规定，新协议将有16年的期限，每6年审查一次，此前，美国提出对NAFTA每5年一审，引发加拿大和墨西哥反对。此外，在加拿大力争之下，USMCA将第19章争端解决机制保留下来，而此前，美国主张取消NAFTA中的贸易争端解决机制。

另一方面，美国力将USMCA打造为高标准的"21世纪新贸易规则"。从协议文本来看，USMCA共分为34个章节，对国民待遇与市场准入、原产地原则、海关管理与贸易便利化、贸易救济、投资、跨境贸易服务、数字贸易、知识产权、劳工标准、环境标准、监管实践、争端解决等多个领域的标准与实施做出了细致的规定。USMCA在文本内容、价值导向、实施标准上均与《跨太平洋伙伴关系协议》（TPP）高度契合，重合章节多达25处，可以说，USMCA继承了TPP的衣钵，体现了特朗普政府在贸易战略上对奥巴马政府

的高度延续：以高标准自由贸易协定引领国际贸易规则发展方向。美国贸易代表莱特希泽也指出，USMCA有三根核心的支柱：公平贸易、保护数字贸易和知识产权、对国有企业和汇率操纵等不公平做法严加限制。上述三点内容将成为特朗普接下来的"谈判模板"。

特朗普双边贸易谈判战略：稳步推进

在关税"大棒"威胁之下，特朗普政府双边贸易谈判战略似乎在稳步向前推进。美韩、美加墨新贸易协定相继达成，特朗普政府的"双边先行""以双边促多边"的贸易政策已经非常清晰。自1984年同以色列签署的第一个双边自由贸易协定（FTA）生效以来，美国政府建立了以北美地区为核心的涉及区域、多边及双边的复合自贸协定网络。而今，特朗普积极追求双边贸易谈判，一方面试图同欧盟、日本等主要贸易伙伴国开启新的贸易谈判，另一方面则重新修订已有FTA，并致力于构建以美国为核心的"自由、公平且对等"的双边自贸网络。

特朗普政府希望通过双边贸易谈判及重谈FTA达到以下两大目的。一是实现同贸易伙伴国的"公平贸易"，解决美国贸易赤字问题。特朗普政府对现有FTA存在不满，认为美国无法从"特惠型贸易网络"中获益，因此主张对美国签订的FTA进行重新谈判，推翻过去对美国不利的规则，维护美国劳工的利益。二是将FTA谈判视为掌握新一轮国际贸易规则制定权的重要途径，特朗普政府对部分进口商品实施高关税、阻止WTO争端解决上诉机构法官甄选程序等政策举措对现有国际贸易体系形成重大冲击，而启动同多个国家的双边贸易谈判则体现出其对国际贸易规则"先破后立"的意图。

截至目前，特朗普政府所追求的"自由、公平且对等"的对外贸易政策基本上都是在关税"大棒"的威胁之下达成的，深谙"交易的艺术"的特朗普擅长通过极限施压迫使贸易伙伴国对其让步。特朗普政府的"讹诈"和威胁策略也更容易在双边谈判中发挥出来，相比区域和多边FTA，双边FTA更具操作性，且美国可凭借强大的经济实力和广阔的市场吸引力占据谈判的主导地位，而实力最弱的墨西哥是第一张"倒下"的多米诺骨牌。上任以来，特朗普政府实施的高压型贸易保护政策作用日益显现出来，钢铝关税被美国视为重要"武器"，迫使其贸易伙伴国重启贸易谈判，以换取美国对本国输美钢铁和铝产品的"关税豁免权"。在此背景下，美国同加拿大、墨西哥开启了NAFTA重谈进程，同韩国进行了新的自贸协定谈判。继美韩签署新版FTA、美加墨达成新贸易协定后，欧盟和日本也将迫于美国"关税战"压力，同美开展双边和三边贸易谈判。

USMCA影响：美重塑国际贸易规则

第一，从协议内容来看，美国"如愿以偿"打造了新的"公平"贸易协议。一直以来，特朗普政府控诉美国在NAFTA中遭受"不公平待遇"，USMCA使美国在汽车和乳制品等领域取得一定胜利，为推动制造业回流及共和党在中期选举中赢回农场主选票和巩固铁锈地带的选票提供了机遇。相比之下，加拿大和墨西哥在特朗普政府咄咄逼人的汽车关税和钢铝关税"大棒"的威胁下，不得不步步退让，尤其是加拿大在未能将美国钢铝关税完全取消的情况下即宣布达成新的贸易协定,这背离了此前加拿大总理特鲁多先取消钢铝关税再签署协定的立场。另外,新规要求的至少40%的汽车零部件由时薪不少于16美元的工人制造,这一规定将对时薪较低的墨西哥汽车制造业带来一定冲击。

第二,USMCA倡导的高标准贸易规则为美国重掌国际经贸秩序主导权奠定基础。USMCA与TPP一脉相承,甚至在TPP基础上有所突破,协定不仅涵盖了传统议题,如货物贸易市场准入、农产品、贸易便利化等,还对经济全球化及新技术深入发展带来的新贸易议题做出回应,包括数字贸易、跨境金融服务等。此外,协定对劳工标准、环境保护、知识产权、竞争政策、国有企业等边境内议题的关注进一步深化,还加入了宏观政策与汇率问题章节。USMCA尘埃落定,成为美国重掌国际规则制定权的开始,美国试图将这一当前覆盖内容最广泛的贸易协定作为未来双边贸易谈判的模板,这将巩固以美国范式为基础的国际贸易体系,并可能形成国际贸易规则新壁垒。

第三,USMCA的达成将成为美国施压WTO改革的重要筹码。20世纪90年代,美国曾推动NAFTA谈判以施压关贸总协定下的乌拉圭回合谈判,当前特朗普政府意欲借助USMCA施压WTO改革。特朗普政府多次指出美国"受到WTO不公正的对待",认为该组织很多成员方以发展中国家的身份享受了不公平的豁免权或者采取扭曲市场的不公平竞争政策,而WTO对此束手无策。USMCA无疑为WTO改革提供了带有美国价值导向的方案。协定在第一章大量引述和采用了WTO《关税及贸易总协定》的概念、文本和理念,这表明该协议仍然属于WTO框架下的贸易协定,且协议涉及诸多在WTO框架下难以达成协定的议题,可能成为特朗普政府推动WTO改革的范本。

第四,USMCA为中国施加了新的经贸压力。该协议第32章第10条对缔约国与非市场经济国家的自由贸易协定谈判精准地施加了监管和限制。相关条款要求某一缔约国需要向其他缔约国透露与非市场经济国家进行自由贸易协定谈判的目标、必要的信息与协议文本,甚至规定一旦某一缔约国与非市场经济国家签订了自由贸易协定,其他缔约国有权终止该协议。这一"霸王条款"潜在的防范对象不言自明,虽然协议条款只适用于美国、加拿大和墨西哥三国,但是不被美国承认为"市场经济国家"的中国作为连带方首当其冲。协议生效后,加拿大与墨西哥在中美贸易摩擦中将被迫选边站队,受限于条款的相关规定,在没有美国许可的情况下,中国与加拿大和墨西哥两国分别签署自由贸易协定的可能性将变得极为渺茫,这将放大美国相对于中国的权力优势。更为严峻的是,美国若将该条款纳入同欧盟和日本的贸易协定,中日韩FTA和RCEP谈判也将受到重大影响。

过去,中国曾通过设立上海自贸试验区、加快国内改革应对TPP给亚太贸易秩序带来的冲击。如今,面对特朗普政府所发起的新一轮进攻型贸易战略,中国必须保持沉着冷静,通过展开积极的经济外交扩大自身"朋友圈",并且以更加开放的姿态应对这一轮国际贸易环境的大变局。

第 7 章　国际服务贸易政策

7.1　国际服务贸易政策演变

7.1.1　国际服务贸易政策概念与类型

1. 国际服务贸易政策的概念

国际服务贸易政策是国家、国家集团或国际组织出于既定目的而采取的针对服务贸易的各种措施，通常借助并表现为特定的政府行为。

贸易政策的基本要素包括政策主体、政策客体、政策目标、政策内容、政策手段或工具。政策主体是指政策行为者，即政策的制定者和实施者，一般来说主要是各国的政府。政策客体是贸易政策所规划、指导、调整的贸易活动，以及从事贸易活动的企业、机构或个人。政策目标是制定和调整政策内容的依据。确定贸易政策目标本身是一件复杂的事情，既存在多元政策目标之间的协调问题，又存在目标与手段的搭配、组合等问题。政策内容即指实行什么政策，同时反映了贸易政策的倾向、性质、种类、结构等。政策手段即为了实现既定的政策目标而实施政策内容所采取的对外贸易管理措施，如关税措施、非关税措施、汇率措施、利率措施、税收措施等，也包括建立某种贸易制度。

2. 国际服务贸易政策的类型

国际服务贸易政策主要分为 3 种类型，包括积极开放型政策、保守开放型政策、限制开放型政策。

采取积极开放型政策的主要是在服务业、服务贸易发展和竞争中具有比较优势或竞争优势的国家，其主张服务贸易自由化，有向外拓展市场的倾向。

采取保守开放型政策的主要是在服务业、服务贸易发展中初步具有国际竞争力的国家，其希望进一步提升国际竞争力，最终参与国际市场竞争。

采取限制开放型政策的主要是在服务业、服务贸易发展和竞争中不具备优势的国家，其出于国家经济利益等各方面的考虑，在国际谈判中把开放服务贸易作为一种筹码。

伴随国际服务贸易的繁荣发展，世界各国都非常重视本国对外服务贸易的政策取向，服务贸易政策已经成为各国对外经济政策的重要组成部分。与国际货物贸易类似,国际服务贸易领域也存在自由和保护两种基本观点,反映在政策层面上,主要表现为自由贸易政策和保护贸易政策两个方面。然而,由于服务贸易与货物贸易标的不同,服务贸易领域的自由与保护有着自身的特殊性,且在实际操作层面比货物贸易更加复杂。

7.1.2 国际服务贸易政策演变的影响因素

国际服务贸易政策的演变与国际服务贸易的产生和发展是分不开的。同时,服务业作为服务贸易的产业基础,其在各国经济中地位的变化对国际服务贸易政策的制定也有着不可忽视的影响。此外,科技创新发展、经济全球化、区域经济一体化等趋势,以及地区国家发展差异和不平衡都成为影响国际服务贸易政策演变的重要因素。

1. 世界产业结构的变迁推动国际服务贸易政策变革

按照发展经济学的经济增长阶段论,随着国家经济能力的增长,该国的产业结构将依次提升,逐步由农业经济过渡到工业经济,再由工业经济发展到服务经济。20世纪60年代初,主要西方国家都已完成了本国的工业化进程,开始步入后工业化的发展阶段,即国内经济重心向服务业转移。由各国经济增长所带动的产业升级使得世界产业结构发生大规模的调整,以及对服务需求的快速增长,从而国际服务贸易领域面临政策制定、合作等客观需求和必然要求,同时调整已有的政策,或是保护或是促进自由贸易以深入参与产业结构的升级和世界转移,更好实现国家利益和目标。

2. 世界货物贸易的发展促进国际服务贸易政策的调整

世界货物贸易与服务贸易繁荣发展、紧密相随,特别是在货物贸易高速增长的带动下,同货物进出口直接相关的传统服务贸易项目,如运输、货物保险等,都在规模上和数量上成倍增长。而国际投资的迅速扩大和向服务业的倾斜,也带动了国际服务贸易的迅猛增长,由此使各国在制定货物贸易政策时高度重视服务贸易相关政策,不仅政策目标更加多元,政策内容更加丰富,同时政策客体更加广泛,以便适应货物贸易与服务贸易快速发展的形势,适应服务贸易新业态、新模式的兴起和发展,同时有利于货物贸易的进一步增长。

3. 世界科技的创新发展丰富国际服务贸易政策的内涵

科技既是服务贸易指向的重要领域,也是推动服务贸易繁荣发展的重要动力。科技的应用不仅使原先"不可贸易"的服务转化为"可贸易"的服务,从而使新兴服务行业,如金融、信息、专利许可等不断涌现,服务贸易结构进一步调整,同时加快了劳动力、资本、信息等要素的国际流动。特别是互联网等科技的发展,极大改变了服务贸易模式,拓宽了服务贸易的时空范围,形成了更广泛的贸易联系,从而为国际服务贸易管理和相关政策的出台提出了新的要求,丰富了政策的内涵。

4. 经济全球化、区域化发展助力国际服务贸易政策的协调

经济全球化的趋势不仅推动服务业的国际化和服务贸易的全球发展,而且也在强化国际组织在服务贸易领域的政策制定、协调,尤其是在促进多边贸易体制的发展方面发挥着重要作用,成为国际服务贸易政策演变的基本动力。同时,区域一体化的发展也促使不同区域国家之间在服务贸易领域的谈判和国际合作,由此使国际服务贸易政策呈现区域协调的特点,也成为服务贸易政策发展的重要推动力。

5. 地区国家发展差异和不平衡影响国际服务贸易政策的制定

全球范围内国际服务贸易政策的制定、实施受地区国家发展差异和不平衡的重要影响。发展中、欠发达国家地区与发达国家和地区之间的发展差异和不平衡成为国际服务贸易政策全球协调和制定的难点,也影响着政策目标及政策内容的确定。而在自由与保护服务贸易政策交织演变的过程中,贸易竞争力越强,越主张市场开放,且在贸易政策的谈判和协调中占据更多的话语权。如何能在服务贸易繁荣中弥合和缩小差距已经成为国际服务贸易政策制定和国际合作的重要指向,自然也影响着国际服务贸易政策演进的具体路径。

7.1.3 国际服务贸易政策演变的历程

1. 第二次世界大战前的国际服务贸易政策

早期国际服务贸易规模较小,对整个经济影响有限,其地位也难以与货物贸易相比,因而即便当时没有刻意去追求服务贸易自由化,各国对服务贸易的限制仍然不多。同时,服务贸易所涉行业部门主要集中在几个传统服务贸易领域。在全部服务贸易收入中,传统服务贸易占绝对优势地位,如运输服务和侨汇等相关的金融服务占了一半以上。而像电信、计算机软件、信息服务、知识产权类等服务基本上都是后来才出现。因此其相关政策内容相对简单,在全球范围内基本上采取的是服务贸易自由化政策。

2. 第二次世界大战后国际服务贸易政策

第二次世界大战后世界各国在谋求和平和发展,世界经济也进入了快速发展期。伴随货物输出的增加,对服务及其相关要素提出了新的要求,客观上需要资金、人员、技术等在国与国之间流动。在此阶段发达国家总体上对服务贸易的限制较少。然而发展中国家由于自身经济发展进程的制约及在服务贸易领域竞争力薄弱的状况,对服务贸易采取了回避和限制的态度。由于其服务贸易在世界服务贸易中并不占重要地位,其服务贸易政策取向对国际服务贸易的影响并不大。

3. 20世纪70年代后国际服务贸易政策

20世纪60年代以后,尤其是70年代以来,世界经济迅速发展,各国日益重视服务外汇收入。同时,基于对国家安全、领土完整、民族文化与信仰、社会稳定等非经济因素的考虑,各国开始对服务贸易给予重视,制定了各种干预政策,其中许多措施对服务贸易起到了限制作用。此后很长的一段时间内，各国对服务贸易基本上是各行其是，服务贸易自由化进程严重滞后于货物贸易。

20世纪80年代以后，现代服务业部门纷纷出现，服务贸易得到迅速发展。而相比发达国家，发展中国家服务业总体发展较慢，且主要集中在传统服务行业，因此对服务贸易保护依然严格。然而在贸易谈判的进程中，服务贸易被纳入谈判的议题。特别是在世界贸易组织多边贸易体制和《服务贸易总协定》引领下，服务贸易政策总体上进入各国推动、自由化主导的发展阶段。

7.2 自由服务贸易政策

在经济全球化的推动下，自由服务贸易政策逐渐成为各国的倾向和选择。其促进要素跨国流动，扩大市场，提升竞争力，满足更大范围的生产、生活需要，因而成为贸易政策的主流。各国，尤其是发达国家普遍在自己国家具有竞争优势的服务贸易领域推行自由贸易政策，希冀在服务贸易中获得更多的利益。

7.2.1 服务贸易自由化

服务贸易自由化是指一国政府在对外贸易中，通过立法和国际协议对服务和与服务有关的人、资本、货物、信息等在国家间流动，逐渐减少政府的行政干预，放松对外贸易管制的过程。按照《服务贸易总协定》对服务贸易自由化的确定，服务贸易自由化应该是有效、自由和公平的市场进入，并且在互利合作的基础上达到权利和义务的全面平衡，从而实现更加广泛和全面的市场开放，以及发展中国家更广泛的参与和发展。

服务贸易自由化是国际服务贸易繁荣发展及世界各国，特别是国际组织推动和加强服务贸易领域国际合作的反映。从20世纪50年代欧洲经济合作组织在成员方内部推行的《无形贸易自由化法案》，70年代美国积极推行服务贸易自由化，到1986年服务贸易被列入乌拉圭回合谈判议题，1994年《服务贸易总协定》达成，服务贸易总体上经历了放松管制、降低壁垒、国际合作协调强化的历程。而在此过程中，发达国家是自由化的积极倡导者和推动者。

7.2.2 自由服务贸易政策的效应

1. 服务贸易自由化的正效应

1）经济增长效应

服务贸易自由化减少了政府的行政干预，放松了贸易管制，降低了贸易壁垒，因而不仅推动了人、资本、信息等要素在国际的流动，而且促进了服务生产的国际专业分工，拓宽了海外市场，使相关要素资源得到更高效的配置。同时，服务贸易自由化还能改变厂商经营的

市场条件，促进创新和技术变革，激励服务贸易企业"走出去"，加速对外直接投资，并且能够拉动服务消费，在为经济效率不断提升创造条件的同时也促进服务消费和投资的繁荣，成为服务贸易自由化经济增长效应的重要来源。此外，服务贸易自由化还推动服务行业内部及服务业与其他产业的融合，进一步优化贸易结构，因而在经济全球化背景下对经济增长的促进作用不断加强。

2）规模经济效应

伴随服务贸易的自由化，国际服务贸易领域的规模经济效应更加明显。第一，服务贸易自由化不断拓展服务产品的国际市场空间，不仅有实体空间，还有虚拟空间，不仅涉及线上空间，还有线下空间，并且使国内市场和国际市场连为一体，突破了地理空间乃至时间的限制。可以说，贸易自由化加之科技的促进使服务贸易市场空间空前扩大，为规模经济效应的实现创造了极为有利的条件。第二，服务贸易自由化进一步消除壁垒，促进消费，从需求层面为规模经济提供了可能，由此从生产规模化、产品多样化中可以获得更多服务贸易利益。

3）竞争促进效应

服务贸易自由化在降低甚至消除贸易壁垒的过程中使服务企业直接暴露在竞争的环境中，生存压力迫使其更加努力地提高劳动生产率，更广泛地参与国际市场竞争，从而能够进一步降低生产成本，提高利润水平。不仅如此，在国际竞争环境中，企业将更加主动改善经营管理，加快技术进步和科技创新，加强市场开拓，强化企业竞争观念、市场观念和人才观念，使企业更加重视人才和人力资本投资，推动服务部门专业化程度的提高，促使服务部门技术标准化和服务综合化程度的提高，提高厂商甚至贸易国的竞争力。

4）学习效应

服务贸易自由化在拓宽市场、带来更多市场机遇的同时，也促使服务企业学习和引进国外先进的技术、经验和管理方法，同时，推动优胜劣汰机制的形成，强化学习动机，有助于国内的服务业学习效应的发挥。

2. 服务贸易自由化的负效应

1）危害国家安全效应

服务贸易所涉行业与国家安全密切相关，不仅关系国家社会经济文化的安全，而且与意识形态紧密联系，还可能涉及大量国家机密，因而其贸易自由化及开放所带来的安全威胁与危害受到各国的高度重视。例如，金融、交通运输、邮电等部门关系国家的经济命脉；教育、娱乐、文化等部门涉及社会公共利益和民族文化的传承和安全；医疗、公共、事业部门与人民的生活密切相关等。不仅如此，服务贸易自由化使一些发展中国家被迫对外开放一些服务领域的市场，发达国家凭借自己的技术和资金优势，很快能进入甚至操纵这些国家的服务行业，这样等于国民经济的命脉掌握在发达国家手中，对发展中国家的国家安全十分不利。因此各国在服务市场准入的承诺上，都持比较谨慎的态度。国家安全也成为服务贸易自由化进程中一个最为敏感的问题。

2）阻碍产业发展效应

服务贸易自由化为发达国家积极倡导，是因为基于高水平服务贸易竞争力，发达国家往往在服务贸易过程中处于优势地位，通过服务贸易带动服务业的繁荣发展。然而对于发展中国家，由于过度开放及缺乏应有的风险应对和竞争能力，不仅不会有助于服务业的成长，反而可能会打击其发育不成熟的幼稚服务业，不利于保护本国民族服务业，从而导致社会福利的损失和产业发展的损害，动摇国家经济独立的基础。

3）恶化国际收支效应

服务贸易自由化可能导致发展中国家进口服务替代国内服务的局面。服务的大量进口将使发展中国家外汇外流，不利于国际收支平衡目标的实现，也将弱化发展中国家的总体经济目标，从而形成国际收支的负担加重甚至恶化的负效应。

上述是自由服务贸易政策主要的正效应和负效应。在经济全球化的背景和趋势下，各国在多边贸易体制下的合作和努力不仅推动服务贸易自由化向更高水平发展，而且也在最大程度上降低了服务贸易自由化带来的负效应，使各国能在贸易中实现多赢和共益。因而积极参与全球贸易治理、更好促进服务贸易自由化成为一种理性选择。

7.2.3　服务贸易自由化的政策选择

无论是发达国家还是发展中国家，服务贸易自由化都是一把双刃剑。它既可能借助对外开放提升国家竞争力，最终维护国家安全，也可能会危及国家的主权和安全。尤其对于处于不同发展阶段的国家和地区，其服务贸易自由化的政策选择也有差异。

1. 发达国家的政策选择

在服务贸易自由化的过程中，发达国家是积极的倡导者和推动者。为了能够更大范围拓宽服务贸易市场，对于同等发达国家和地区，在政策上提出要互相开放本国、本地区服务市场，即服务贸易补偿论。对于发展中国家和地区，则以开放本国商品市场为条件要求发展中国家对其开放本国服务市场。而对于本国服务出口，以维护国家安全和竞争优势为理由，采取管制措施。

发达国家上述政策选择是以自身利益最大化为目标，采取差别化的政策以使服务贸易的发展更符合其国内社会经济发展的需要，以及在国际上持久的竞争优势。而在此过程中，贸易秩序的改变、贸易利益的协调对其服务贸易政策选择产生重要影响。

2. 发展中国家的政策选择

在经济全球化的趋势和背景下，发展中国家不能置身其外，既不能选择传统的保护战略，在封闭经济状态下获得社会经济的全面发展，也不能无视自身在服务贸易领域竞争力弱、差距大的现实而采取完全自由化战略，由此放大服务贸易自由化的负效应，对自身发展造成阻

碍和伤害。因而发展中国家采取混合型、逐步自由化的服务贸易发展战略。通常情况下发展中国家分阶段开放本国服务市场。

逐步放松国内服务市场的管制是第一步。在该阶段，发展中国家面临的主要贸易政策问题，是如何在放松管制和允许外国服务厂商进入之前作出有利于提高本国福利的选择。

逐步放开本国货物贸易市场。这一阶段对服务贸易自由化而言非常重要。货物贸易与服务贸易紧密相连，特别是货物贸易市场开放往往成为服务贸易市场开放的基础和先决条件。通过货物贸易市场开放，不仅为服务贸易市场开放积累经验、创造条件，而且也带动服务贸易开放更为顺利地进行。

逐步放开本国服务产品市场。服务产品的自由贸易离不开贸易壁垒的降低甚至消除。这一阶段是发展中国家将服务贸易自由化实施直接指向服务产品的阶段。然而恰因为服务产品本身的复杂性、对国家安全的重要性，因而完全开放本国服务产品市场，无论对于发展中国家还是发达国家都是相当困难的选择。

逐步放开本国服务要素市场。服务要素市场的开放意味着更大的开放性和自由度，说明发展中国家在服务贸易领域开放程度进一步深化，自由化程度进一步提升。开放服务要素市场意味着国内服务竞争力的增强。目前，即使发达国家也没有完全开放本国服务要素市场，限制劳动力跨国提供服务的措施依然大量存在。

实现服务贸易自由化。从理论上而言，服务贸易自由化是可行的。然而现实中存在诸多困难和制约条件。因而对于渐进推进的服务贸易自由化，发展中国家在此进程中享有较大的政策操作空间。只要这些政策得当，就有可能在服务贸易自由化中获取的收益超过损失。

7.3 保护服务贸易政策

7.3.1 国际服务贸易壁垒

1. 国际服务贸易壁垒的含义

自由与保护贸易政策始终交织在一起。而在服务贸易领域中，从贸易壁垒的角度看，贸易保护呈现诸多有别于货物贸易的方面。

国际服务壁垒是指一国政府对国外服务生产者或提供者向本国提供或销售服务所设置的各种障碍的总称。由于服务贸易产品自身的独特性及服务市场的特殊性等原因，服务贸易壁垒不仅是对服务产品本身进行管制，而且还涉及对服务生产者和消费者及相关投资进行的管制，因而更加复杂多样。这些壁垒或采取禁止限制措施，或通过增加成本等手段和途径达到贸易保护的目的。

2. 国际服务贸易壁垒的形成原因

1）根源于服务贸易产品特征和市场的特殊性

服务产品的无形性、差异性，以及生产与消费的同时性等特征所引致的信息不对称成为服务贸易过程中必须关注的问题，政府也有必要对服务供给方采取适当的管制措施以避免因信息不对称而造成对消费者利益的损害，以及道德风险和逆向选择的发生。然而对于政府而言，监管服务投入要素的质量要比监管服务产出的质量更加容易。因为在不降低管制总体目标的条件下，对服务生产者的投入要素进行监管的政策选择能够较大幅度地减少政府管制所付出的信息成本，由此可能形成阻碍竞争者自由进入的更强的壁垒。

此外，对于许多服务行业部门，其服务供给的管网特征，以及需要高额的原始投资和高技术知识保障所形成的自然垄断客观上对其他竞争者的自由进入构成了阻碍。政府的必要管制或在市场失灵状况下介入和采取的措施如果明显歧视外国服务厂商，就构成了服务贸易壁垒。

2）出于对国内幼稚服务行业部门保护的考虑

无论服务业还是服务贸易，发达国家都具有绝对优势。特别是在高端服务领域的优势更为突出。相比而言，大多数发展中国家服务业，以及服务贸易尚处于发展初期甚至起步阶段，不仅规模小、竞争力弱，难以与发达国家进行竞争，而且在国际服务贸易争端解决和话语权方面也处于弱势地位。面对幼稚服务行业部门，在国际服务贸易竞争日趋激烈的环境下，若双方按照自由、开放的原则进行贸易，势必导致发达国家从中获取大部分利益，而发展中国家的服务产业将受到巨大冲击。因此发展中国家不得不采取相应的保护政策，尤其是对新兴的幼稚服务行业部门进行保护。

3）从维护国家安全和重大利益出发的措施安排

服务行业涉及大量与国家社会经济文化安全相关的部门和领域，直接关系国家的政治经济稳定、文化传承和繁荣发展。同时与国家发展的重要利益也有密切的关系。如何维护国家安全，尤其是在全球化背景下，如何保障独立性和国家重大利益就成为国际服务贸易发展过程中必须高度关注的问题。为此，各国采取了保护限制的措施安排，形成了国际服务贸易壁垒。

3. 国际服务贸易壁垒的特点

1）隐蔽性特征突出

由于服务产品无形性、差异性等特征，不仅对服务业的保护无法采取关税壁垒的方式，而且即便采取非关税壁垒的形式，也由于服务产品的复杂性，特别是倾向于对要素进行管制，对提供服务主体资格和活动予以限制，决定了非关税壁垒的多样性、不透明性和隐蔽性，由此很难在带有歧视性的贸易壁垒和对服务业的正常管理措施之间做出明确认定。

2）保护措施复杂灵活

服务行业部门繁多，差异性大，一方面隐含在进口国国内繁杂的法律法规中，缺乏应有的透明度，另一方面以国内政策为主，且由国内各个不同部门掌握制定，缺乏统一协调，因而服务贸易壁垒的相关保护措施显得复杂，同时保护政策与措施多种多样，涉及服务的提供者、消费者还有其他利益相关者。这些措施既可以针对外国服务对本国的市场准入，也可以针对外国服务进入本国市场后应采取的经营管理方式，因而呈现选择性和灵活性强的特点。

3）保护目标多元且力度大

国际服务贸易涉及行业范围广，安全性和敏感性强，因而在保护目标上不仅涉及产业发展本身，还涉及国家安全和重大利益等目标，因而各国对服务贸易壁垒的保护性普遍较强，更强调行业型保护和限入式防御性保护，特别是只要对其中一种要素设置障碍，就可能会影响其他要素的流动，进而影响整个服务贸易。此外，服务贸易与投资密不可分，因此服务贸易壁垒也往往与投资壁垒交织在一起。无论发达国家还是发展中国家，服务业的投资活动都受到比其他产业更严格的限制，也在一定程度上构成了服务贸易壁垒。

4. 国际服务贸易壁垒的分类

国际服务贸易壁垒一般有两种：一种是按照乌拉圭回合谈判采纳的方案进行分类，另一种是把服务贸易模式与影响服务提供和消费的壁垒结合起来进行分类。

1）按照乌拉圭回合谈判采纳的方案分类

（1）影响市场准入的措施

影响市场准入的措施包括禁止或限制外国商人进入本国市场从而抑制国内市场竞争的措施。这些措施主要包括：① 完全禁止外国直接投资的进入。② 有倾向性的限制某类投资方式。③ 对服务业外来投资规定其在企业中的最高所有权比例。④ 对服务业投资地域和企业数量的限制。

（2）影响国民待遇的措施

影响国民待遇的措施是指有利于本国企业但歧视外国企业的措施，包括为国内生产者提供成本优势，或增加外国生产者进入本国市场的成本。

各国在国际服务贸易中的国民待遇原则方面存在的主要限制措施有：① 对经营范围限制。② 对雇员结构的限制。③ 对利润汇出和投资返还的限制。④ 对服务提供者人事资格的限制。

2）按照服务贸易模式与影响服务提供和消费的壁垒相结合的分类

可以将国际服务贸易壁垒分为产品移动壁垒、资本移动壁垒、人员移动壁垒和开业权壁垒。

（1）产品移动壁垒

产品移动壁垒包括：数量限制、政府补贴、国家垄断、歧视性政府采购、技术标准、税收歧视与不完善的知识产权保护体系等。产品移动壁垒主要涉及跨境交付模式。

① 数量限制：采用数量配额、垄断和专营方式，或要求测定经济需求的方式，限制外国服务者的数量、限制服务交易的数量、限制雇用外国自然人的数量、限制外商股权参与的比例等服务贸易壁垒。

② 政府补贴：国家通过直接拨款或税收优惠等手段，对本国某些服务行业进行补贴，鼓励其发展，增强其国际竞争力。服务贸易的补贴措施较货物贸易形式更多样、更复杂、更隐蔽，金额更大，并且许多涉及国内立法及政策措施。

③ 国家垄断：主要是指市场主体通过自身的力量设置市场进入障碍，达到控制和支配市场、限制和排斥竞争的目的的行为和状态。国家垄断并不一定须由国家或政府垄断，例如，在美国等发达资本主义国家，电信、民航、铁路等服务行业就被一些实力雄厚的私人公司所操纵，而且有效地阻碍了外国服务业的渗透和进入。

④ 歧视性政府采购：指政府机构为保护国内产业而对外国厂商进行歧视性采购服务的行为。

⑤ 技术标准：是指经过某一认证机构批准的文件，包括通过多次使用的、非强制执行的关于产品或有关加工生产方法的规则、准则或特性等。

⑥ 税收歧视：对外来的经济组织或个人所提供的服务或购买的服务征收较高或额外的税。

⑦ 不完善的知识产权保护体系：缺乏保护知识产权的法规也会有效阻止外国服务输入。

（2）资本移动壁垒

资本移动壁垒主要形式有外汇管制、浮动汇率，以及对投资收益汇出的限制等。资本移动壁垒主要涉及境外消费模式。

① 外汇管制：指政府对外汇在本国境内的持有、流通和兑换，以及外汇的出入境所采取的各种控制措施。

② 浮动汇率：指一国的货币汇价不规定上下波动的幅度，外汇汇率主要由供给和需求的市场力量决定。

③ 对投资收益汇出的限制：是东道国对外国投资者的投资收益汇回母国进行限制。

（3）人员移动壁垒

人员移动壁垒包括各种形式的移民限制与烦琐的出入境手续，以及由此造成的长时间等待、增加相关费用等。人员移动壁垒主要涉及自然人流动模式。在人员流动日益频繁的当下，特别是服务生产与消费的同时性要求贸易提供者和消费者面对面，而人员移动壁垒则限制甚至阻碍了服务的发生。

（4）开业权壁垒

开业权壁垒即禁止外国服务提供商进入某些行业或地区设立机构或提供服务，或者政府对某些行业实行政府垄断，或者禁止外国服务人员进入本国从事职业服务工作，或者对外商进入部门、使用雇员和投资比例规定诸多限制等。开业权壁垒主要涉及商业存在模式，表现为资格限制、股权限制、经营业务限制及许可证限制四个方面。

① 资格限制：指对外国个人或组织在本国经营某种服务业的权利进行限制。

② 股权限制：虽然允许外国服务者在本国开业，但东道国要求必须参股，并通常要求控股，以此维持本国对该行业的控制。

③ 经营业务限制：对外国服务实体在本国的活动权限进行规定，如限制其经营范围、经营方式等，甚至干预其具体经营决策。

④ 许可证限制：指东道国的行政主管部门对外国服务经审批而给予的许可经营或许可从事某项业务的制度。

如果从国际服务贸易壁垒限制的对象看，既有限制贸易过程的壁垒，如税收歧视、补贴、国家垄断、政府购买、外汇管制、人员国际流动的限制、冗长的审批程序，也有限制主体资格的壁垒，如资格、股权、经营、信息、职业资格、投资退出等方面的限制，以及制造不公平的竞争环境等。

从国际服务贸易限制的主要手段看，2016年经济合作与发展组织（OECD）发布的服务贸易限制指数显示，在18个行业中，外资所有权和其他市场准入限制是各国实行服务贸易限制的主要手段，主要分布在电视广播、海运、公路运输、保险、分销、电影、快递、商业银行、会计、空运等行业；人员流动限制是法律、工程和设计三大行业服务贸易限制的主要手段；其他歧视性措施和国际标准是建筑服务贸易限制的主要手段；竞争和国有化要求是音像、电信、铁路运输三大行业服务贸易限制的主要手段；监管透明度和管理要求是计算机行业服务贸易限制的主要手段。

7.3.2　国际服务贸易保护程度的衡量

服务贸易保护程度的衡量，就是对一项或一揽子保护政策的水平、影响及有效性的定量评估。目前，衡量贸易政策保护程度的指标主要有3种：名义保护率、有效保护率和生产者补贴等值。

1. 名义保护率

名义保护率（nominal rate of protection，NRP）是衡量贸易保护程度最普遍使用的指标。世界银行将其定义为：由于保护引起的国内市场价格超过国际市场价格的部分占国际市场价格的百分比。公式为：

$$NRP = [(国内市场价格 - 国际市场价格)/国际市场价格] \times 100\%$$

这是衡量贸易保护程度最普遍使用的指标。在仅使用关税的情况下，可以通过名义保护率衡量有关商品的关税等值。然而，并不是所有的政策效果都可以通过价格差异测度。在服务贸易领域，各国服务价格的差异往往不仅由关税壁垒引起，还与要素禀赋、技术差异、规模经济和不完全竞争等因素密切相关。服务贸易也大多难以使用关税手段进行保护，这就限制了 NPR 在衡量服务贸易保护程度方面的作用。

2. 有效保护率

有效保护率（effective rate of protection，ERP）反映各种保护措施对某类产品生产过程中净增值的影响。该指标反映了一个产业所面对的实际保护程度，是用来衡量投入和产出政策对价值增值的共同影响的指标，其大小由中间产品即投入品与最终产品即产出品的所受保护程度共同决定。公式为：

$$\text{ERP} = \frac{\text{国内加工增值} - \text{国外加工增值}}{\text{国外加工增值}} \times 100\%$$

或

$$\text{ERP} = \frac{\text{最终品名义保护率} - \dfrac{\text{中间品价格}}{\text{最终品价格}} \times \text{中间品名义保护率}}{1 - \dfrac{\text{中间品价格}}{\text{最终品价格}}} \times 100\%$$

其中，国内加工增值为成品国内市场价格减去投入品费用。国外加工增值为自由贸易条件下的国外成品价格减去投入品费用。

计算该结果所需要的服务业投入—产出系数等信息资料，往往难以获得。同时，有效保护率并没有反映导致产出扭曲的所有政策的效果。

3. 生产者补贴等值

生产者补贴等值（producer subsidy equivalent，PSE）方法最早被经济合作与发展组织用于对其成员方农业政策和农产品贸易的分析报告。随着这一衡量方法被许多国家运用并改进和提高，尤其是在乌拉圭回合多边贸易谈判中被政治决策者广泛接受之后，这一指标日益受到重视，并不断完善。

生产者补贴等值是用来测算关税和非关税壁垒，以及其他与分析相关的政策变量的保护程度的一种衡量指标。它是对政府各种政策，包括支持、税收和补贴等的总体效应进行评估，可以通过观察政策措施引起的国内外价格的变动获得生产者补贴等值。

在图 7-1 中，世界价格 P_w 低于国内供给线 S 与需求线 D 的交点，故将从价格更低的世界市场上进口服务。对国内服务业的生产者补贴及与进口关税限制具有等值效应的措施的实施，使国内价格上升至 P_t，从而使服务进口减少 $Q_aQ_b + Q_cQ_d$。国内生产者福利增加部分可用四边形 P_tP_wab 表示。生产者补贴等值的关税影响体现在价格差（$P_t - P_w$）和生产数量增加

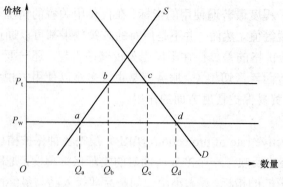

图 7-1 补贴等值下的关税影响

Q_aQ_b 两个方面。同样，消费者因服务产品价格上升而导致的福利损失由四边形 P_tP_wdc 表示，消费者补贴等值（consumer subsidy equivalent，CSE）表现在价格差（P_t-P_w）的负数和现有价格水平下的消费量下降 Q_cQ_d 两个方面。由此可分别得出作为生产价值比率的生产者补贴等值（PSE）和作为消费价值比率的消费者补贴等值（CSE）：

$$PSE=\frac{(P_t-P_w)\times OQ_b}{P_t\times OQ_b}=\frac{P_t-P_w}{P_t}$$

$$CSE=\frac{(P_w-P_t)\times OQ_d}{P_t\times OQ_d}=\frac{P_w-P_t}{P_t}$$

可用类似的方法分析进口配额对国内服务的影响，其结果与非关税壁垒效果相似。生产者补贴等值方法是通过比较国内价格与国际价格的差异考虑一揽子政策的净效果，而非单个政策的影响，其测算的是政府转移给生产者的利益。生产者补贴因国家、时期、领域各有不同。

7.3.3 国际服务贸易保护政策的效应

国际服务贸易壁垒种类繁多，然而产生的总体效应则基本相仿。此处讨论政府管制、补贴、配额和许可证制度 4 种常见的国际服务贸易壁垒的经济效应。

1. 政府管制

以保险市场为例分析政府管制的经济效应。在图 7-2 中，假定该服务市场是受政府保护的，P_E 和 I_E 分别是在没有政府管制的情况下保险市场的供给和需求决定的均衡价格和均衡数量。P_C 和 I_C 则分别代表政府管制下的保险费率和保险服务销售量。从图中可以看出，政府管制之后，价格从 P_E 上升至 P_C，对保险服务的需求减少至 I_C，这一过程使消费者剩余减少了（$W+X+Y$），而生产者剩余增加了（$W+X-T$），三角形（$Y+T$）为福利损失。如果允许外国保险公司进入并分享一定的市场份额 I_A，而不放松对保险服务市场的管制，那么该国的福利损失将变为（$Y+T+X$），其中 X 为外国保险公司获得。因此，当允许外国服务厂商进入又对本国服务市场价格进行管制时，该国的福利可能变得更差。

与此同时，在竞争性的保险市场上，国内保险公司有机会向外国同行业厂商学习，从而使得国内保险公司不断提升业务水平，进行制度创新和管理创新。这些学习将使国内外总供给曲线 S 向外移动 S_1，此时的消费者剩余和生产者剩余之和可能大于没有外商进入时国内消费者和生产者剩余之和。总体来说，只要竞争性保险市场能在一定程度上降低国内保险成本，就能使国内整体福利水平提高。同时政府管制虽然保护了国内市场，但抑制竞争可能会导致福利水平的下降。

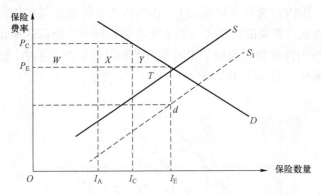

图 7-2　保险市场管制政策选择的福利效应

2. 补贴

借助生产者补贴等值（producer subsidy equivalent，PSE）可较好地评价国际服务贸易领域政府补贴的效果。生产者补贴等值方法是通过比较国内价格与国外价格的差异考察一揽子政策的净效果。在国际服务贸易中，它可被定义为政府的各种政策转移给服务提供者的总价值与服务总价值之比，服务总价值等于服务的市场价值加上政府的直接支付，即：

$$\text{PSE} = \frac{\text{政府政策转移的总价值}}{\text{服务的总价值}} = \frac{Q \times (P_d - P_w \times X) + D + I}{Q \times P_d + D}$$

其中，Q 是服务供给量，P_d 是以国内货币表示的服务价格，P_w 是以世界货币表示的服务价格，X 是汇率换算系数，D 是政府的直接支付，I 是政府通过补贴投入、市场支持、汇率扭曲等方式给予服务提供者的间接转移。PSE 的大小取决于上述若干变量。政府政策的变化可改变 PSE 的大小；政府政策不变，只要世界市场参考价格、汇率和服务供给量任何一个变量改变，PSE 就会改变。一个国家可通过将政府间接转移变成直接支付降低 PSE，也可以通过将直接支付变成间接转移提高 PSE。

3. 配额

国际服务贸易领域中的配额主要是政府对服务进口数量的控制,其初衷是为国内服务厂商保留市场份额而对其提供有效保护,以替代作为竞争的外国厂商。

图 7-3 中,S、D 分别为国内供给曲线和国内需求曲线,世界价格低于国内供需线交点,需求量大于供给量,需求缺口为 Q_aQ_d。为了满足国内的需求,从国外的进口量将为 Q_aQ_d,总的供给曲线为 S_2。若外国厂商的竞争受到出口配额的限制(此处外国进口配额为 Q_bQ_c),将有效减少对外国服务的进口量,即由于配额的限制总的供给曲线不会到达 S_2,而只能是 S_1,因此国内市场价格将上升到 P 点,高于世界市场价格。这样因为价格上升,国内服务业生产将增加至 OQ_b,国内消费将下降至 OQ_c,国内生产者因市场保护份额而增加了福利,由四边形 $abPP_w$ 面积表示,更高的价格带来的消费者剩余减少,由四边形 $dcPP_w$ 面积表示。配额的最终结果是使福利从消费者流向了国内生产者和国外生产者手中,最终损害的是消费者利益,表现为国家整体福利水平的下降。

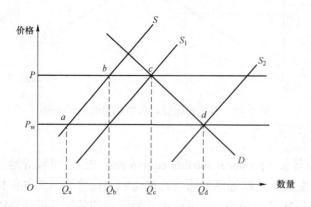

图 7-3 配额保护对国内服务生产者和消费者福利的影响

4. 许可证制度

与货物贸易领域的许可证制度一样,服务贸易中的许可证制度同样构成各国限制其他国家服务提供者进入本国市场的常见非关税壁垒之一。国际服务贸易中的许可证大多出现在生产者服务领域或专业服务领域,如金融、运输、电信、教育、医疗、会计、法律、咨询、娱乐、数据处理和专业服务等部门。然而,服务贸易中的许可证制度含义比货物贸易中的许可证制度更加多样和复杂,对于服务贸易许可证制度的范围难以达成共识。在国际服务贸易中,尽管有关开业权或建立权是否属于许可证制度范围的问题仍在争论之中,但从实际效果看,开业权或建立权与许可证制度的效果大致相同。就金融服务贸易来说,开业权或建立权是目前许可证制度下或类似规则下最重要的贸易制度安排,如东道国对外国金融机构提出创建代表或代办处、代理人、分支机构和附属机构的开业权限制等措施。在劳动力流动与投资活动中的开业权,几乎发挥着与商品贸易中许可证相同的作用和影响。

概念和术语

服务贸易自由化;服务贸易壁垒;非关税壁垒;产品移动壁垒;资本移动壁垒;人员移动壁垒;开业权壁垒;名义保护率;有效保护率;生产者补贴等值

复习思考题

1. 简述国际服务贸易政策的概念和类型。
2. 简述国际服务贸易政策演变的影响因素。
3. 分析服务贸易自由化的正效应和负效应。
4. 简述发达国家与发展中国家国际服务贸易自由化各自的政策选择。
5. 什么是国际服务贸易壁垒?它产生的原因和特点有哪些?
6. 试述衡量服务贸易保护程度的主要指标。
7. 试析常见的服务贸易非关税壁垒对一国的福利效应的影响。

延伸阅读

推动服务贸易加快发展

服务贸易具有资源消耗低、环境污染小、就业容量大、附加价值高,以及不易产生贸易摩擦等特点,已成为推动世界经济平衡、可持续发展的新动力。当前,我国已成为服务贸易大国,服务贸易成为我国对外贸易的重要增长点,对世界服务贸易增长的贡献率稳步提升。加快发展服务贸易,是我国扩大开放、拓展发展空间的重要着力点。

应当看到,我国服务贸易发展水平还不够高。我国服务出口的总体竞争力不强,具有竞争优势的主要是建筑业等资源和劳动密集型服务业,计算机和信息服务等知识、技术密集型服务业还处于竞争劣势,在服务出口总额中所占的比重较低,处于服务贸易逆差行业。我党高度重视服务贸易发展,提出了服务贸易发展的战略目标和主要任务,并对加快发展服务贸易作出了全面部署。新形势下,应深入贯彻落实中央决策部署,在各地开展服务贸易创新发展试点的基础上,进一步加大对服务贸易的政策支持力度,深化体制机制改革,推动我国服务贸易加快发展。

深化体制机制改革,加大政策支持力度。应加大对服务出口的财税支持力度,完善服务贸易出口退(免)税政策,研究解决政策实施过程中分类难以界定、出口额难以确定等问题。

积极推进服务贸易便利化，提高投资、通关、商检、外汇管理的便利化水平，完善口岸通关管理模式。创新金融服务，加强银企对接，鼓励政策性金融机构对服务贸易重点项目给予定向支持，引导商业银行优化服务贸易企业的贷款条件。加大服务贸易专业人才培养和引进力度，加强对服务贸易企业参加境内外展会的分类指导，支持服务贸易企业开拓国际市场、融入全球供应链。

推动服务业双向开放，提高要素配置效率。进一步扩大我国服务业的对外开放，以开放促改革、促发展、促创新。继续规范服务业相关法律、法规和部门规章，统一内外资法律法规，按照国际规则调整和完善我国外资外贸政策，营造法治化、国际化、便利化的营商环境。促进服务贸易市场多元化，在巩固和扩大欧美、日韩等传统市场的基础上，积极开拓"一带一路"沿线国家服务贸易市场，深化双边服务业合作。充分利用自由贸易协定双向投资制度安排，促进我国优势服务产能的全球布局。深入推进以准入前国民待遇加负面清单管理为核心的投资管理制度创新，大力实施自由贸易区战略，积极商签服务贸易合作协定，进一步放宽服务业市场准入并提高市场透明度。

因地制宜开展创新发展试点，促进外贸转型升级。2016年2月，国务院决定用两年时间在全国10个省市和5个国家级新区开展服务贸易创新发展试点。应通过试点因地制宜地探索服务贸易管理体制和发展模式，建立不同类型的服务贸易功能区，充分发挥现代服务业和服务贸易的集聚作用。依托现有各类开发区和自由贸易试验区，规划建设一批特色服务出口基地，培育服务贸易新增长点。拓展海关特殊监管区域和保税监管场所的服务出口功能，扩充国际物流、中转服务、研发、国际结算、分销、仓储等功能，促进我国外贸转型升级。加强产业基础设施建设，着力打造服务贸易公共服务平台和离岸服务外包业务平台。

大力发展新兴服务贸易，培育产业竞争新优势。大力发展资本、技术密集型服务贸易，促进信息技术与服务贸易融合发展，积极培育金融、教育、医疗保健等新兴服务贸易业态，优化我国服务贸易结构。适应供给侧结构性改革要求，支持发展研发设计、物流服务、采购与营销服务、会展服务、人力资源服务等生产性服务贸易，支持发展信息技术、业务流程和知识流程外包服务，提高我国服务贸易的技术含量和附加价值。引导企业开展保税物流、离岸金融、电子产品和飞机发动机检测维修等服务，推动加工贸易从生产型向"生产+服务"型转变。

行业篇

第 8 章 国际旅游服务贸易

8.1 国际旅游服务贸易概述

8.1.1 国际旅游服务贸易的相关概念

1. 旅游服务的定义

旅游服务是指为了实现一次旅游活动所需要的各种产品与服务的组合。这些服务包括咨询服务、交通服务、住宿服务、餐饮服务、导游服务、购物服务、文体娱乐服务、手续服务、专项服务,以及委托服务等。

2. 国际旅游服务贸易的定义

国际旅游服务贸易是国际服务贸易的一种,是指一国或地区旅游从业人员运用可控制的旅游资源向其他国家或地区的旅游服务消费者提供旅游服务并获得报酬的活动。旅游服务贸易既包括外国旅游者的入境游,即国际收入游,也包括本国旅游者的出境游,即国际支出游。旅游服务贸易不仅包括了个人的旅游活动,也包括了旅游企业的活动,其范围涉及旅行社和各种旅游设施及客运、餐饮供应、食品等,与建筑工程承包、保险、金融和数据处理等服务有直接的联系,与国际空运的联系也极其密切,在整个国际服务贸易中的比重很大,基本占到了其总量的 1/4。按世界贸易组织服务贸易理事会国际服务贸易分类表,旅游及相关服务包括宾馆与饭店、旅行社及旅游经纪人服务社、导游服务等。另外,服务贸易中的自然人提供服务附件也涉及旅游服务。

根据世贸组织关于服务贸易形式的定义,可以从以下 4 个方面对旅游服务贸易的形式和内容加以理解:

① 跨境交付:是指一成员服务提供者在其境内向在任何其他成员境内服务消费者提供旅游服务,以获取报酬。这种方式是典型的"跨国界贸易型服务",其特点是服务的提供者和消费者分处不同国家,在提供服务的过程中,就服务内容本身而言已跨越了国境。它可以没有人员、物资和资本的流动,而是通过电信、计算机的联网实现,如一国咨询公司在本国向另一成员客户提供旅游及其相关的咨询服务;也可以有人员或物资或资金的流动,如一国

旅行类公司承接并代理另一国旅行类公司的业务。

② **境外消费**：是指一成员的服务提供者在其境内向来自任何其他成员的服务消费者提供旅游服务，以获取报酬。它的特点是消费者跨国移动而服务提供者不移动。通常传统意义上的旅游服务贸易都是以境外消费为主要形式的，如本国服务行业向外国游客提供旅游交通、住宿餐饮、观光游览、娱乐休闲、旅游购物等多方面的服务。随着国际旅游的稳步增长，以境外消费方式为主的旅游服务贸易将不断扩大和发展。

③ **商业存在**：是指一成员的服务提供者在任何其他成员境内建立商业机构（附属企业或分支机构），为所在国和其他成员的服务消费者提供服务，以获取报酬。这种服务贸易往往与对外直接投资联系在一起，其特点是服务提供者跨国移动而消费者一般不移动，并且规模较大、范围较广、发展潜力巨大。外国投资者到一国境内建立旅游饭店、旅行社、航空公司，开发旅游景区景点等直接提供旅游服务，或者设立银行、保险公司、律师事务所等间接提供旅游服务都属于这类旅游服务贸易内容。随着经济全球化和区域经济一体化发展，以商业存在为基础的旅游服务贸易将进一步得到发展。

④ **自然人流动**：由一成员的自然人在另一成员境内提供旅游及相关服务，一般规模较小、时间有限，其特点是服务提供者和服务消费者均可能跨国移动，比如从事旅游规划开发、旅游饭店管理、旅行社经营和导游的本国服务人员，到其他国家的有关旅游机构向消费者提供旅游服务。

8.1.2　国际旅游服务贸易的特点

1. 旅游服务的特点

旅游服务产品和一般服务产品存在共同点，也有自身特殊之处。

1）无形性

和一般服务产品类似，旅游者向旅游商购买的旅游服务产品具有不可触摸、不可视见的特殊性。旅游商通过借助其拥有的设施、团队或资源信息，向旅游客户提供完成旅游所需要的支持服务。旅游者不是从旅行商的预约和安排中取得旅游服务产品消费效用，而是在真正旅游的时候才能体会。

2）综合性

不同于一般服务行业，旅游服务贯穿于消费者旅行的全过程，涉及衣、食、住、行等各个方面，这必然使旅游产品具有综合性特征。一般来说，旅游产品是由多种多样的资源、设施和服务构成，是物质和非物质的多种产品组合。为了完成旅游服务，旅游部门必须和其他的相关部门、行业相互协调发展，紧密配合。

3）时间性

和一般服务产业类似，旅游服务一般是在旅游者来到旅游目的地的时候才被生产和提供出来，其生产和消费发生在同一个地点和同一个时间点上，因此和一般服务产品类似，旅游产品不能储存,只能即时消费。同时,旅游产品的需求具有季节性,不同季节旅游产品的需求有很大差异,旅行商在不同季节主打的旅游路线也不一样,比如夏天主打海滩路线、冬天主打冰雪路线。

4)不可转移性

不可转移性指的是旅游产品无法运输,旅游服务的消费依靠旅游者在旅游目的地的消费,当旅游活动结束,旅游服务产品的所有权不会随之转移,而且旅游产品的价值也会随之消失。

2. 国际旅游服务贸易的特点

旅游服务贸易与传统货物贸易相比,其最大特点是服务提供者通过广告、自我推销等形式"引导"消费者到自己所在地购买或消费服务,就地商品出口、就地服务出口,其运行具有综合性和整体性。此外,旅游服务贸易所涉及的国际旅游与国内旅游相比较,具有跨国性、高收益性等特点。

1)就地商品出口

旅游者到旅游产品生产地进行消费,出口方就地输出旅游产品,即东道国旅游商通过提供旅游服务而获得外汇收入。与传统的货物贸易不同,这种出口不存在商品的包装、运输、仓储、保险及关税等开支,也不存在外贸出口业务中有关手续费、换汇的冗杂程序。此外,旅游服务产品基本以自然资源为主,几乎不存在传统商品贸易需要生产和运输等成本问题。旅游接待国或地区通过其本身的地理和文化等因素吸引旅游者,引导境外旅游者在本地区或本国消费。

2)就地服务出口

就地商品出口要求就地服务出口,旅行商通过提供支持服务帮助旅游者完成在旅游接待国消费旅游产品的整个过程,同时旅游者在旅游接待国支付相应的服务费用,通过这种方式能换取大量服务费外汇收入,这也与传统商品出口不同。

3)综合性和整体性

旅游服务贸易的运行具有综合性和整体性。综合性是指旅游者在旅游过程中,支付外币购买旅游商品及服务,以满足旅游消费的需要。旅游消费包括住宿、饮食、交通、游览、娱乐等,是物质和非物质的多种产品的组合,是综合性的消费。整体性是指尽管旅游经济部门和行业提供的服务内容各不相同,但提供服务的过程是整体性的。旅店、饮食店提供膳食服务,交通运输部门提供地区转移服务,旅行社提供信息和组织旅游等服务,商店为旅游者提供购物服务等。这些不同性质的服务必须从质量和内容上满足旅游者的需要,因此,必须在地区和时间上做出统筹安排,以便从总体上向旅游者提供优质的、统一的旅游服务。

8.1.3 国际旅游服务贸易的作用

1. 天然的创汇优势

不同于一般的货物贸易,旅游服务贸易的产品具有空间上的不可转移性,不同于出售矿

产等自然资源,异国旅游者最终获得的并非价值巨大的物质收获,而只是特定时间段内的旅游经历和体会,即他们为使用这些资源作了支付,却不会拥有其所有权,在国际资产负债表上不会呈现负数。虽然在长期来看旅游景点也会出现损耗,但是这种损耗不是严重和毁灭性的,并且可以通过有效的管理控制和返修使得影响大大削弱。旅游者在旅游地支付一定费用以此来接受旅游服务,消费旅游商品,旅游接待国即可增加外汇收入,此外经旅游服务贸易出口的产品无须包装、储运、办理保险,也不涉及办理烦琐的进出口手续,创汇简单、快捷。改革开放以来,通过大力发展入境旅游,为增加我国外汇储备,支援国家经济建设发挥了重要作用。

2. 促进经济快速发展

第一,由于游客消费的商品和服务的广泛性,旅游业对几乎所有服务行业都有不同程度的关联拉动作用,是名副其实的服务业龙头产业。据有关方面统计,旅游消费对住宿业贡献率超过 90%,对民航和铁路的贡献率超过 80%,对文化娱乐业的贡献率超过 50%,对餐饮和零售业的贡献率超过 40%,旅游业增加值占服务业增加值的比重约为 10%,而旅游服务贸易约占服务业进出口贸易的 25%。旅游服务贸易的带动功能直接给交通、饭店、餐饮服务、景点等带来了客源和市场,也会使旅游商本身不断提高自身的竞争力和服务质量面对日益增多的旅游者,从而会提高整个经济市场的效率和活力,促使旅游业和服务业的升级换代。第二,由于旅游服务业是举世公认的"无烟产业",是天然的可持续发展产业,不同于目前给我国带来高污染、高耗能、高浪费的加工贸易,旅游服务贸易依托于保护环境改善生态,依靠天然和文化因素吸引境外游客,在本质上最符合转变经济发展方式、推进生态文明建设和建立环境友好型、资源节约型社会的内核要求。

3. 推进就业和城镇化进程

旅游服务业是服务业的重要组成部分,是劳动密集型行业,在创造就业机会方面比其他行业更具优越性。以世界服务贸易发达的欧洲各国为例,根据欧盟统计局的数据,欧盟服务业就业人数占总就业人数的比重接近 70%。旅游服务贸易要满足旅游者在旅游活动中的多方面需要,需容纳大批具有各种技能和水平的劳动力,其发展有助于实现高质量的就业。此外,旅游服务贸易的发展可以带动为旅游服务贸易直接、间接提供服务的各行各业的发展,从而提供大量的就业机会。由于我国很多自然景观和人文景观在农村和偏远山区,通过大力发展旅游服务业,可以提高农民收入,使农民收入水平城镇化;改变农民传统的农耕播种工作方式,使农民的工作方式城镇化;改变农民传统的思想观念和生活方式,实现城市文明和城市生活方式的传播和普及。

4. 增进国家间交流与合作

通过积极发展旅游服务贸易出口,可以增进外国旅游者对旅游服务贸易出口国的认识和了解,提高出口国在国际上的地位、知名度及影响力;加强旅游服务贸易出口国与世界各国的广泛联系,从而增进国家之间、人民之间的友谊,有助于推进与世界各国之间经济、文化、科技方面的广泛交流与合作;促进各国之间社会信息得到充分的交流和传播,促进人们的思想观念和生活方式发生变化;促进旅游服务贸易出口国接待设施和社会综合环境的改善和提高。因此,旅游服务贸易在促进世界各国人民相互了解、协调国家关系和维护世界和平、促进国家和地区经济发展等方面都发挥着积极的作用。

8.2 世界旅游服务贸易发展

8.2.1 世界旅游服务贸易发展状况

1. 贸易规模迅猛发展

2017 年,全球主要国家经济形势逐步趋好,各国消费者信心指数持续提高,各主要经济体旅游需求稳步增长,跨国旅游基础设施不断完善,旅行成本持续降低,各国签证便利化程度日益提高。在此背景下,全球旅游总人次和全球旅游总收入保持强劲的增长势头,成为全球经济增长的重要动力。

这一势头主要表现在 4 个方面:一是全球旅游总人次快速增长,达到全球人口总规模的 1.6 倍。全球范围内,参与旅游的群体不断扩大,旅游消费已然成为全球民众的重要生活方式。二是全球旅游总收入超过 5 万亿美元,相当于全球 GDP 的 6.7%,旅游对推动全球经济增长的作用更加明显。三是全球旅游总人次和旅游总收入的增速均超过 2016 年,分别增长 6.8%和 4.3%,全球旅游经济进入快速增长期,且旅游消费水平不断提高。四是 2017 年全球旅游总收入和旅游总人次增速持续高于 GDP 增速。

依据中国社会科学旅游研究中心发布的《世界旅游经济趋势报告(2018)》,2016 年,国际旅游服务成为国际服务贸易中最大的组成部分。旅游服务贸易占服务贸易总额的 25.1%,领先建筑服务贸易 2.3 个百分点,高出交通服务贸易 7.3 个百分点。旅游服务贸易正成为国际贸易增长的重要驱动器,也成为服务贸易最大的组成部分。而据世界旅游组织(UNWTO)年度报告,2017 年全球游客量达到 13.23 亿人次,比 2016 年增加了 8 400 万人次,增长约 7%。世界旅游组织预计,2018 年世界各地的国际游客人数将以 4%~5%的速度增长。这略高于世界旅游组织预测的 3.8%的平均增长率。欧洲和美洲预计增长 3.5%~4.5%,亚洲和太平洋增长 5%~6%,非洲增长 5%~7%,中东增长 4%~6%。随着人们对生活品质要求的提高,旅游逐渐成为人们生活中的重要组成部分。世界旅游价格水平在长期发展中大体保持稳定。伴随人们工资收入的不断增加,每次出国旅游的必需支出占人们收入的比例会趋于降低,人们将具有越来越充裕的支付能力出国度假。国际旅游业新一轮的高速增长推动

着国际旅游服务贸易的更大发展。

2. 旅游收益更加可观

国际旅游服务贸易规模不断扩大的同时，旅游收益也在不断增加。2017 年国际旅游收益增长 5%，国际旅游收益按实际价值（按不变价格计算）增长 5%，比 2016 年增长约 940 亿美元。这一结果与 2017 年国际游客人数增长 7% 的强劲趋势一致。中东地区的旅游业收入在 2017 年增长了 13%，其次是非洲和欧洲，后者均实现了 8% 的增长。亚洲及太平洋地区的收益增长 3%，美洲地区的收益增长 1%。欧洲的绝对增长率最高，增长了 500 亿美元，达到 5 120 亿美元，占世界国际旅游收入的 38%。

3. 区域贸易不平衡明显

按照世界旅游组织划分的旅游区域，欧洲和美洲是传统的国际旅游发达地区。目前，这两个地区的国际旅游者人数和国际旅游总收入合计占世界的 80% 左右。然而由于这两个地区经济增长速度趋缓，国际旅游的发展速度也相对缓慢，在全世界国际旅游中占据的比重有逐年下跌的趋势。东亚、太平洋地区由于经济的迅猛发展，使国际旅游业也成为世界上增长最快的地区，在世界旅游中占据的比重不断上升。由于具有巨大的人口基数，东亚太地区有潜力在未来成为世界上最大的客源输出地区。非洲和中东地区由于经济发展水平不平衡且经济发展起伏较大，所以在世界旅游业中的地位不够稳定。

就全球旅游发展格局而言，全球旅游三足鼎立的格局更趋明显，亚太板块增势显著。从各大板块旅游总人次和旅游总收入在全球所占份额来看，欧洲板块比例持续下降；美洲板块旅游人次份额有所下降，旅游收入所占份额略有上升；亚太板块份额继续显著上升。

据统计，从旅游总人次方面看，2017 年亚太地区旅游人次占全球总人次的比例为 66.6%，与 2016 年相比增长了 1.6%。从旅游总收入方面看，亚太地区所占份额从 2016 年的 32.3% 增长到 2017 年的 33.1%。

据 UNWTO 统计，2017 年旅游服务出口排名前 15 位的国家和地区出口额合计 7 593 亿美元，进口额合计 8 476 亿美元。欧洲的国际游客抵达量在 2017 年达到 6.71 亿，比 2016 年增长了 8%。欧洲南部和地中海地区的非凡业绩推动了经济增长。西欧、北欧、中欧及东欧亦取得强劲增长。亚洲及太平洋的国际游客达 3.24 亿人次。南亚入境人数增长 10%，东南亚入境人数增长 8%，大洋洲入境人数增长 7%。抵达东北亚的人数增加了 3%。美洲 2017 年接待了 2.07 亿国际游客，大多数旅游目的地都取得了积极成果。南美洲带动了经济增长，其次是中美洲和加勒比。在北美，墨西哥和加拿大的强劲业绩与该地区最大目的地美国的下降形成鲜明对比。根据现有数据，非洲 2017 年的增长率为 8%。该地区巩固了 2016 年的反弹势头，达到创纪录的 6 200 万国际游客。北非经历了强劲的复苏，抵达人数增长了 13%，而撒哈拉以南非洲的抵达人数增加了 5%。2017 年中东接待了 5 800 万国际游客，一些目的地持续增长,另一些目的地强劲复苏。

在全球旅游排名前十的国家中,亚太国家所占数目仅次于欧洲国家。2017年中国、印度、日本和印度尼西亚旅游总人次分别达到45.3亿、15.4亿、3.2亿和1.6亿,在国家旅游接待人次中分别排名第一位、第二位、第四位和第六位。在旅游总收入方面,中国、日本和印度三个国家的旅游总收入分别排名第二位、第五位和第七位,增长速度最快。

此外,与发达经济体相比,新兴经济体国家旅游业增速更快、规模更大。近10年来,新兴经济体国家旅游总人次增速均保持在8%~9%的水平,远高于发达经济体2.5%以下的水平。

4. 国际市场竞争激烈

全球旅游市场的拓展和一体化正促使各国在将旅游发展作为国家战略的同时更加关注从国际视野推动旅游经济的繁荣。旅游饭店连锁集团、航空公司都是在世界五大洲寻找自己的企业目标,建立全球性销售网络。任何一个国家的旅游市场都不可避免地有外国资本渗透进来。大的旅游跨国企业都力图在北美、西欧、东亚建立自己稳固的阵地,这三个地区已成为国际竞争的战略要地。当前世界各国都在对经济结构进行调整优化,控制污染产业、重型产业,发展服务业是发展大趋势。在服务业中,旅游是具有牵引性、带动性的产业,受到各国和地区的重视。美国、俄罗斯、法国、德国、日本等纷纷将旅游业作为国家战略加以优先发展,提升旅游发展质量,塑造国际旅游品牌,各新兴经济体也加大旅游质量的提升步伐,全球旅游业竞争格局日趋激烈。

8.2.2 世界旅游服务贸易发展特征

1. 旅游市场进一步细分

随着旅游者收入水平、需求层次的提升和出国旅游次数的增加,观光旅游这种传统的旅游方式正在发生改变,能够满足特殊需求且富于刺激性的旅游方式日益受到青睐。现代旅游市场出现了市场细分化趋势。每一种细分市场都具有其独特之处,能够满足某一类型旅游者的特殊需求。旅游组织者将注重从更深层次开发人们的旅游需求,根据人们的年龄、职业、爱好等不同情况组织各具特色的旅游产品。目前比较盛行的旅游类型包括宗教游、探险游、考古游、修学游、蜜月游、购物游、奖励游、民族风俗游等。每一种旅游分类又可以进一步细分。如针对老年人客源市场,西方主要客源国大都进入老年型国家,其中英国、德国、瑞士等国老年人比例已超过总人口的14%。目前,老年人占人口总数的比例仍在增加,所谓"银色市场"有不断扩大的趋势。

2. 旅游方式更加灵活多变

交通的发展、个性化的追求正在推动旅游方式发生深度变革。除了旅行社固定包价为主的旅游方式外,散客旅游、家庭旅游等各种旅游方式日渐增多。其中,散客旅游的盛行在于

它比包价旅游更加自由、随意，可以按照个人兴趣调整旅游计划。随着世界各地旅游设施的建立、健全，散客旅游越来越方便。目前，世界上散客旅游人数已超过包价旅游人数。非包价式的家庭旅游兴起则在于私人交通工具的普及化。人们可以利用私人拥有的现代交通工具合家出游。目前，家庭旅游还主要集中于中短距离和区域内。旅行社在组织团体包价旅游过程中也改变了过去集中统一的做法，而采取能满足游客个性需求的、灵活多变的组团方式，从而为国际旅游服务贸易中的旅行者提供了更加多样化的旅游方式。

3. 旅游需求新模式涌现

消费新群体催化旅游新需求。年轻的消费群体其消费特征更多地体现为"生活式激发、多元式决策、智能式前行、分享式评价"，他们对旅游的向往除了受传统的电视、广播等媒体影响外，可能更容易被生活中的某一场景所激发，如一首歌、一部电影、一场赛事，甚而一声感叹、一句流行语。这就需要旅游供给者加快从传统的行业营销向全域整体营销转变，由此将催生一系列新产品供给和新消费模式，包括定制旅游、体验旅游、房车旅游、共享旅游（如共享公寓、共享民宿、共享汽车、共享单车等）。

4. 旅游服务品质不断提升

旅游服务品质的提升不仅是市场竞争激烈、供给水平提高的必然要求，也是顺应消费者消费偏好多元化、个性化、高品质化趋势的理性选择。为了应对国际旅游市场的竞争，各国不断创新旅游服务模式，提升旅游服务标准，在旅游产品设计开发中注重安排多样化的娱乐活动，探索和丰富旅游服务的新内涵，改变旅游方式，增加游客的参与感，尽可能满足游者各种消费需求，以品质提升赢得市场的认可。

5. 旅游服务贸易国际合作加强

旅游服务贸易规模的扩大、全球旅游市场的拓展要求各国在旅游服务贸易领域要进一步加强国际合作，以深入推动国际旅游市场的繁荣，并能够积极应对影响旅游服务贸易发展的各种问题和风险，包括旅游服务贸易人员移动、资本移动等各种壁垒的限制，以及疾病、局部战争和冲突、社会治安状况恶化等。特别是为了推动国际服务贸易的繁荣发展，在多边贸易体制下各国正在促进旅游服务贸易领域的深度合作。

8.2.3 世界旅游服务贸易发展趋势

1. 国际旅游市场将进一步扩大

世界旅游组织秘书处的研究报告表明，如果价格不变，私人消费的增长率为1%或低于1%，旅游的增长率为零或为负数；私人消费的增长率为2.5%，旅游消费的增长率为4%；私人消费的增长率为5%，旅游消费的增长率为10%。可自由支配收入额度增加越多，旅游消费的比例就越大。随着人们收入水平不断提高，每次出国旅游的必需支出占人们收入的比例会趋于降低，国际旅游越来越具备充裕的支付能力。而受惠于经济的持续高速增长，新兴经济体消费水平提升显著,特别是中等收入群体迅速扩大,产生了巨大的出境旅游需求。未来世界经济的发展将进一步促进世界统一市场的形成。目前,世界各大洲区域性统一旅游市场均在孕育之中。国际旅游业新一轮的高速增长推动着国际旅游服务贸易的更大发展。

2. 旅游产业链将不断延伸、拓展

旅游产业链是为了获得经济、社会、生态效益,旅游产业内部的不同企业承担不同的价值创造职能,在共同向消费者提供产品和服务时形成分工合作关系。旅游产业链是以旅游产品为纽带实现链接的。从整个旅游过程来看,提供旅游产品的不同行业组成了一个链状结构,游客从旅游过程的始端到终端,需要众多的产业部门向其提供产品和服务。其中,不仅包括旅行社、交通部门、餐饮、酒店、景区景点、旅游商店、旅游车船及休闲娱乐设施等旅游核心企业,还涉及农业、园林、建筑、金融、保险、通信、广告媒体,以及政府和协会组织等辅助产业和部门。前者构成了产业链的链上要素,后者为产业链的动态链接与正常运营提供必要的保障和支持。经济全球化的发展和国际分工的进一步深化,特别是产业融合的深度发展,将推动旅游产业链在国际范围内延伸,并在产业关联上不断拓展,形成具有更加广泛影响力的产业链,从而使国际旅游服务贸易的产业链基础更加坚实。

3. 国际旅游方式趋向多样化

旅游方式更加灵活、多变是当今世界旅游服务贸易发展的重要特征。这一特征在旅游服务不断创新及国际旅游服务贸易繁荣发展中将更加突出。当下国际旅游消费动向的重大变化是消费由"目的"变为"手段",人们消费是为了实现自我爱好,自由娱乐,表现丰富的情感,追求现代生活方式等。因而多样化的旅游方式恰恰在提升旅游服务品质的同时不断满足旅游消费者的需求。而在国际旅游环境中,旅游方式多样化的空间将更加广阔。

4. 新型旅游业态将加速涌现

业态创新不仅是旅游产业发展的必然趋势,也是适应发展方式转变、生活方式变革、国际化日益深化,以及竞争日趋激烈化的客观要求。科技助力是业态创新加速的重要因素。随着科技和智能手机的发展,每一个旅游环节均能实现行进中瞬间智能优化的选择,可谓"说走就走、说游就游"。而瞬间做出选择的决定因素,在很大程度上将取决于网络大数据基础上的推荐指数和口碑排名。"互联网+旅游"已经催生出众多新型旅游业态。此外,绿色旅游等旅游新业态也备受青睐。目前,生态旅游发展较好的发达国家首推美国、加拿大、澳大利亚等国家,它们在生态旅游开发中,避免大兴土木等有损自然景观的做法,旅游交通以步行为主,旅游接待设施小巧玲珑,并与自然融为一体,住宿多为帐篷露营,尽一切可能将旅游对环境的影响降至最低。再如,韩国观光公社近年出台了绿色旅游方案,开发出多种绿色旅游产品。

8.3 我国旅游服务贸易发展

8.3.1 我国旅游服务贸易发展状况

我国服务贸易正处于发展的上升期，发展动力强劲。在服务贸易大发展的背景下，以旅游为代表的我国传统服务贸易将具有广阔的发展空间。此外，经济发展方式的转变、科技创新能力的增强，以及管理经验的提升将推动我国旅游服务贸易迈上发展新台阶。

根据《"十三五"旅游业发展规划》，预计 2020 年，国内旅游规模将达到 68 亿人次，旅游投资总额达到 2 万亿元，出境旅游人数将超过 2 亿人次，旅游业总收入达到 7 万亿元。我国旅游业已经进入快速发展的黄金期，从小众市场向大众化转变、从单一入境游向出入境旅游并重格局转变，旅游业发展面由局部扩展至全国，形成了国家与地方、政府与企业共同推进的格局。

国家旅游局数据中心发布的统计数据显示，2017 年，国内旅游市场高速增长，出入境市场平稳发展，供给侧结构性改革成效明显。国内旅游人数达 50.01 亿人次，比上年同期增长 12.8%；出入境旅游总人数达 2.7 亿人次，同比增长 3.7%；全年实现旅游总收入 5.4 万亿元，增长 15.1%。据初步测算，全年全国旅游业对 GDP 的综合贡献为 9.13 万亿元，占 GDP 总量的 11.04%。旅游直接就业人口达 2 825 万人，旅游直接和间接就业人口达 7 990 万人，占全国就业总人口的 10.28%。近 5 年来我国际旅游服务贸易始终保持顺差，但顺差额呈阶段性收窄趋势。2014 年到 2017 年我国旅游服务贸易顺差分别为 157.4 亿美元、91.5 亿美元、102 亿美元、81.1 亿美元。

值得关注的是，在全球旅游服务贸易版图中，我国旅游服务贸易的地位日渐凸显。2017 年全球旅游总人次达 119 亿，全球旅游总收入达 5.3 万亿美元。在 2017 年全球旅游总人次排名中，中国位列第一，印度第二；在全球旅游总收入排名中，美国位列第一，中国位列第二。

1. 入境游

入境游是国际旅游服务贸易的重要组成部分，对旅游目的国而言属于旅游服务出口贸易。它是衡量一个国家旅游业综合实力与国际竞争水平的基础指标。1949 年 11 月，中国第一家旅行社诞生，标志着我国旅游业的起步。改革开放前，我国旅游业发展规模小、结构单一。1978 年，我国入境旅游总人数仅为 180.9 万人次，旅游外汇收入为 2.63 亿美元，位于世界第 41 位。1978 年以后，旅游业作为我国改革开放的标志性产业，进入了新的发展时期，入境旅游无论是在规模上还是增长速度上都有了重大发展。

统计显示，2017 年全年，入境旅游人数达到 13 948 万人次，比上年同期增长 0.8%。按照入境方式分,船舶占 3.3%,飞机占 16.5%,火车占 0.8%,汽车占 22.2%,徒步占 57.2%。

2017 年全年,入境过夜旅游人数达到 6 074 万人次,比上年同期增长 2.5%。2017 年全年,入境外国游客人数达到 4 294 万人次,亚洲占 74.6%,美洲占 8.2%,欧洲占 13.7%,大洋洲占 2.1%,非洲占 1.4%。按照年龄分,14 岁以下人数占 3.1%,15~24 岁占 13.2%,25~44 岁占 49.9%,45~64 岁占 29.2%,65 岁以上占 4.6%;按照性别分,男性占 60.7%,女性占 39.3%;按照目的分,会议/商务占 13.3%,观光休闲占 37.1%,探亲访友占 2.6%,服务员工占 14.8%,其他占 32.2%。

2017 年全年,按入境旅游人数排序,我国主要客源市场前 17 位国家如下:缅甸、越南、韩国、日本、俄罗斯、美国、蒙古、马来西亚、菲律宾、新加坡、印度、加拿大、泰国、澳大利亚、印度尼西亚、德国、英国。

从全球范围来看,全球国际旅游持续保持稳步增长态势,亚太地区继续引领国际旅游发展。而我国入境旅游市场规模与消费近年来均持续增长,离境退税政策对入境旅游消费提升效果明显,特别是外国客源市场增幅显著。从入境客源市场的结构特征来看,港澳台客源市场主力地位依然稳固,"一带一路"沿线国家活跃度上升。入境旅游市场需求方面,游客消费水平依然偏低,主要旅行目的是游览观光及休闲度假。对国内 10 个入境旅游典型城市的调研结果显示,入境游客中首次到访中国的游客居大多数,游览观光和休闲度假是入境游客访华的主要目的,网站论坛和亲友介绍是入境游客访华的主要信息来源,旅游交通与天气状况等生活信息、旅游产品和服务介绍等是入境游客最为关注的出行决策参考要素,山水风光、文物古迹、美食烹调是入境游客最为喜爱的旅游项目。入境游客的消费水平依然偏低,超过 60% 的入境游客消费集中在 1 001 美元到 5 000 美元之间。入境游客的消费评价整体较好,但仍有部分服务短板。

2. 出境游

出境游同样在国际旅游服务贸易中占重要地位,对旅游目的国而言属于旅游服务进口贸易。20 世纪 80 年代中期,港澳探亲游启动,我国的出境旅游发展初现端倪。1988 年,除港澳地区外,泰国成为我国出境旅游的第一个目的地国家,我国出境旅游自此起步。1990 年起,我国政府陆续允许新加坡、马来西亚、泰国、菲律宾为中国公民探亲旅游的目的地国家。1997 年,我国发布了《中国公民自费出国旅游暂行管理办法》,这是我国第一部关于出境旅游管理的法规,标志着出境探亲旅游正式转变为公民自费出国旅游。中国旅游研究院、国家旅游局数据中心发布的数据显示,2017 年全年,出境旅游中国公民达到 13 051 万人次,比上年同期增长 7%。我国已连续多年保持世界第一大出境旅游客源国地位。2017 年我国国际旅游支出达 1 152.9 亿美元,相比 2016 年 1 098 亿美元增长 5%。在线旅游平台和手机端成为中国旅游者的首选。根据携程旅游集团的统计,每 5 名中国出境游客中,就至少有 1 名是在携程上进行预订的。

在收入增长和旅游消费升级推动，以及签证、汇率、航班等便利因素影响下，我国出境旅游热度依然持续。截至2018年，持普通护照的中国公民可以享受入境便利待遇的国家和地区增加至66个。

近5年来，中国国际航线由381条增至784条，国际定期航班通航国家由52个增至61个，通航城市由121个增至167个；国际航空旅客运输量年均增长18.8%。

而根据携程出境游订单的统计，2019年出境旅游者中，59%是女性，41%是男性。70后、80后依然是出境游的中坚力量，80后占比31%，70后占比17%。中老年人占比24%。但越来越多的90后、00后加入出境游的队伍，占比分别为16%、13%。

8.3.2 我国旅游服务贸易发展特征

1. 贸易规模不断提升

在经济转型升级的过程中，旅游业、旅游服务贸易已经成为我国经济社会发展的重要组成部分。国内旅游不再是封闭的小众市场，开始向大众化市场进行转变，拥有全世界最大的国内旅游消费市场。而在此基础上，我国旅游服务贸易规模不断提升。20世纪90年代，世界旅游组织就预测，21世纪中国将成为世界主要的旅游中心之一，到2020年成为世界最大的旅游目的地和世界第四位客源输出地。这表明无论是从世界旅游组织的预测，还是从我国旅游服务贸易的现实表现来看，我国已经迈入旅游服务贸易大国的行列。随着我国构建全方位对外开放新格局，以及经济结构进一步升级转型，旅游服务贸易规模及在经济总量中的占比必将继续提升。

2. 贸易结构变化显著

长期以来，出于创汇、平衡服务贸易逆差和扩大我国国际影响力等方面的考虑，我国旅游服务贸易遵循着大力发展入境旅游，以入境旅游带动国内旅游和出入境旅游全面发展的非常规发展路径。然而随着我国人均可支配收入的不断增加，公民旅游休闲意识的增强，以及我国对出境旅游限制的逐步放松，公民出境旅游渐成时尚，出境旅游消费规模不断扩大，增长速度不断提高。作为旅游业国际化的重要标志，出境旅游的快速增长对于促进国家外交关系融洽、拓宽国民国际视野、提升国家软实力等方面的作用凸显。同时，随着我国出境旅游目的地的拓展，我国旅游企业为我国公民出境旅游提供服务的空间范围和总量规模不断扩大，加快了我国旅游企业跨国经营的步伐。未来我国旅游服务贸易结构仍将发生变化，并逐步向更加有序、平衡、相互促进的方向发展。

3. 提供模式更加丰富

从服务贸易的4种贸易模式看，我国旅游服务贸易从境外消费贸易单一的提供模式逐步转变为跨境交付、商业存在等多种服务贸易模式并存的发展局面。改革开放之初，入境旅游在我国旅游服务贸易结构中占主导地位,旅游服务贸易一度以国内相关事业单位和国有企业为国外旅游者提供住宿、餐饮等相关服务的境外消费模式为主。1984 年,在国家政策方针的指导下,我国旅游业开始引进外资,旅游服务贸易的商业存在模式由此发展并逐步壮大。从 20 世纪 80 年代单方面倚重"引进来"战略模式到目前"引进来"和"走出去"相结合的战略模式,鼓励我国旅游企业深入学习国外旅游企业先进的管理经验、管理模式和技术,积极拓展国外市场,参与国际竞争。外商兴建的星级饭店及外商投资的旅行社逐步增加。同时,在科技助力的情况下,旅游服务贸易的提供方式更加多元、高效。

4. 发展方式更加集约

经济发展方式转变和结构升级转型推动旅游服务贸易发展方式朝更加集约的方向转变。从政府主导到政府引导,让位于市场,政府的角色转变使得旅游服务贸易的发展更加高效;从简单关注入境旅游人次数和旅游外汇收支,到更加关注旅游者的满意度,更加关注以人为本、出境游和入境游的相互促进,以及旅游服务贸易更广泛的作用功能;从对资源的掠夺性、破坏性开发和利用,到更加注重旅游资源的综合利用和开发,旅游服务贸易可持续发展的优势逐渐强化。

8.3.3 我国旅游服务贸易发展趋势

1. 市场竞争加剧

我国是旅游服务贸易大国,但仍不是旅游服务贸易强国。旅游服务贸易依旧存在产业结构失衡、行业管理不规范、企业缺乏竞争力等问题。随着我国对外开放水平的持续提升,旅游市场将进一步对外开放,国外有实力的旅游企业正在不断涌入我国旅游市场。这些企业凭借高效的营销网络和丰富的市场经验占据较大的市场份额,使旅游市场竞争更加激烈。在这种竞争环境下,我国旅游服务贸易需要正视竞争,补齐短板、缩小差距,不断提升旅游服务供给的能力和水平,激发旅游服务需求,更加针对性地开发国外旅游服务市场,在竞争中赢得发展的动力和空间。

2. 结构变动明显

伴随旅游服务贸易的转型升级,其相关结构也正在发生积极的变化。从旅游产品结构看,随着旅游需求的多样化、个性化发展,传统旅游产品结构已经无法对旅游者产生持续的吸引力,旅游产品开发应根据市场需求的变化,开发出更多的新品种,满足多样化的需要。从旅游市场结构看,入境游、国内游、出境游三大板块结构将更加合理、完善,从而使旅游服务贸易可持续发展。从旅游投资结构看,旅游投资的主体将出现多元化趋势,出现国有投资、外商投资、私人投资等并存的局面进一步巩固,旅游服务贸易多种模式进一步加强。此外,在产业链和价值链的推动下,我国旅游服务贸易相关要素和环节的联系将更加密切。

3. 融合发展加强

在融合发展不断深化的背景下，旅游与其他行业的结合愈加紧密。"旅游+"成为旅游服务贸易发展的重要推动力。"旅游+"是指充分发挥旅游业的拉动力、融合能力，以及催化、集成作用，为相关产业和领域发展提供旅游平台，插上"旅游"翅膀，形成新业态，提升其发展水平和综合价值。在此过程中，"旅游+"也有效地拓展了旅游的发展空间，推进旅游转型升级。"旅游+"与"互联网+"一样，具有"搭建平台、促进共享、提升价值"的功能。旅游融合发展是我国旅游服务贸易创新的重要途径，对于未来我国旅游服务贸易竞争力的提升具有重要的意义。

4. 企业组织集团化强化

集团化发展有利于实现规模效益，有助于产业结构优化和增强企业的国际竞争力，因而旅游企业集团化成为世界旅游企业发展的趋势。面对旅游市场对外开放带来的外部压力，以及旅游企业为了实现利润最大化的内部动力，我国旅游产业组织集团化势在必行。通过并购和控股等手段，实现旅游企业集团化经营战略，提升企业的资产质量，强化企业的抗风险能力，降低成本从而获得规模效益，是我国旅游企业发展壮大、增强市场竞争力、更好走向国际旅游市场的必然选择。

5. 国际合作更加紧密

在多边贸易体制下，伴随全球化的深入发展，各国和地区之间在旅游服务贸易领域的合作将更加紧密，利益协调将更加广泛。因此根据旅游产品、旅游区域、旅游特色整合旅游资源，避免过度竞争，树立自身独特的旅游整体形象，实行双赢和多赢的策略，加强地区间、国家间的旅游经济合作，是今后旅游经济发展的趋势之一。未来 30 年依旧是我国旅游业保持快速发展的黄金期。随着"旅游+"战略、"全域旅游"战略、"一带一路"旅游合作的进一步实施，我国旅游服务贸易将迎来提质增效的新阶段。

概念和术语

旅游服务；国际旅游服务贸易

复习思考题

1. 什么是国际旅游服务贸易？
2. 国际旅游服务贸易有哪些特点？
3. 国际旅游服务贸易有哪些作用？
4. 简述世界旅游服务贸易的发展特征和趋势。
5. 我国旅游服务贸易的发展状况如何？
6. 简述我国旅游服务贸易发展的特征和趋势。

> 延伸阅读

旅游服务贸易政策的形式

1. 旅游服务贸易法规

旅游服务贸易法规,是指各国在旅游服务贸易的国际规则基础上,根据本国政治、经济和旅游发展的实际情况,所制定的开展和促进对外旅游服务贸易的有关法律、法令和规定,是旅游服务贸易政策的重要内容和组成部分,也是一个国家或地区开展对外旅游服务贸易的法律依据,并在各国对外旅游服务贸易中发挥着重要的作用。

(1)旅游服务贸易的法律,是指各国立法机构根据本国对外政治、外交、贸易的需要,所制定的关于旅游服务贸易的各种法律规定,是一国开展旅游服务贸易必须严格遵循的法律依据。其中涉及旅游服务贸易的法律,通常有对外贸易法、旅游法、交通运输法、环境保护法、文物保护法、公民出入境法等。

(2)旅游服务贸易的法令,是指各国政府根据本国有关法律规定,结合旅游服务贸易的具体情况而制定的条例和规定等。旅游服务贸易的法令,通常是对旅游服务贸易中各种具体情况作出的规定,如各国制定的国内航空运输条例、外国人入境旅行条例、旅行社条例、导游人员管理条例、海关检验检疫条例、消费者权益保护条例、本国公民出境旅行规定等。

(3)旅游服务贸易的规章,是指各国旅游行政管理部门或相关部门,根据国家法律、法令而制定的有关旅游服务贸易的各种规则和办法,是对国家法律、法令实施的具体化。通常,涉及旅游服务贸易的规章制度主要有:旅游服务规范、旅行社条例实施细则、旅游饭店星级管理制度、旅游安全管理规定、旅游交通运输管理办法等。

2. 旅游服务贸易制度

旅游服务贸易制度,是指一个国家或地区在有关旅游服务贸易法规基础上,所制定的开展旅游服务贸易的制度规定,其内容通常包括护照签证制度、关税制度和配额制度等。

(1)护照签证制度。护照,是持有者的国籍和身份证明,签证则是主权国家准许外国公民或者本国公民出入境或者经过国境的许可证明。在现代国际旅游中,一个国家没有允许外国人无条件入境的义务(有条约者除外),一个外国人也没有要求一国政府允许他入境的权利。因此,为了维护一个国家的主权,各国都明确制定了护照和签证制度,任何旅游者,不论是外国公民还是本国公民要进行国际旅游,都必须持有规定的护照和相应的签证,才准许其入境或出境旅游。

护照是由公民所在国颁发,签证则必须由旅游目的国签发,即由该国驻外使领馆在出国旅行者的护照上或者在其他有效的旅行证件上盖印签注的手续,表示准许其出入或经过该国

国境。各国对旅游签证一般都限制入境后的停留时间,最长时间通常不超过3个月。近年来,随着国际贸易、国际政治关系的发展,尤其是旅游服务贸易的发展,许多国家的签证规定趋于简化,有的国家之间还签订互免旅游签证或简化旅游签证手续的协议等。

(2) 关税制度。关税,通常是指一国政府从自身的经济利益出发,由海关部门依据本国的海关法和海关税则,对通过其关境的进出口商品所课征的税收,是一国对外贸易政策的重要手段。关税制度,就是根据一国的政策、法令和规定,通过在关境上设置海关部门,对进出口货物、货币、金银、行李、邮件、运输等实行监督管理,征收关税,查禁走私货物,临时保管通关货物和统计进出口商品等有关的制度规定。

虽然旅游服务贸易是一种以旅游服务为主体的服务贸易,但由于旅游者在国际旅游中往往还会携带或购买各种商品,因此从国家利益和国内集团利益出发,许多国家对旅游者购买的某些国外商品实行课征关税的制度。课征关税的目的,是贯彻执行本国有关货物进出口的法律、法令和规定,有效地实施对外经济贸易政策,有针对性地保护国内经济和实行关税差别待遇等。关税的课征种类主要有进口税、进口附加税、出口税和过境税等;关税的征收方法具体分为从量税、从价税、选择税和混合税等多种形式。

(3) 配额制度。配额制度,是指一国政府为保护本国利益,规定在一定时期内对某种商品的进口数量或金额加以限制的制度规定。进口配额的分配方法主要有两种:一是全球配额,它规定该国对某种商品在一定时间内的进口数量或金额,而不论它是来自任何一国的商品进口;二是国别配额,它是进口国对来自不同国家的进口商品,规定不同的进口限额。

在旅游服务贸易中,一些国家除了对有关旅游商品、设备或配件实行进口配额外,对出国旅游人员也实行配额制度,以限制出境旅游的人员规模,减少外汇的流出。通常,配额制度不仅对一国的旅游服务贸易具有重要的影响作用,还会直接或间接地影响整个全球的旅游服务贸易。如果某国的主要旅游客源国实行出境旅游配额制度,除了使该客源国到某国的出游价格上涨外,还会引起某国乃至国际旅游市场上旅游产品和服务价格的相应变化,因此世界旅游组织和各国政府长期以来致力于争取各国取消或放宽对出境旅游的限制。

3. 外汇管制和海关程序

外汇管制和海关程序,是各国在国际贸易和服务贸易中普遍采取的措施,目的是维护各国的国家利益和国家主权,其对旅游服务贸易同样有十分重要的作用和影响,也是旅游服务贸易政策的重要内容。

(1) 外汇管制,是指一国政府通过对国际结算和外汇买卖实行限制,以平衡国际收支和维持本国货币汇价的一种制度。在外汇管制下,出口商必须将其所赚外汇按国家规定的牌价卖给政府指定的外汇银行;进口商在进口所需外汇时,也必须得到政府外汇管理机构的批准,在指定的外汇银行购买进口所需的外汇。

在旅游服务贸易中,不论是旅游者的出入境旅游,还是旅游要素资源的进出口,都必然涉及外汇的收入和支出。因此，通过外汇管制，国家就能在一定程度上有效地控制旅游服务贸易的进出口数量，以及旅游者出入境旅游的国家或地区，并对国家平衡国际收支和稳定本国货币汇价起到积极的作用。但是，外汇管制对旅游服务贸易是一种比较严厉的政策措施，不利于促进旅游服务贸易的发展，因此随着当今国际旅游和旅游服务贸易的发展，各国对旅游服务贸易的外汇管制也逐渐放宽和减弱。

（2）海关程序，也称为通关检查手续，是旅客在出入一国国境时向移民局、海关等有关机构申报，由移民局、海关等有关机构依法查验旅游者的旅游证件和行李物品，并办理旅客出入境手续、物品征税或免税验放手续，以及其他有关监管手续的总称。在国际旅游中，任何国家都对出入境旅游者实行严格的通关检查手续，办理这些手续的机构一般设在机场、车站、码头等。

旅游者出入境通关检查手续主要包括以下内容：一是边防检查，很多国家都是由移民局负责，主要是填写出入境登记卡片、交验护照、检查签证等；二是海关检查，一般主要询问是否有需申报的物品，或填写旅客携带物品出入境申报单，必要时海关有权开箱检查所带物品；三是安全检查，即对所有旅游者进行例行的安全检查，主要是禁止携带武器、凶器、爆炸物品等；四是检疫，交验预防接种证书等，有些国家有时免验。

海关程序，既是体现一个国家的主权，也是维护国家安全和国家利益的需要。但是，由于各国海关程序的纷繁和严格，会阻碍国际贸易及其他国际交流，因此1973年海关合作理事会主持签订的《京都公约：关于简化和协调海关业务制度的国际公约》规定，各国海关程序应力求简化和协调，为发展国际贸易及其他国际交流作出富有成效的贡献。

4. 旅游服务贸易措施

旅游服务贸易措施，是各国在有关旅游服务贸易进出口过程中，所采取的各种鼓励或限制的管理措施，包括旅游服务出口鼓励措施和旅游服务进口限制措施两方面，每一方面又包括若干具体的措施和要求等。

（1）旅游服务出口鼓励措施，是指旅游目的地国家为吸引和招揽大量的国际入境旅游者，所采取的一系列鼓励旅游服务出口的措施，包括对旅游服务出口的补贴、奖励及旅游商品出口退税等措施。

旅游服务出口补贴有直接措施和间接措施，前者是对直接招揽国际入境游客的旅行商给予一定的现金补助，如对入境旅游包机、旅游专列给予补贴等；后者是通过减免国内税收提高旅行商招徕国际入境游客的积极性。尽管对旅游服务出口补贴不符合国际协定，但许多国家仍以隐蔽的或不很隐蔽的形式提供这种补贴。

旅游服务出口奖励措施，是对直接招徕和接待国际入境游客较多的国内外旅行商给予一定的现金奖励，以鼓励旅行商更多地招徕国际入境游客。旅游服务出口奖励对刺激和促进旅游企业发展旅游出口具有十分积极的作用，因此许多国家都直接或间接地采取该项措施。

旅游商品出口退税措施,是对国际入境旅游者在旅游中购买的本国商品,在出境时给予退还消费税,以促进本国商品出口所采取的措施,目前欧美等经济发达国家都普遍采取旅游商品出口退税的措施。

(2)旅游服务进口限制措施,是指旅游客源地国家为减少外汇流出,平衡国际收支,采取各种关税或非关税壁垒限制旅游服务的进口,包括限制本国公民出游,限制国外旅游服务设施设备的流入,限制外国经营者对某些旅游服务领域的进入等。

限制本国公民出游,从国际角度看,与人人拥有旅游权利的国际规则是相悖的;但从各国实际看,具有一定的与其经济发展水平、社会文化特点相联系的客观必然性。

限制国外旅游服务设施设备的流入,与各国旅游服务设施设备的贸易密切相关,主要取决于各国对这些货物贸易的限制情况。

限制外国经营者对某些旅游服务领域的进入,主要目的是保护本国旅游经营者的利益和维护国家利益。

随着经济全球化、区域一体化发展及各国之间交流的不断扩展,各国对旅游服务进口限制的范围不断缩小,使对旅游服务进口限制的措施和手段更加隐蔽,并往往利用国际服务贸易规则中某些不完善的规定,达到限制旅游服务进口的目的。

第 9 章　国际运输服务贸易

9.1　国际运输服务贸易概述

9.1.1　国际运输服务贸易的相关概念

1. 运输服务贸易

运输服务在人类生产和生活中发挥着重要作用。它是个人或社会组织为消费者凭借某种工具、设施等实现货物或人在空间上的位移所进行的一种经济活动,以及以此表现的使用价值或效用。

运输服务贸易是指以运输服务为交易对象的贸易活动,即贸易的一方为另一方提供运输服务,以实现货物或人在空间上的位移。

从广义上讲,运输服务贸易已不仅局限于人员或货物在一定空间内转移的服务,还包括与该服务相关的各项辅助性、支持性服务,如港口服务贸易、船舶租赁服务贸易、飞机修理与维护服务贸易、火车牵引服务贸易等。因此,广义的运输服务贸易既包括核心服务,也包括追加性服务。

2. 国际运输服务贸易

国际运输服务贸易主要是指以国际运输服务为交易对象的贸易活动,是不同国家的当事人之间所进行的,由一方向另一方提供运输服务,以实现货物或旅客在空间上的跨国境位移,由另一方支付约定的报酬的交易活动。

国际运输服务贸易属于国际服务贸易,因此它有和服务贸易提供模式相一致的表现形式。

① 跨境支付模式。在国际运输服务贸易中,从事国际货运代理业务的服务提供者可以通过电信、邮电和计算机网络对另一国的服务消费者提供货物运输代理服务,而不需要双方的空间位移来实现。

② 境外消费模式。在运输服务贸易中,通过国际领航服务、岸上船只补给服务和提供泊位服务等港口服务形式向另一国服务消费者提供的服务都是境外消费方式。

③ 商业存在模式。该种模式是指一国航运公司通过在另一国设立办事处、子公司或合

资船运公司提供运输服务的形式。这种模式是4种运输服务提供方式中最为重要的一种。在这种服务提供方式下,外国运输企业会直接参与本国服务市场的竞争。

④ 自然人流动模式。该模式指一国运输服务提供者到另一国境内以自然人方式提供服务。在运输服务贸易中,一国的船舶维修专家到另一国境内为其船舶进行维修服务就属于自然人流动形式,在这种方式下运输服务的提供者必须通过人员进入的方式移动至东道国提供服务。

9.1.2 国际运输服务贸易的分类

1. 按运输对象不同进行分类

运输服务的对象主要包括货物和人。因此,按照运输对象的不同可以将国际运输服务贸易分为货物运输服务贸易和旅客运输服务贸易两种。而在国际贸易中,货物的跨境移动和交付是国际货物贸易中必要的一个环节。对于国际服务贸易而言,则涉及人员的跨境移动问题。

2. 按照《服务贸易总协定》分类

在《服务贸易总协定》(GATS)对国际服务贸易的分类中,将运输服务贸易分为9个大类、33个小项,主要包括海运服务、内河航运、空运服务、外层空间运输、铁路运输服务、公路运输服务、管道运输、所有运输方式的辅助性服务(主要包括理货、仓储服务、货运代理服务)和其他服务。

9.1.3 国际运输服务贸易的特点

1. 国际运输服务贸易派生于货物贸易

作为国际服务贸易的传统部门,运输服务贸易派生于货物贸易,因而国际货物贸易成为影响国际运输服务贸易的主要因素。当国际货物贸易繁荣发展时,对运输服务的派生需求持续增长,由此推动国际运输服务贸易的发展;反之,当世界经济衰退时,国际货物贸易萎缩,国际运输服务贸易也随之下降,在国际海上运输中表现为船舶吨位的大量过剩。国际运输服务贸易的发展对一国在国际贸易市场中的地位有重要的影响和作用,因而与国际货物贸易有着极为紧密联系的国际运输服务贸易成为推动国际贸易繁荣发展的重要力量。

2. 国际运输服务贸易提供可替代性较强的无形运输服务

运输服务贸易作为一个独立的服务部门,其提供的是无形的运输服务,而不是有形的产品,并且运输服务生产过程和消费过程是同时进行的,一般不改变服务对象的属性或形态。运输服务的主体、客体、对象和工具有着独特的组合方式,其能够储存的只有运输能力。而对于公路、水路、铁路、航空、管道等多种运输方式来说,运输服务可替代性较强。

3. 国际运输服务贸易中介或代理作用较为突出重要

运输服务的需求者是托运货物的贸易商、其他托运人或运输服务需求人,运输服务的提供者是拥有船舶、火车、汽车、飞机等运输工具并能按客户的要求将货物从起运地运至目地的承运人。在运输服务贸易中,中介人或代理人的活动非常活跃。货运中介是介于车主和货主之间的中介组织或个人,其经营活动就是为车主配货、为货主找车,从中收取中介费。而货运代理是为运输公司(海、陆、空)代理收运货物、揽货,从而在完成货主与客商之间的贸易中起到重要的连接作用。它们对运输服务贸易的开展起着很重要的作用,是运输服务贸易的重要特点。

9.1.4 国际运输服务贸易的作用

1. 国际运输服务贸易有利于改善国际收支

国际运输服务贸易中,为本国进出口贸易提供运输服务可以改善国际收支,为其他国家之间的贸易提供运输服务对于改善国际收支的作用更为明显。运输服务过程中,如果由我国船运公司承运,就能获得一笔外汇收入或运费在国内企业之间转移,可以节省向外国船运公司支付运费的外汇支出,从而对改善我国国际收支发挥积极作用。

2. 国际运输服务贸易推动货物贸易的开展

国际运输服务贸易对于国际货物贸易的顺利开展具有极为重要的作用。货物跨境交付,以及价值和使用价值的实现离不开空间位移。而运输服务则成为国际货物贸易的桥梁和纽带,确保货物从一国或一地区向另一国或地区实现移动。运输的快速性、准确性、安全性、可靠性及运价的高低,都对货物贸易的范围与规模产生影响。

3. 国际运输服务贸易促进要素的国际流动

国际运输服务贸易不仅促进货物跨境交付和空间位移,对于其他服务行业国际贸易的开展同样具有重要作用,在劳动力等相关要素国际流动方面扮演着极为重要的角色。特别是在境外消费、商业存在和自然人流动模式方面,涉及大量的人员移动问题。国际运输服务贸易的发展无疑成为促进要素国际流动的重要因素。

9.2 世界运输服务贸易发展

9.2.1 世界运输服务贸易发展状况

1. 运输服务贸易在服务贸易中的比重稳中有降

自 20 世纪末以来,全球运输服务贸易呈现稳步发展的态势。1995 年全球运输服务贸易出口总额为 3 080 亿美元,2005 年为 5 700 亿美元。从 2006 年到 2013 年的世界运输服务贸易情况来看,年均增长 11%,其在服务贸易中占比均在 20%以上,且比较稳定,是服务贸易中重要的类别,在服务贸易中占有举足轻重的地位,其地位仅次于旅游服务贸易,居第二位。随着全球科技产业化浪潮的不断发展,世界服务贸易正逐渐由以自然资源或劳动密集型

为基础的传统服务贸易向以知识技术密集型或资本密集型为基础的现代服务贸易转化,这使得运输这一传统服务贸易在世界服务贸易出口总额的比重不断下降,从 1995 年的 25.9%下降至 2012 年的 20.5%。而随着全球服务贸易结构的不断优化及新兴服务贸易的发展,运输服务贸易在服务贸易中的比重将稳中有降。

2. 发达国家和地区是国际运输服务贸易的主体

发达国家的运输服务贸易仍占绝对优势。2012 年,发达国家运输服务贸易出口额占全球运输服务贸易出口额的 25.5%。表 9-1 显示的是 2017 年国际运输服务贸易进出口量前 10 名国家,从中不难看出,发达国家和地区仍是国际运输服务贸易的主体。

表 9-1　2017 年国际运输服务贸易进出口量前 10 名国家　　　　单位:十亿美元

国家和地区	出口量	进口量
美国	86.5	101.2
德国	62.0	92.9
法国	45.8	66.3
新加坡	45.7	57.1
英国	37.7	47.7
荷兰	37.3	47.2
中国	37.1	39.9
丹麦	36.0	30.0
日本	34.0	29.9
中国香港	30.1	28.6

3. 国际运输服务贸易结构持续变化

在海上、航空、公路、铁路、管道运输和国际多式联运服务等各种运输服务方式中,海上货物运输服务是最重要的方式,它占整个国际货物运输量的三分之二以上。联合国贸易和发展会议公布的全球海上运输相关报告显示,2017 年全球海运贸易的货物总量较上年增长 4%,达到约 107 亿吨。自 2009 年受金融危机影响跌至约 79 亿吨后,呈现增长趋势。2017 年集装箱吞吐量排名前十的港口中,中国有上海、深圳等 7 座港口上榜。日本则处于榜单之外。新加坡和釜山也排名靠前,亚洲独占前 8 席位,反映出亚洲在全球海运领域的"核心地位"。

国际民用航空组织公布的数据显示,2017 年全球民航旅客运输量达到 41 亿人次,较 2016 年增长了 7.1%。廉价航空公司客运量的增加是民航业增长的主要动力。2017 年全球廉航客机的客运总量达到了 12 亿人次。欧洲、亚太和北美地区的廉航客运量分别占到民航总客运量的 33%、31%和 26%。

铁路运输方面,全球高速铁路里程稳步增长。21世纪初,世界高铁总公里数尚不足3 000公里,然而根据世界铁路联盟统计,截至2017年4月,全球已投入运营和在建的高铁总里程已达5.32万公里,欧亚国家高铁里程占比超98.1%,其中在建里程达1.59万公里。截至2017年年底全球已投入运营的高速铁路里程达3.77万公里,较2016年同比增长10.9%。

图9-1显示的是2015—2017年各种形式的运输服务贸易出口年平均变化率情况。不难发现国际运输服务贸易的结构正在持续发生变化。

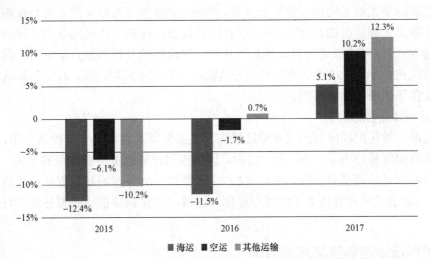

图9-1 2015—2017年各种形式的运输服务贸易出口年平均变化率情况

9.2.2 世界运输服务贸易发展特征

1. 运输服务对象发生变化

伴随社会经济的发展、国际分工合作的深化,以及科技的进步,国际运输服务贸易中的运输对象也发生了变化。一方面,专业化分工与协作范围的扩大使各个国家生产活动进一步纳入国际范围的再生产过程中,许多发展中国家成为工业化国家大公司的半成品制造基地,从而使从发展中国家运往发达国家的初级产品的运量比重逐渐下降,而批量小、价值更高的半成品的运量比重上升;另一方面,在经济结构转型升级,以及绿色发展、内涵发展的推动下,节能技术、节约措施的广泛采用减少了世界原料的运输比重。此外,国际服务贸易的繁荣也在推动运输对象的变化,从而不仅使人员移动的运输服务不断增长,而且大大促进了为服务贸易提供支持的货物运输需求的增长。

2. 运输方式和组织形式变革

运输方式是由于使用不同的运输工具、设备线路,通过不同的组织管理形成的运输形式。

现代化的运输方式以铁路、公路、水路、航空和管道运输为主,同时形成了多种运输方式综合利用、相互协调、均衡衔接的运输组织形式。伴随运输经济、科技的发展,还将出现新的运输方式,运输组织形式也在不断创新,从而推动国际运输服务贸易的发展。

集装箱运输成为运输方式的重大变革。它是将一定数量的单件货物装入标准规格的集装箱内,以此作为运送单位所进行的运输。这种承租运输因其装载量大,往往又能使船舶、火车、汽车、飞机等各种运输方式衔接在一起,因而成为一种新型的现代化运输方式。

此外,国际多式联运的地位也更加重要。根据1980年5月联合国贸易会议通过的《联合国国际货物多式联运公约》,国际多式联合运输是指:按照多式联运合同,使用至少两种不同的运输方式,由多式联运经营人将货物从一国境内接管货物的地点运至另一国境内指定交付货物的地点。国际多式联运的发展成为运输组织形式的重要创新,对于国际运输服务贸易的开展发挥了积极的推动作用。

3. 区域一体化合作加强

区域经济一体化推动区域内国家或地区在运输服务贸易领域进一步加强合作。一方面,区域内部向自由贸易迈出了一步,另一方面,区域集团对外的贸易壁垒可能强化。这种双重性促使区域内部商品贸易和货物运输比重加大,而使区域与外部的商品贸易和货物运输比重降低。国际运输服务贸易总体处于经济全球化与区域一体化共同推动的贸易合作与发展过程之中。

9.2.3 世界运输服务贸易发展趋势

1. 运输服务信息化水平不断提升

在科技创新与应用的推动下,国际运输服务贸易信息化水平正在不断提升,由此大大提升了运输服务的效率,进一步拓展了国际运输服务管理创新发展的空间。以国际集装箱运输为例,国际集装箱运输业务信息已涉及航运、港口、代理、理货、内陆集疏运、场站、发货人、收货人、一关三检、银行及保险等行业和部门,其中流转的单证已达40多种,这些单证便是集装箱运输过程中所必需的信息传递。电子数据交换(electronic data interchange,EDI)的方式就是将这些信息通过 EDI 中心,采用电子化方式传递给集装箱运输过程中的相关成员,以实现集装箱运输各个环节之间信息传递的无纸化,从而大大提升运输服务贸易的内涵式和可持续发展。

2. 运输服务能力持续增强

运输方式的变革、运输工具的创新、运输服务管理水平的提升等对运输服务能力的提升产生了重要影响,使运输服务能力得以持续增强。集装箱承运人及港口对运输设备的不断投资增强了运输的经济性、安全性及可靠性,吸引了大量原来适合散杂货船运输的货物逐步实现集装箱化,从而提高了集装箱运量。而全球集装箱班轮运输服务模式的重建将使集装箱班轮运输成为连接全球东西方向和南北方向运输服务的综合运输网络,为用户提供前所未有的高水准的全球运输服务。近年来,各主要班轮公司为了在激烈的市场竞争中占据有利位置,纷纷订购超大集装箱船舶,借此降低单位运输成本,增强市场竞争力。这种状态加速了船舶大型化的趋势,进一步提升了运输服务能力。

3. 运输服务国际合作进一步加强

虽然贸易保护主义对于国际货物贸易和服务贸易产生了消极影响,阻碍了服务贸易自由化的进程,给运输服务贸易的发展带来了不确定性和市场风险,然而,经济全球化的客观趋势及区域一体化的深入发展将进一步促进国家和地区在运输服务贸易领域的深度合作,促进运输服务一体化的过程。这是未来国际运输服务贸易发展的重要趋势。

9.3 我国运输服务贸易发展

9.3.1 我国运输服务贸易发展状况

1. 贸易规模不断扩大

社会经济的发展和国际化水平的提高正在推动我国运输服务贸易的蓬勃发展。《服务贸易总协定》签订以来,我国运输服务贸易保持快速发展态势。在 2001 年加入世界贸易组织后,对外贸易快速发展,推动运输需求迅猛增长。2001—2005 年世界海运需求增长的 70%源自我国的进出口,我国成为世界海运发展最主要的推动力。在这一需求拉动下,我国运输服务贸易发生了巨大变化。2008 年发生金融危机前,我国运输服务贸易不管是在贸易总额、出口额还是进口额方面都保持着高速增长的态势。特别是 2007 年,运输服务贸易出口增长49.1%,出口额位居世界第 5 位,占世界运输服务贸易出口总额的 4.1%;进口增长 25.9%,进口额位居世界第 4 位,占世界运输服务贸易进口总额的 4.8%。2008—2009 年,受到全球金融危机的影响,我国运输服务贸易进出口增速下降,而在 2009 年运输服务贸易首次出现负增长。但金融危机过后,我国运输服务贸易迅速回升,2011 年运输服务贸易总额首次突破千亿美元,达到 1 160.1 亿美元。2017 年,我国运输服务贸易总额达 1 300 亿美元,占服务贸易总额的 18.7%,运输服务出口额和进口额占世界运输服务贸易的比重都在不断上升。

2. 贸易逆差严重

20 世纪 90 年代以来,我国运输服务贸易一直处于逆差状态,并且呈现快速上升趋势,是服务贸易逆差的主要来源之一。20 世纪 90 年代初,我国运输服务贸易逆差额还较小。1995年以后,进入了一个快速增长阶段,且这一差额不断扩大。2001—2008 年,我国运输服务贸易逆差从 66.8 亿美元上升至 119 亿美元,成为服务贸易存在较大逆差的部门之一。虽然

从 2004 年开始，运输服务贸易逆差增长速度有所减弱，但受金融危机的影响，自 2009 年开始，我国运输服务贸易逆差又大幅度上升。2017 年贸易逆差达 558 亿美元。

3. 贸易结构有待优化

在各种运输方式中，对于我国而言，海运是最重要的运输方式。2015 年海运服务出口额和进口额分别约占运输服务出口额和进口额的 65% 和 52%。但我国海运服务业落后，服务水平和技术水平低下，海运服务的国际竞争力较弱，承运比例低，导致我国海运服务贸易逆差额迅速增大，同时也成为运输服务贸易逆差额的主要来源。2014 年和 2015 年我国海运服务逆差额分别约为 396 亿美元和 204 亿美元，约占运输服务逆差额的 68% 和 42%。此外，针对运输服务贸易的 4 种贸易模式，我国同样发展薄弱。可见，从运输方式结构或者贸易模式来看，我国运输服务贸易结构有待进一步优化。

9.3.2 我国运输服务贸易发展特征

1. 运输服务贸易竞争力不强

随着社会经济发展及对外开放水平的不断提升，我国运输服务贸易进口与出口都取得了快速增长。2000 年至 2013 年，运输服务贸易出口额从 36.71 亿美元增长至 342 亿美元，运输服务成为我国仅次于旅游服务的第二大服务出口部门。我国运输服务贸易在服务贸易中的份额及在世界运输服务贸易中的份额都呈现明显的上升趋势，增长幅度逐渐变小。尽管如此，我国运输服务出口与运输服务贸易强国相比仍有较大的差距，竞争力不强。2009 年，我国运输服务出口额仅为美国的 32.9%。2010—2016 年，我国运输服务贸易国际市场占有率出现下降趋势，但始终在 4% 左右波动，而美国始终在 9% 左右，与美国相比处于较低水平，但相对于俄罗斯、印度、越南等周边国家，我国运输服务贸易的市场占有率明显较高。近年来我国运输服务贸易规模持续扩大，然而在市场占有率、运输服务能力、信息化水平等方面的提升空间仍然很大。

2. 运输方式变革和能力提升明显

依据《中国交通运输发展》白皮书，经过多年的改革发展，多节点、全覆盖的综合交通运输网络初步形成，"五纵五横"综合运输大通道基本贯通，一大批综合客运、货运枢纽站场（物流园区）投入运营，运输装备发展不断升级，运输服务水平显著提升，科技创新和应用实现重大突破，交通运输市场体系、管理体制和法规体系不断完善。截至 2015 年年底，全国铁路营运总里程达 12.1 万 km，规模居世界第二。高速铁路营运里程达 1.9 万 km，位居世界第一；高速公路通车里程达 12.35 万 km，位居世界第一。初步形成干支衔接的水运网、气管道骨干网络，民用机场体系也基本成型。多式联运、甩挂运输等先进运输组织模式及冷链等专业物流快速发展，集装箱、厢式货车等标准化运载单元加快推广，城乡物流配送信息化、集约化程度明显提升，提高了社会物流的运行效率。交通运输安全水平大幅改善，铁路旅客运输总体安全水平居世界前列,这些成就的取得为我国运输服务贸易的发展和国际竞争力的提升奠定了坚实的基础。

3. 对外贸易地理方向仍为发达国家地区

运输服务贸易除了受运输工具和运输服务能力等因素制约外,更重要的是受货物与服务贸易规模的影响。据统计,目前我国已经与全球 231 个国家和地区产生贸易往来,是 60 多个国家或地区的最大贸易伙伴。发达国家地区——欧盟、韩国、美国、日本等依然是我国货物贸易及运输服务贸易的重要伙伴。而在"一带一路"倡议背景下,近几年我国与"一带一路"沿线国家的贸易合作潜力正在持续释放,已经成为拉动我国外贸发展的新动力。以 2018 年为例,我国对俄罗斯、沙特阿拉伯和希腊的进出口分别增长 24%、23.2% 和 33%。我国的货物贸易与运输服务贸易发展格局正在发生变化,从而为我国运输服务业参与国际市场竞争提供新的机遇。

9.3.3 我国运输服务贸易发展趋势

1. 运输服务贸易市场将更加多元化

在构建全方位对外开放新格局的背景下,我国运输服务贸易市场不仅受到贸易规模和体量持续扩大、贸易结构优化的影响,同时在"一带一路"倡议实施的推动下,交通互联互通实现重大突破,在铁路、公路、海运、民航等领域均取得实质进展。铁路方面,我国建成了蒙内铁路、亚吉铁路等境外铁路,推动实现了中老、中泰等跨境铁路开工建设;启动了中尼铁路前期工作,并建立双方政府部门间沟通协作机制;"中欧班列"开行突破 9 000 列。公路方面,我国推动中巴经济走廊"两大"公路、中俄黑河公路桥等重大基础设施项目开工建设。海运方面,我国与 3 个国家签署了海运协定,双边和区域海运协定总数达 38 个,覆盖沿线 47 个国家。参与希腊比雷埃夫斯港、斯里兰卡汉班托塔港、巴基斯坦瓜达尔港等 34 个国家的 42 个港口建设经营。海运服务覆盖沿线所有沿海国家,中国海运互联互通指数保持全球第一。民航方面,我国与 8 个国家和地区签署了航空运输协定,增加了国际航线 403 条。目前,已与沿线 62 个国家签订了双边政府航空运输协定,与沿线 43 个国家实现直航,每周约有 4 500 个直航航班。运输服务贸易市场不仅集中指向发达国家或地区,还将更加多元化。同时,我国将更多参与在运输服务领域的国际合作,在促进国际政治经济新秩序的过程中为运输服务贸易的健康发展创造更广阔的空间。

2. 运输服务能力和水平将显著提升

我国货物贸易数量庞大,需求旺盛,但海运服务业落后,专业化和产业化发展水平较低,运力不足,国际营销网络不健全。此外,在国际贸易中的谈判地位不强,缺乏安排运输的主动权,尤其是高端服务业水平与发达国家相比竞争力较弱。面对上述状况,在创新引领、科技推动及经济结构转型升级的形势下,我国运输服务科技创新变革正在进一步加速,科技与

运输更加紧密结合，从而在运输工具、运输方式、运输组织形式、综合运输网络及专业化、国际化程度等方面加快创新发展。特别是随着移动互联网的普及，新能源技术的成熟，以及物联网、车联网、无人驾驶、无人机等满足社会生态建设需求为核心的运输装备技术的革新，运输效率和服务水平将不断提高。

3. 运输服务贸易模式将协调发展

伴随运输服务贸易的发展和国际化水平的持续提升，我国运输服务贸易模式更加协调。跨境交付、境外消费、商业存在等模式将有更大的发展。其中，商业存在模式在运输服务贸易模式中的地位将进一步提升，以进一步吸引外资，同时加大运输服务企业"走出去"的力度。而在经济全球化不断深化的背景下，多边贸易体制的作用将进一步发挥。这些规则对各国的运输服务竞争力都将产生较大影响。我国将更加充分地利用世界贸易大国和海运大国的优势，政府与大型企业联合互动，在相关规则制定上发挥更加积极的作用，以利于我国运输企业公平参与国际竞争。

概念和术语

运输服务；国际运输服务贸易

复习思考题

1. 什么是国际运输服务贸易？
2. 国际运输服务贸易有哪些特点？
3. 国际运输服务贸易如何分类？
4. 国际运输服务贸易有哪些作用？
5. 简述世界运输服务贸易的发展特征和趋势。
6. 我国运输服务贸易的发展状况如何？
7. 简述我国运输服务贸易发展的特征和趋势。

延伸阅读

中欧班列（重庆）实现"运全球"

2011年，在市政府和国家相关部门的努力推动下，中国、哈萨克斯坦、俄罗斯、白俄罗斯、波兰、德国海关签署"一卡通"协议，推行"一次报关、一次查验、一次放行"的内陆直通式通关模式，这直接促使中欧班列（重庆）第一班列车发出。

2011年1月28日，中欧班列（重庆）开出第一班列车。这条始发重庆，经新疆阿拉山口出境,经过哈萨克斯坦、俄罗斯、白俄罗斯、波兰,最后到达终点德国杜伊斯堡的国际铁路联运大通道,全长1.1万多公里,全程需12日至15日,较海运节约30天左右,而运费仅为航空的五分之一。

与此同时,重庆被纳入中欧安全智能贸易航线试点,中欧班列(重庆)得以开通"五定班列"(定线路、定站点、定车次、定时间、定价格),享有优先配车、优先装车、优先挂运、优先放行的权利,进而让中欧班列(重庆)成为中欧贸易绿色通道。

中欧班列(重庆)的开行,不仅为西部内陆地区打通了一条直达欧洲的国际铁路联运大通道,也成为"中欧班列"这一品牌的开创者。

货源越来越丰富

中欧班列是指往来于中国与欧洲及"一带一路"沿线国家的集装箱国际铁路联运班列,自2011年3月诞生以来,已发展至50多条线路,成为"一带一路"倡议的重要载体。

作为开通最早、货运总量最大的中欧班列,中欧班列(重庆)正式运行7年以来,变化最大的就是运输货物种类的增加,这也蕴藏着重庆经济转型升级的"密码"。

翻开中欧班列(重庆)开行初期的货单,2011年至2013年,重庆本地代工生产的笔记本电脑占比高达90%。那时候中欧班列(重庆)的货源非常单一,惠普、宏碁等IT企业的产品占了很大一部分。

从2014年起,货单上的"新成员"开始增加。以电子产品为例,除笔记本电脑外,液晶面板、集成电路等高附加值产品也开始搭乘班列出口到欧洲。

据悉,这是中欧班列(重庆)开行四年多来第一次运输跨境电商货物回程,也是跨境电商史上首次采用铁路运输方式从国外运回商品。

通过铁路运输一个单柜集装箱货物的成本在3 500美元左右。正是这样的成本优势,使得不少跨境电商企业入驻西永综合保税区。

现在,中欧班列(重庆)货源不只局限于重庆,重庆及西南周边地区的货源约占50%,其他地区约占50%;主要货物品类涵盖了笔电产品、整车及零部件、通信设备、机械、汽配、服装、小家电、化工品、食品、冷链、医药及医药器械等数十个大类。

发运班次逐年增加

2013年3月18日,中欧班列(重庆)迎来首趟回程班列。货单上首次出现回程货,也实现了所有中欧班列(重庆)中回程货"零的突破"。

2015年7月16日,满载云南咖啡豆的中欧班列(重庆)咖啡专列,从重庆出发开往德国杜伊斯堡。中欧班列(重庆)的货单上首次出现外地大宗货物。

仅一年后,不产一颗咖啡豆的重庆顺势成立咖啡交易中心,依托中欧班列(重庆)等物流通道,实现云南、东南亚等咖啡产区与欧洲市场的紧密相连。目前,重庆咖啡交易额已突破130亿元,跃升为中国最大的咖啡现货交易地。

中欧班列(重庆)实现"运全球"

2017年12月28日上午11点,一列满载货物的中欧班列(重庆)从重庆果园港铁路专用线缓缓驶出,并于12天后到达目的地——德国杜伊斯堡。

此次的货源除了本地的装备、电子产品外,还包括从华东、华南等地集中进港的铁水联运货物。

此次班列的成功开行启动了西部首条直联长江经济带的铁水国际联运战略通道,实现了中欧班列(重庆)国际铁路通道与长江黄金水道之间的水铁联运无缝衔接,推动备受海内外关注的"一带一路"与长江经济带的交汇。此次在果园港开行中欧班列(重庆)去回程班列,也就意味着国际水铁联运将实现无缝衔接。

"运全球"的背后,是中欧班列(重庆)的不断延伸。实现欧洲与亚洲的铁路、公路、空运、水运的多式联运:向东通过铁水联运与长江黄金水道无缝衔接,向南通过铁公、铁铁、铁海联运联通东南亚,向空中则通过铁空联运辐射首尔、东京等地处重庆四小时航空半径的亚洲城市。

目前,除核心的国际铁路通道运输以外,中欧班列(重庆)已逐步展开铁铁、铁水、铁公、铁空等多式联运。中欧班列(重庆)的目的地可达欧洲、俄罗斯及中亚地区,主要出境口岸为阿拉山口、霍尔果斯、二连浩特、满洲里,到达越南的出境口岸为凭祥口岸。

更好融入"一带一路"

在国际多式联运上,依托中欧班列(越南)国际班列,将重庆与东南亚有机连接起来。此外,继续夯实中欧班列(重庆)与东盟公铁联运,不断加强至日本、韩国等地的铁空联运测试。

第 10 章　国际金融服务贸易

10.1　国际金融服务贸易概述

10.1.1　国际金融服务贸易的概念

依据《服务贸易总协定》金融附件，国际金融服务贸易是指由一成员方的金融服务提供者向另一方提供任何形式的金融服务。

金融服务提供者是一成员方希望提供或正在提供金融服务的任何自然人和法人。金融服务是一成员方的金融服务提供者所提供的任何有关金融方面的服务，包括所有保险和与保险有关的服务，以及所有银行业和其他金融服务（保险除外）。

保险和与保险有关的服务主要包括：① 直接保险（又分为人寿险和非人寿险）。② 再保险和转保险。③ 保险中介（如经纪人和代理机构）。④ 辅助性服务。

银行及其他金融服务主要包括：① 接受公众储蓄和其他应偿付的资金。② 各类贷款，包括消费者借贷、抵押贷款、信用贷款、代理和商业交易的资金融通。③ 融资性租赁。④ 所有的支付和货币交换服务，包括信贷、应付项目和借方信用卡、旅行支票和银行汇票。⑤ 担保和委托业务。⑥ 参与各类证券的发行。⑦ 资产管理，包括现金或有价证券的管理、各种形式的集体投资的管理、年金管理等。⑧ 金融资产的清算和结算服务。⑨ 以上各项活动方面的咨询、中介和其他辅助性金融服务，以及其他服务。

按照服务贸易的 4 种贸易模式，国际金融服务贸易主要包括：

① 跨境交付。即从一成员方境内向任何其他成员方境内提供，如一国银行向另一国借款人提供贷款服务。

② 境外消费。即在成员方境内向来自任何其他成员方的金融服务消费者提供，如一国银行对外国人的旅行支票进行支付服务。

③ 商业存在。即一成员方的服务提供者，通过在任何其他成员方境内的商业存在提供的服务，它与金融业的对外投资紧密联系，便于金融服务者在消费现场及时、有效地提供金融服务，提高当地金融市场的参与度。

④ 自然人流动。即一成员方的服务提供者，通过在任何其他成员方境内的自然人提供的服务，如风险评估、咨询等。

10.1.2 国际金融服务贸易的分类

1. 按照具体业务部门分类

按照具体业务部门进行划分，国际金融服务贸易可以分为两大类：银行及相关业务服务贸易、保险服务贸易。

2. 按照服务贸易模式分类

按照服务贸易模式进行划分，国际金融服务贸易可以分为四类：跨境交付、境外消费、商业存在和自然人流动。

3. 按照服务提供者和消费者移动方式分类

1）分离式国际金融服务贸易

分离式国际金融服务贸易是指金融服务的提供者和消费者（使用者）不需要在国与国之间移动而实现的金融服务贸易，即一个国家从其境内向另一国境内提供金融服务而产生的金融服务贸易。此类金融服务的跨国境移动，主要通过电话、电信、邮电、计算机网络等的传输实现。由于作为贸易对象的金融服务跨越了国界，故也可称为跨境金融服务贸易。

2）需求者所在地金融服务贸易

需求者所在地金融服务贸易是指金融服务的提供者转移至金融服务的需求者所在地而产生的国际金融服务贸易。这种金融服务贸易一般要求金融服务的提供者在需求者所在国拥有商业存在，涉及金融服务业的对外投资。

3）提供者所在地金融服务贸易

提供者所在地金融服务贸易是指金融服务的提供者在本国国内为外国居民和法人提供金融服务，一般要求金融服务消费者跨国界接受金融服务。如一国银行向外国人提供旅行支票的金融服务。提供者所在地金融服务贸易的特点是金融服务的提供者并不跨越国界向服务消费者出口金融服务，对金融服务提供者而言，也不存在生产要素的移动。

4）流动的国际金融服务贸易

流动的国际金融服务贸易是指金融服务的提供者和消费者相互移动所产生的金融服务贸易，金融服务的提供者对外进行直接投资，并利用其分支机构向第三国的居民和企业提供金融服务。例如，设在法国的一家美国银行在法国向德国的旅游者提供旅行支票的金融服务。流动的国际金融服务贸易的特点是要求金融服务的提供者和消费者存在不同程度的资本和劳动力等生产要素的移动。

10.1.3 国际金融服务贸易的特点

1. 知识密集型特征突出

知识密集型服务一般指那些技术及人力资本投入密度较高、附加值较大的服务,它具有高知识度、高技术度、高互动度、高创新度四个特点。而金融保险业及金融服务贸易在众多服务行业和服务贸易领域中具有突出的知识密集型特征,不仅需要大量专业性、高素质的金融人才,而且创新特征、高附加值特征明显。这也决定了国际金融服务贸易比较优势和竞争优势一旦形成即具有相对的稳定性和一定程度的垄断性。

2. 生产性服务功能显著

生产性服务是市场化的非最终消费服务,是作为其他产品和服务生产的中间投入的服务,是面向生产的服务,具有专业化程度高、知识密集的特点。金融服务在促进要素流动、推动生产发展等方面具有独特的功能和作用,特别是与制造业关系格外紧密,成为现代经济极为重要的部门领域,因而在国际货物贸易及服务贸易发展过程中的地位十分重要。

3. 与经济发展安全密切相关

金融服务不仅可以发挥要素集聚效应、资本积累效应,而且可以通过提高要素生产率、资本配置效率等促进产业发展、结构优化和创新变革,其对于经济发展繁荣具有决定性意义。更重要的是,现代经济中金融安全对于一国经济安全有着直接的影响。防范金融风险,保持金融稳定和安全是开放经济条件下各国必须关注和应对的重大问题。因为国际金融服务贸易对于国际经济发展和安全发挥着重要作用。

10.1.4 国际金融服务贸易的作用

1. 满足国际金融服务需求

全球化的发展、国际贸易和国际投资规模的扩大,以及国际合作的深化在推动货物、服务等贸易标的进行国际交易的同时,需要金融服务的跟进,从而创造更加有利的贸易环境,促进贸易的顺利开展。除此之外,国家、相关企业和组织及个人等国际金融服务的需求也在不断加强,特别是跨国公司在拓宽市场、实现全球经营战略目标过程中对金融服务的需求持续增长,其他金融服务需求者因科技进步、交往频繁、合作密切等而产生更广泛的金融服务需求都需要国际金融服务贸易提供支持和保障。依据全球金融科技普及调查报告,2017 年全球金融科技平均普及率为 33%,和 2015 年的 16%相比增长明显。巴西、中国、印度、墨西哥和南非等新兴国家金融科技普及率为 46%,高于全球平均水平。全球 50%的消费者使用金融科技完成转账和支付服务。64%的金融科技用户更喜欢使用网络渠道管理生活的各个方面,而非金融科技用户仅占 38%。可见,国际金融服务需求无论从规模、结构、特征等方面都有明显的变化。

2. 创新国际金融服务供给

金融在现代经济中处于十分重要的地位,对于社会经济的发展、国家的经济安全发挥着极为重要的作用。尤其是在开放经济条件下,构建国际金融中心,增强金融服务供给和创新能力已成为建设经济强国的重大战略着力点。目前,世界上的经济强国在金融服务供给能力和水平方面都具有明显的竞争和垄断优势。而国际金融中心则聚集了大量金融机构和相关服务产业,全面集中地开展国际资本借贷、债券发行、外汇交易、保险等金融服务。国际金融服务贸易则在更广阔的时空范围内聚集和分配社会生产所需资金,同时,促进金融服务领域的交流创新,并通过多样化的金融服务增强国际金融服务供给能力、促进国际金融中心的建设、推动经济发展。

3. 拓展国际金融服务市场

国际金融服务贸易不仅服务于生产和生活,对拓展国际金融市场同样可以发挥积极的作用。商品与劳务的国际性转移、资本的国际性转移、黄金输出入、外汇的买卖,以及国际货币体系运转等各方面的国际经济交往都离不开国际金融市场。国际金融市场是由国际性的资金借贷、结算、汇兑,以及有价证券、黄金和外汇的买卖活动所组成的市场。而国际金融服务贸易的繁荣与发展成为国际金融市场拓展的重要推动力量。世界各国在经济交往中需要金融服务贸易,而金融服务贸易的发展有助于各国开放国内金融市场,加强金融体制的合作、调整和改革,并在贸易中协调相关利益,形成统一、有序的国际金融市场环境。

4. 促进各国经济发展繁荣

国际金融服务贸易的发展有利于国际资本的跨国移动,以及包括资金在内的要素在全球范围内的有效配置,有助于促进国际投资的发展、生产的国际化与资本的国际化。各国参与到国际金融服务贸易中,加剧了国际金融机构的竞争,提高了资金的流通效率,有利于降低筹资成本,提高金融服务质量。不仅如此,国际金融服务贸易对于调节投资方向和产业结构发挥重要作用,而其自身也是经济繁荣发展的重要组成部分。

10.2 世界金融服务贸易发展

10.2.1 世界金融服务贸易发展概况

1. 贸易发展呈加速态势

国际金融服务贸易的迅速发展是在第二次世界大战之后,特别是20世纪70年代以后。伴随世界经济的快速发展,以及国际贸易大规模扩张,在科学技术、跨国公司及各国政府的大力扶持和推动下,国际金融服务贸易额逐年递增。据WTO数据分析,2003年,世界金融服务贸易出口达1 022亿美元,占世界服务贸易出口总额的比重为5.6%。其中,前20位国家和地区共出口934亿美元,占世界金融服务贸易出口总额的91.5%。英国、美国、卢森堡金融服务贸易出口分列世界前三名,合计占世界金融服务贸易出口份额的54.5%。2008年以来,由美国次贷危机引发的金融危机蔓延,对国际金融体系和世界经济造成了巨大冲击。世界各国纷纷推出应对危机和刺激经济的方案,改革金融体系,推进国际监管政策协调,加强对系统性风险的监控和处置,以此遏制危机恶化和再生。总体而言,金融服务贸易在世界服务贸易的地位不断提高,并且在贸易规模扩大、科技助力等因素的推动下呈加速发展的态势。

2. 衍生金融快速扩张

20世纪70年代,汇率制度的变化、国际资本流动、国家政策的放松等为金融衍生工具提供了良好的环境,而科技的发展和银行业的繁荣则助推金融衍生工具的创新发展。国际金融市场的快速发展,催生了诸如股票、债券等有价金融证券及证券咨询、投资服务、融资顾问等新兴的金融服务形式,而这些金融衍生品的快速扩张,直接带动了国际金融服务贸易的增长。许多金融衍生产品一经推出,便得到市场的世界性认同。国际清算银行的统计数据表明,在1991年至1998年间,全球股指期货的未平仓名义余额增长了4倍多,达到3 210亿美元。全球金融衍生产品的交易额自20世纪80年代后期增长迅猛,其未偿名义合约总值从1986年的1万亿美元增长到1998年的64万多亿美元。金融衍生产品的复杂性及创新速度已使得没有广博知识基础与实务经验、相当的智力水平的人难以适应和胜任相关工作。

3. 集团化态势明显

20世纪90年代以来,各国纷纷改革原有金融法规,放宽了对金融机构经营业务范围的限制,不同程度地允许不同金融机构之间的业务交叉,特别是放宽了对商业银行兼营证券业务的限制。这使得传统的金融机构之间严格而清晰的界限消失了,银行业务开始趋向全能化。在这一背景下,国际金融服务贸易和国际金融业的结构产生了一个非常突出的特征,即国际金融领域兴起了一股"强强联合"型兼并收购的浪潮,金融集团的规模越来越大。此外,金融服务需求多元化也推进了金融服务提供者的集中化,世界各国也都对金融机构的业务范围进行了有效的拓展,现在金融服务机构主要集中在银行、证券交易市场、股票交易市场等,众多中小银行通过合并组建金融集团以发挥其各自优势,增强其整体竞争力,进而促进了金融服务贸易发展日益集中化和集团化。

4. 区域化差异逐渐扩大

世界经济和金融发展的不平衡,决定着金融服务贸易发展的不平衡。由于发达国家在经济和金融发展及其国际竞争力上的巨大优势,使得发达国家不仅在国际货物贸易上处于优势地位,而且在国际服务贸易上,特别是金融服务贸易上居于绝对优势地位。与发达国家相比,发展中国家服务业,特别是金融服务业落后,金融服务业的国际化程度和国际竞争力低,在国际金融服务贸易中处于十分落后和不利的地位。发达国家与发展中国家在金融服务贸易中存在巨大的差距,而且这种差距仍然在继续扩大。

10.2.2 世界金融服务贸易发展特征

1. 发达国家仍占主导地位

由于经济发展水平及诸多历史原因，国际金融服务大多集中于发达国家。起点的不同步性直接导致了区域的不平衡性，并且发达国家的竞争优势也在一定程度上加剧了不平衡性，使金融服务贸易的区域化差异更加明显。世界金融中心均处于发达国家或地区。2014 年，欧洲、东北亚（中、日、韩）和北美三个地区的银行资产占全球的 70%。以美国为例，银行服务业是美国金融服务跨境贸易的中流砥柱。2015 年，美国金融服务跨境出口总额达 1 196 亿美元，进口总额达 729 亿美元，贸易顺差达 467 亿美元。银行服务（包括除了零售银行以外的金融管理、信用卡处理和信用相关服务）共占 2015 年美国金融服务出口总额的 62%（743 亿美元）和进口总额的 25%（179 亿美元）。证券服务（包括佣金、核保、贷款）共占 2015 年美国金融服务出口总额的 24%（282 亿美元）和同年进口总额的 10%（73 亿美元）。保险服务占 2015 年美国金融服务出口总额的 14%（171 亿美元）和进口总额的 66%（478 亿美元）。美国是至今为止最大的保险市场，其 5 530 亿美元的寿险保费和 7 640 亿美元的财险收入一同占据了全球保费的四分之一。日本、英国分别是世界第二大和第三大保险市场。2014 年，美国依然是全球最大的证券服务市场，占了股票市值的一半以上。

2. 金融服务创新突出

一般来说，金融创新主要体现在新的金融工具和交易方式的出现，期货和期权交易的发展，以及银行国际业务中货币和利率的互换、票据发行便利和远期利率协议等新的交易技术的引入。早期的金融创新主要是基于逃避金融管制的需要，而近年来的金融创新是为了满足经济发展对金融的多方面需求。目前，国际上金融衍生产品已超过 1 200 种，而且仍在新品迭出，并呈现出形式越来越复杂、技术处理越来越超乎想象、组合管理越来越科学的特点。随着微电子技术、计算技术、通信技术和信息技术的更大突破，一批更加安全、高效的新型工具将不断出现，为金融变革的发展提供新的物质、技术基础。金融现代化将向电子化、虚拟化、信息化和智能化方向推进。银行在电子商务中扮演重要角色，银行要通过网上银行为从事电子商务的各方提供网上支付服务，要通过网上银行为其客户提供广泛的金融服务。

3. 贸易保护主义盛行

在自由与保护相互交织的贸易金融发展环境中，特别是在贸易保护主义抬头、逆全球化泛起的形势下，国际金融市场面临更多的不确定性因素。而国际金融危机暴露的诸多金融体系弊病仍未找到明确的改革路径。发达国家银行业体系坏账问题仍未完全解决，不良资产损失处置方式仍存在不确定性，从而加剧了保护主义。

就国际金融服务贸易而言，其贸易壁垒主要包括市场准入壁垒和业务经营限制。而对境外金融服务商设立分支机构的市场准入壁垒主要涉及以法律形式禁止其他国家金融机构的介入；通过政策和许可证方式禁止境外金融机构的介入；除设立代表处外，通过法律形式禁止外资金融机构的介入，或通过现行的各种行政管理措施限制外国金融机构的介入；以法律形式禁止任何外国银行通过分支机构介入本地市场；禁止外国银行购买本地银行的股权；对外国银行获得本地银行的股权有一定数量的限制。就业务经营限制而言，主要涉及市场服务范围的限制，资产增长及规模的限制，融资限制及损差措施。损差措施指的是除了对金融服务的主要因素加以限制之外，东道国政府还可以用其他方式限制外国企业金融机构的竞争，如电信网、电力供应、交通和邮政服务等都可以附加限制、影响经营。

10.2.3 世界金融服务贸易发展趋势

1. 虚拟经济成分持续增大

金融服务贸易的快速发展推动全球经济的虚拟化，特别是金融衍生产品的快速扩张及其结构的迅速变动助推了虚拟经济的发展。而国际金融市场和国际金融服务贸易的迅速发展和结构的巨大变化已使其迅速成长为一个具有自我配套服务、自我支撑和运转能力的庞大体系。一方面，它在对整个经济运行发挥一系列重大功能和作用的同时，自身所创造的产值和财富也开始构成国内生产总值的一个越来越重要的组成部分；另一方面，它加剧了国际社会财富的重新分配效应。此外，国际金融服务贸易和国际金融活动对国际贸易和物质经济的不断背离，加剧了经济的虚拟化和泡沫经济的发展，使整个国际经济体系日益脆弱化，增大了金融危机爆发的可能性。

2. 金融服务贸易自由化深化

虽然贸易保护主义时有抬头，然而经济全球化和基于多边体制的贸易自由化是世界经济发展的不可抗拒的历史潮流。金融自由化是相对于20世纪80年代前的金融管制而言的。金融管制虽然对稳定金融秩序起到一定作用，但跨入80年代后，这些早期形成的金融法规已限制了经济和金融的进一步发展，在此背景下，许多发达国家纷纷掀起了以"自由化"为特征的金融改革浪潮。国际金融服务贸易自由化是指一国政府在对外金融服务贸易中，通过立法和国际协议消除或减少对金融服务和与金融服务有关的人员、资本、信息等在国家间流动的行政干预，以及放松对外管制的过程。金融自由化的基本内容包括金融价格的自由化或市场化；扩大各类金融机构的业务范围和经营权，让其公平竞争，致使金融机构的业务分工模糊化；放松金融机构进入市场的限制，放松金融机构对金融工具和融资技术进行选择的限制；实行资本流动自由化，放宽外国资本、外国金融机构进入本国金融市场的限制，以及本国资本、本国金融机构进入外国金融市场的限制。

乌拉圭回合谈判以后，世界贸易组织在服务贸易总协定的原则框架下，对金融服务贸易的自由化进行了进一步的谈判，于1997年12月12日在日内瓦达成《金融服务贸易协议》

(financial services agreement，FSA)，将全球95%的金融服务贸易纳入逐步自由化的进程之中。《金融服务贸易协议》的签订大大加速了全球金融服务贸易自由化的进程，使全球金融服务贸易自由化进入一个新的阶段。随着各国金融政策倾向一体化，全球金融市场一体化，以及资本流动自由化、国际化，国际金融服务贸易自由化必将持续深化。

3. 国际金融证券化趋势明显

国际金融证券化是近几十年来国际金融发展的一个重大特征和趋势。金融证券化包括融资证券化和资产证券化。融资证券化指的是资金需求者采取发行证券的方式而不是采取向金融机构借款的方式筹措资金，这也就是所谓资金的"非中介化"或"脱媒"现象。资产证券化是指将缺乏流动性的资产通过金融技术转化为可以在金融市场上出售的证券的行为。融资证券化意味着银行在贷款方面的优势逐渐丧失，银行资产占全部金融资产比重，即非金融企业负债占企业总资产的比重不断下降。随着金融服务的不断创新发展，国际金融服务贸易领域证券化趋势将更为明显。

10.3 我国金融服务贸易发展

10.3.1 我国金融服务贸易发展概况

1. 贸易规模不断扩大

随着我国服务贸易规模的不断扩大，金融服务贸易的规模也在持续增长。特别是跨境交付总额近十年呈上升发展趋势。2001年，我国在保险业、银行业、证券业等金融服务贸易的主体方面加快了发展速度，进、出口总额由2001年的29亿美元增至2006年的94亿美元，年平均增长率为47.1%。2006—2013年，我国金融服务贸易的进、出口总额从104亿美元增至330亿美元，年平均增长率为31%，超出世界平均水平。从国际市场占有率来看，我国金融服务占世界金融服务贸易份额很低，存在很大的上升空间。

从国际看，世界经济处在危机后的深度调整期，国际金融市场波动加剧，地缘政治等非经济因素影响加大；从国内看，过去支撑经济高速增长的要素条件和市场环境发生明显改变，经济潜在增长率趋于下行，趋势性、阶段性、周期性矛盾相互交织，经济进入新常态，结构调整和动能转换任务艰巨，经济金融发展面临全新的问题和挑战。面对新的更加复杂的经济金融环境，我国金融改革发展依然取得了新的重大成就，金融业保持快速发展，金融产品日益丰富，金融服务普惠性增强，金融改革有序推进，金融体系不断完善，人民币国际化和金融双向开放取得新进展，金融监管得到改进，守住不发生系统性金融风险底线的能力增强，金融治理的效能不断加强，水平不断提高。

2. 开放水平持续提升

自 2001 年加入世界贸易组织以来，我国履行承诺，稳步推进金融业对外开放，为外资金融机构提供了平等的发展环境。对外开放在推进我国金融业快速与国际接轨的同时，也有效推动了我国金融市场业务的发展。我国逐步扩大了对外资银行的开放力度，积极引进外资银行在我国设立分行。2002 年，我国主动实施了 QFII 制度，允许合格的境外机构投资者进入 A 股市场。2006 年实行的 QDII 制度，允许合格的境内机构投资者到境外投资。2007 年我国又宣布取消了 QDII 对外投资的限制。在资本项目进一步开放的同时，一系列推动投资贸易便利化、鼓励人民币跨境使用的制度也在紧锣密鼓地制定与实施。2016 年，人民币被正式纳入 SDR 货币篮子，人民币国际化迈出了重要一步。截至 2017 年，中国银行业金融机构的总资产超过了 250 万亿元人民币，居全球第一位；全球十大系统性银行中，中国占据了四家，利润和资本指标都居于前列；中国股票市场的总市值居全球第二位，债券的市值居全球第三位，仅次于美国和日本，整个资本市场和发达国家趋于一致；保险业保费收入已经居全球第二位；中国的移动支付和许多金融创新在全世界居于领先水平。总体来看，我国金融服务贸易开放程度在不断提高，但是我国金融市场开放的自由程度和欧美相比仍然不够充分，开放程度尚待进一步提升。

3. 竞争力有待加强

加入世界贸易组织后我国金融服务贸易面临严峻的竞争形势。虽然我国金融服务贸易规模不断扩大，但是长期以来处于逆差状态。在 2001 年金融服务贸易逆差只有 24.62 亿美元，2014 年这一数值达到近 183 亿美元。这表明我国金融服务贸易总量的增长还是以进口为主，出口贡献较少，致使逆差逐步扩大。同时，保险服务贸易逆差几乎占据整个逆差的 95%，其他金融服务贸易逆差则相对较小。不仅如此，我国金融服务贸易形式简单，进出口结构单一。金融服务贸易中的保险服务贸易占据着主导地位，以银行服务贸易和证券服务贸易为代表的其他金融服务贸易发展规模较小，所占比重较低。2001 年，我国保险服务贸易额占全国金融服务贸易进出口总额的 94.36%，2001—2007 年这一比例均在 90% 以上。2011 年之后，这一比例开始有所下降。2001—2013 年，保险服务贸易与其他金融服务贸易两者占比的差距一直很大，直到 2014 年，才降低至 50% 以下。

10.3.2 我国金融服务贸易发展特征

1. 科技融合助力金融服务贸易力度加大

科技发展与应用融合正在推动金融科技的空前繁荣和我国金融服务贸易的跨越式发展。大数据、云计算、区块链、人工智能等新技术快速发展，推动金融科技公司迅速崛起，也为金融带来了重大的机遇与挑战。我国金融服务贸易正在积极推动与科技的深度

融合，形成金融体系智能化发展态势，如借助大数据分析，更加精准判断客户需求，从灌输营销转向精准营销，提高销售服务效率，深挖客户价值；利用云计算提供更加低成本、高效率的财务和运营支持；推动互联网金融的蓬勃发展等。在金融科技方面，我国近年来的发展可圈可点，尤其是移动支付或第三方支付，是世界上发展最快、普及程度最高的。不少高科技互联网企业开始发展金融业务，在过去若干年纷纷开设或者投资各种各样的金融公司，如蚂蚁金服从阿里巴巴的支付宝业务开始，逐步扩张版图，业务范围涵盖银行、保险、证券等，腾讯、百度等也开设金融板块并拿到相关牌照。此外，实体企业也利用它们在上下游中的核心地位和资源场景开始做金融，即供应链金融。

2. 人民币国际化推动金融服务贸易发展

我国金融发展有两大战略目标，一个是人民币的国际化，让人民币成为重要的国际性储备货币；另一个是让中国金融市场成为国际金融中心。而人民币国际化是我国金融国际化及金融服务贸易竞争力提升的重要推动力量。依据中国银行发布的 2017 年度《人民币国际化白皮书》，境内外市场主体对人民币国际地位预期向好。76%的受访市场主体（包括工商企业和金融机构）认为人民币的国际地位有希望接近美元、欧元、英镑、日元等国际货币；受访金融机构较企业对人民币国际货币地位预期更高；超六成受访市场主体表示将使用人民币或提升人民币使用比例。同时，人民币国际货币职能作用进一步发挥。国际计价货币职能稳步增强，在面临汇率波动时坚持以人民币计价的受访境内企业比例连续五年上升；近八成的受访境外大宗商品企业参与中国境内大宗商品交易意愿较强；大部分受访市场主体都在积极考虑将人民币作为国际流动性的重要补充。人民币国际化为我国金融服务贸易的繁荣发展提供了坚实的基础。

3. 金融服务贸易结构不平衡特征突出

我国金融服务贸易结构不平衡特征突出，主要表现在：第一，金融服务贸易虽然取得了长足发展，但是在我国服务贸易中占比仍然很小，尚未发挥金融服务贸易的重要作用。第二，金融服务贸易内部结构不平衡，保险服务贸易占比大，其他金融服务贸易占比小，结构单一。第三，长期存在金融服务贸易类型与进出口不平衡的现象。尽管近十年来我国金融服务贸易在总体规模上不断增长，但不管是在金融服务贸易类型还是在进出口构成方面，我国金融服务贸易结构仍存在不平衡之处，且呈现出逐年增长的态势。第四，区域发展不平衡，主要体现为外资方大多在经济特区、沿海城市或北京这类一线城市设立分行，而很少有内陆城市能吸引外资银行设立代表处。

4. 金融创新能力与人才匮乏制约明显

创新能力主要包括业务、市场、监管制度和互联网技术的创新。金融服务贸易发展的国际经验表明，一国金融企业自身所拥有的自主创新能力直接关系该国金融服务贸易的发展水平。我国在 20 世纪末才出现可交易金融产品，起步较晚。我国金融服务贸易多集中于低端的传统金融服务业务,缺乏创新性的高端金融服务。中资银行缺乏金融产品的发明专利,金融机构开发的产品和服务多数还属于低层次、简单模仿外资银行的阶段,同质化也较为严重,缺乏个性化的金融产品和服务。此外,国内不少金融服务贸易从业人员没有经过系统的金融专业知识学习或培训,没有形成专业的产品开发与经营理念,从业人员面对复杂的金融服务贸易市场缺乏创新能力。高层次、高水平、高技术的从业人员十分稀缺,人才的匮乏导致国内金融服务贸易长期处于被动地位。

10.3.3　我国金融服务贸易发展趋势

1. 国家战略与政策促进力度持续加大

我国金融服务贸易要以服务国家战略为导向,认真贯彻、落实相关政策,促进金融创新,不断提升金融服务贸易的国际竞争力。金融服务贸易服务实体经济、服务国家战略、服务地区发展、服务客户痛点的金融创新正在得到鼓励和发展。供给侧改革、"一带一路"倡议、三大地区发展战略等国家重大发展布局需要金融体系及金融创新的大力支持,实体经济领域有大量需求,需要金融体系提供高效的供给。此外,新经济要求银行不断创新服务模式。银行业在告别过去普遍性、总量增长机会的同时,也迎来了细分领域、结构性机会的发展商机。在上述背景下,我国金融服务贸易在服务国家战略、落实相关政策方面必将迎来更大的发展机遇和契机。

2. 金融市场结构与管理将进一步完善

当下我国金融体系正在发生非常深刻的变化,各个金融市场互联互通,金融资产结构也随之发生重大改变,从融资为主逐步过渡至融资和财富管理并重的格局。尽管当前社会融资结构仍以银行信贷为代表的间接融资为主,但以股票债券为代表的直接融资比重将逐年显著上升。从社会融资规模存量结构变化趋势来看,直接融资存量的比重在逐年增加;从社会融资规模增量结构变化趋势来看,直接融资增量的比重也在显著增加。因此,未来我国金融市场结构可能处于从银行主导型向市场主导型转变的过程中。此外,金融过度自由化将得到矫正,强监管、严监管将持续并成为常态。我国金融服务贸易所面对的市场和管理环境将进一步改善。

3. 金融组织与机构发展优势逐步彰显

亚投行成立于2015年12月25日,2016年1月16日正式开业,法定资本为1 000亿美元,是由我国倡议设立的多边金融机构,旨在满足亚洲地区基础设施和互联互通建设的资金需求。自开业以来,亚投行一直以合作共赢的姿态,积极与其他多边开发银行开展务实合作,先后与世界银行、亚洲开发银行、欧洲复兴开发银行、欧洲投资银行等签署了合作协议。2017年5月,亚投行等五个多边金融开发机构与中国财政部还就参与"一带一路"建设签署了合作备忘录。亚投行的成立与运转对我国金融服务贸易的发展具有极为重要的意义。此外,多

元化的小型金融机构将会蓬勃发展。小微企业、创新企业只能由创新型小型金融机构对接。这些蓬勃发展的小型金融机构完全有可能纳入政府"大监管"范畴之内。金融回归服务实体经济的初衷，要求金融机构能够为各类客户提供多元化、有特色的金融服务，其在金融国际化及金融服务贸易发展过程中的优势将逐步彰显。

4. 金融业对外开放更加稳健有序

在构建全方位对外开放新格局、推动国际经济新秩序建立的过程中，我国金融业国际化的步伐必将进一步加快。然而面对复杂的国际形势和各种不确定因素，我国金融业对外开放的步骤和节奏将会根据风险管控的形势变化和国内实体经济发展的需要做出适当的调整。人民币国际化也将更加稳健发展，在注重风险防范和评估的前提下，加快国际化的速度和规模。总之，金融服务贸易发展比以往任何时候都要遵循金融自身的规律和服务实体经济的大逻辑，比以往任何时候都要处理好发展与规范、创新、风险防范的关系，始终坚持在发展中防范风险，从而使我国金融服务贸易更好地适应国际市场环境、应对外部各种风险。

概念和术语

金融服务；国际金融服务贸易

复习思考题

1. 什么是国际金融服务贸易？
2. 国际金融服务贸易有哪些特点？
3. 国际金融服务贸易如何分类？
4. 国际金融服务贸易有哪些作用？
5. 简述世界金融服务贸易的发展特征和趋势。
6. 我国金融服务贸易的发展状况如何？
7. 简述我国金融服务贸易发展的特征和趋势。

延伸阅读

"科技+金融"：破解服务"痛点"

科技赋能金融，正在使金融服务变得更有效率。2017年深圳金融创新奖评选活动中获奖项目所展示出的对金融服务普及、金融效率提升的较大促进作用，充分体现了科技与金融结合所产生的巨大效应。

"跨境 e 金融"构建一站式服务

在全球经济一体化格局下,企业跨境经济活动日益活跃,对于跨境金融服务的需求更加强烈。商业银行从传统角度难以满足客户在跨境活动中全方位、多维度的需求。以物理网点为主的服务较难覆盖众多中小客户,对银行信用评级、境外机构设置等方面的要求也限制了中小银行海外业务的发展。

同时,跨境电子商务、互联网金融等新兴业态的出现也为中小商业银行跨境金融业务的发展提供了探寻特色化经营的机会。

针对跨境金融服务中的用户"痛点",平安银行创新推出"跨境 e 金融"平台,全力为客户提供智能化的信息、贸易、金融等一揽子服务,构建集交易撮合、销售及订单管理、物流、保险、金融服务等为一体的一站式综合服务体系。

跨境 e 金融以门户网站为入口,针对客户跨境经济活动中不同阶段的需求,包括跨境结算、融资、投资、现金管理、理财、避险、订单管理、运输管理等提供全方位的线上服务。同时,跨境 e 金融还重点针对实体经济业态变化,提供跨境第三方支付平台直联服务、跨境资金池直联服务,为中小企业、电商平台、跨国企业提供更便捷的跨境收付和资金汇兑服务体验。

在基础的外贸服务方面,跨境 e 金融可以借助线上平台实现商品管理、订单管理、运输管理、结算管理合一。跨境 e 金融目前已对接网易宝、拉卡拉、易智付、富友等多家国内知名跨境第三方支付公司,可为中小外贸商家提供便捷、高效的跨境收付款和汇兑服务,第三方支付直联服务全程不落地,单日可承载百万笔数据交互。冯辉表示,未来平安银行将面临跨境电子商务和互联网金融给企业的商业运营及银行产品服务体系所带来的巨大挑战和机遇,通过建立组织架构、风险控制、产品创新、系统建设的快速反应机制,加快 FINTECH 技术运用,力争成为"最佳跨境互联网金融服务商"。

深港金融互通受瞩目

粤港澳大湾区的建设正在如火如荼进行中,实现粤港澳地区金融互联互融对于大湾区建设具有重大推动作用。

深圳金融办举办的 2017 年度金融创新奖评选活动特别设有 6 个名额,专门奖励深港两地金融机构在完善跨境金融基础设施、拓展跨境投融资渠道、促进金融市场互联互通等方面的优秀创新项目。由深圳金融电子结算中心有限公司及香港银行同业结算有限公司合作的深港电子支票票据联合结算,便是本次深港合作类获奖项目之一。

虽然电子支付在内地已经成为主流的生活方式,但在香港,人们仍然习惯使用实物支票。为促进支付的便捷性,香港银行同业结算有限公司尝试推出电子支票,把实物支票转为无纸化服务。2016 年,在中国人民银行和香港金管局的大力支持下,香港结算公司和深圳结算中心推出多币种的深港电子支票票据联合结算,并在 2017 年推出使用电子支票缴付深圳国税和地税的跨境支付服务。

不论是在外地旅游还是出差，都可以收发电子支票，不再需要邮寄或亲自去银行存票，节省了很多时间。每次开票前应该先取得深圳收款人同意并且确认对方的正确电邮地址，就能确保电子支票可以正确传递。电子支票的使用，使得付款人和收款人无论在何时何地都可以开票和存票。即使没有收款人的银行账户，付款人也可以在任何时间签发电子支票票据，将电子支票票据传送给深圳收款人，打破了纸质支票的地域和时间限制。

在内地非常普及的微信、支付宝等第三方支付转账方式目前在香港还属于新兴事物。香港市场普遍只接受现金、信用卡和实体储值卡，朋友间转账由现金、支票、银行转账完成，香港的流动支付与内地存在很大差距。

第 11 章　国际电信服务贸易

11.1　国际电信服务贸易概述

11.1.1　国际电信服务贸易的相关概念

1. 依据国际电信联盟的定义

依据国际电信联盟的《1996/1997 年世界电信发展报告》，国际电信服务贸易被定义为跨越国界的电信设备或服务的贸易。

国际电信设备贸易是指世界各国（或地区）之间所进行的以货币为媒介的电信设备的交换活动。这里的电信设备指使用电信服务的用户之间进行某种通信业务的呼叫时，业务信息在整个传递的过程中所经过的交换设备、传输设备，以及真正到达被叫端的各种用户终端设备。

电信服务是指通过电信基础设施，为客户提供的实时信息（声音、数据、图像等）传递活动。从狭义上讲，国际电信服务贸易指在不同国家或属于不同国家任何性质的电信局或站之间提供的电信服务活动。从广义上讲，国际电信服务贸易除传统观点下的服务贸易，还包括通过国外直接投资进行的贸易。如外国投资者收购电信公司或由国内外双方建立合资企业提供新的电信业务。

2. 依据《服务贸易总协定》的定义

依据《服务贸易总协定》中电信附件的规定，通常情况下，国际电信服务中的电信服务是指电信业务的经营者向电信用户提供电信业务的过程。按照国际通行的分类方法，电信服务可分为基础电信业务和增值电信业务两大类。按照我国《电信条例》的规定，基础电信业务是指提供公共网络基础设施、公共数据传送和基本语音通信服务的业务，增值电信业务是指利用公共网络基础设施提供的电信与信息服务的业务。

电信基础设施由构成传输系统（网络）的工具及设备组成，如铜导线、同轴光学电缆、卫星、多路传输器、开启系统、电脑终端及其他操作和内部链接设备等。最常见的电信终端设备就是电话，而当代电信基础设施中，最重要的则是电脑。任何通过这些电信设备而提供

的服务构成电信服务。

信息,也就是通过电信传递的消息内容,传统意义上是不包括电信网络传送功能的。然而随着科学技术的进步,产生和分配消息的信息服务已变得更广泛。商业使用者需要更直接地控制内部电信传输和操作。这样的电信与信息服务之间,很容易产生混淆,也很难在二者之间画出清晰的界线。因此,明确的数据传输和数据处理服务在贸易谈判中是必需的,即明确数据传输是电信服务,而数据处理服务则为专业经济服务。

总体上,电信基础设施是电信服务提供的基础,而信息则是电信传送的内容,即服务对象,它们都是构成电信服务的要素,是相辅相成的。

按照服务贸易的4种贸易模式,国际电信服务贸易主要包括:

① 跨境交付。即一成员方的电信服务商在其境内向另一成员方境内消费者提供电信类服务。在跨境交付模式中,存在国际电话费用的分摊对稀有资源进行分配及与现有网络互连以给现有用户提供服务的问题。

② 境外消费。即一成员方的电信服务商在其境内向来自其他成员方的消费者提供电信类服务。境外消费主要形式涉及呼叫电话卡、移动通信、无线寻呼漫游、移动卫星系统及更换呼叫程序业务等。

③ 商业存在。即一成员方的电信服务商在另一成员方境内设立电信公司或分支机构向该成员方或其他成员方的境内消费者提供电信类服务。商业存在的主要形式包括成立海外办事处、结盟、海外投资、多边战略投资者等。

④ 自然人流动。即一成员电信公司的工作人员去另一成员方境内提供电信服务。自然人流动的障碍包括关键人员签证和工作许可的有效办理等问题。

《服务贸易总协定》电信服务附录及其后达成的《基础电信协议》,适用于一成员方进入和使用任何公共电信传送网及其服务范围的一切措施,即每个成员方应保证自己承诺的义务适用于有关公共电信传送网及服务供应者的一切必要的措施。但电信服务不适用于以下情况:

① 有关无线电或电视节目的有线或广播传送的措施。

② 要求一成员方批准其他成员方的服务提供者,在它规定的承诺表外,设立、建设、获取、租赁、经营或提供电信网或服务。

③ 要求一成员方(或在其管辖权范围内)设立、建设、获取、租赁、经营或提供电信网或服务,而这些电信网及其服务又不广泛向公众提供。

11.1.2 国际电信服务贸易的分类

1. 按照服务贸易模式分类

按照服务贸易模式进行划分,国际电信服务贸易可以分为4类:跨境交付、境外消费、商业存在和自然人流动。

2. 按照世界贸易组织所列电信服务项目分类

① 声话服务（公共长途电话服务、公共本地电话服务）。
② 分组交换服务（数据网络服务、电子信息服务等）。
③ 数据电路交换服务（数据网络服务、电子信息服务）。
④ 电传服务（数据网络服务、电子信息服务）。
⑤ 电报服务。
⑥ 传真和其他电话服务（无线寻呼、视频会议、移动、海洋及空对地电话服务等）。
⑦ 私人租借电路服务（商业网络服务）。
⑧ 电子邮件服务（E-mail）。
⑨ 声邮服务。
⑩ 线上信息与数据检索。
⑪ 电子数据交换（FDI）。
⑫ 增值传真服务（储存与传递、储存与检索）。
⑬ 编码与协议转换。
⑭ 线上信息或数据处理。
⑮ 其他（陆地移动电话和卫星移动电话等）。

其中①~⑦和⑮中的移动电信，提供实时消费者信息传递服务等，一般被定义为基础电信服务。基础电信服务是以电话、电报、电传为主的服务。而⑧~⑭和⑮中的除去实时传递的电信服务外，被定义为增值电信服务。增值电信服务是指除基础之外，以计算机网络为主的电信服务，包括电子商务、电子和语音邮件、互联网业务及短信等。这是世界贸易组织电信服务谈判组依据联合国临时主要产品分类列出的。

目前，国际上对此分类认识尚有分歧，具体只是在各自的承诺表中列出。所以在谈判中，专家认识到现有的服务项目可能很快会过时，所以在基础电信谈判中特别提出服务分类的4个特征：

① 地理特征（本地、国内长途和国际长途）。
② 技术手段（有限的或固定网络和无线的或基于无线电波的）。
③ 传递手段（基于再售或基于设施）。
④ 代理（公共使用或非公共使用，如依靠消费者群体的服务销售），以此弥补上述分类之不足。

11.1.3 国际电信服务贸易的特点

国际电信服务贸易作为国际服务贸易的一种，具有国际服务贸易的相关属性。除此之外，

其还具有如下显著的特点。

1. 全程全网和互联互通

国际电信服务贸易主要通过各国电信网络系统的相互连接和交互操作来实现。全程全网和互联互通作为电信服务网络性的主要特征，成为国际电信服务贸易的基本特征。

国家电信经营拥有并运行着各自的国内电信基础设施，包括用于交互的连接传输设备。而那些远程海底电缆和国际卫星等国际电信基础设施则是通过双边协议或共同所有而由两国共同使用的。这些国际设施的特点是各国共担成本风险、共同使用，且只向得到授权的经营者开放，并且在向非所有方提供过境设施服务时具有极高的互惠性。不同国家的电信经营者之间签署的双边协议是依照国际电联电报咨询委员会推荐的多边框架所拟定的。

在一国或地区内，大型电信运营商担心网间互连为其带来的利益不足以弥补其在网间互连中的成本支出。这反而为一些小型运营商的扩张创造了条件。通常情况下，政府在互联互通方面也总采取向小型运营商倾斜的非对称管理。然而，在国际电信服务贸易中，情况恰恰相反。国际的互联互通不仅不会使原有业务分流，还会不断提高业务量。当甲、乙两国用户跨境使用电信服务时，甲、乙两国的运营商都只会借助相互的电信网络才能实现用户之间的信息传递。甲、乙两国的运营商为实现国际电信服务贸易，通常要预先协定好价格，即所谓的国际核算费率。当甲、乙两国的信息流量相等时，费用抵消；通常是不等的，信息的净流出方须向对方支付费用。

2. 技术标准的锁定

电信服务贸易与其他服务贸易或商品贸易的最大不同点在于技术标准的垄断性。电信行业是典型的网络型企业，网络结构的一个基本问题是沟通和协调，而标准则是沟通和协调的基础。在赢者通吃的网络结构下，掌握标准的企业将会成为行业中的主导者和行业利润的主要攫取者。许多电信跨国公司通过制定隐藏着知识产权的技术标准和规则，迫使竞争对手成为追随者，从而控制游戏规则和市场竞争格局。电信技术标准会在竞争中很大程度上决定了电信行业领导权的兴衰。在信息社会，电信作为主导性技能产业领域，通过标准竞争获得的产业领导能力可以转化为持久的产业比较优势，进而影响到上下游产业的竞争绩效。而产业的结构和绩效又会影响国家竞争优势。发达国家跨国公司继续以技术优势支配国际生产体系。在当前全球电信产业新兴的跨国生产体系中，一条是依靠跨国公司母公司的直接投资和公司内贸易形成企业之间的价值链体系，另一条是通过非股权安排的企业之间的交易网络形成由核心企业主导的供应链体系。核心企业通过掌握技术、市场标准和销售渠道，便可以控制整个供应链和产品的价值实现，在全球化的过程中获取巨大利益。

11.1.4 国际电信服务贸易的作用

1. 国际电信服务贸易提供多功能服务

电信是一种信息的传递方式或分配系统。电信对广告、银行、保险、数据处理和其他专业服务起着决定性的作用。依据《服务贸易总协定》中电信附件的定义,电信是通过电磁方式传递和接收信号。从技术角度来说,电信实际上是一种电子传导,用于一端到另一端的声音或数据传输,或者进行大众传播,如广播等。电信服务能以最快的速度传递信息,并能够提供信息的多功能服务。而作为国际服务贸易重要领域的电信服务贸易,其在全球范围内的电信服务功能更加突出。特别是科技的推动使电信服务面临更多的创新。

2. 国际电信服务贸易助力信息化建设

信息化时代,生产生活过程中大量的信息处理技术被引入,计算机、通信和信息资源的结合更加紧密,从而使相关部门自动化达到一个新的水平。电信与计算机系统合二为一,可以在几秒钟内将信息传递至全世界的任何地方,使人类活动各方面表现出信息活动的特征。而信息和信息机器则成为一切活动的积极参与者。国际电信服务贸易的发展显然有助于信息化基础的建设,有利于在跨国、跨地区范围内推动电信服务合作,拓展电信服务贸易利益,从而为信息化时代的发展发挥积极作用。

3. 国际电信服务贸易促进社会全方面发展

信息社会的发展使国际电信服务贸易越来越重要,信息及存取和传播信息的设施已成为与土地、劳动力和资本同样重要的战略资源。电信产业既是可以进行交易的产品和服务,又是其他产品和服务贸易的一种促进手段,在国际贸易中肩负着双重角色。而电信服务贸易则是世界贸易组织服务贸易框架下的重要组成部分,是近年来对外贸易中发展较快的领域。信息社会中,国际电信服务贸易已渗透到国际经济、政治、文化交往的方方面面,成为促进社会全方面发展的重要力量。

11.2 世界电信服务贸易发展

11.2.1 世界电信服务贸易发展状况

1. 贸易规模不断增长

全球化发展,以及国际合作和交往的深化正在不断推高国际通信需求。全球国际通信业务市场规模已超过 1 500 亿美元,年增长率基本维持在电信业务市场总体水平之上。2011 年全球国际通信业务增长 5%以上,明显超过全球电信业 2%左右的增长水平，已占全球电信业规模的9.2%。2012年12月14日，由国际电信联盟主办的国际电信世界大会在阿联酋迪拜闭幕。会议修订了25年前制定的《国际电信规则》，以适应信息通信技术飞速发展带来的变化。新规则强调成员方拥有接入国际通信业务的权利，呼吁增加国际通信网络，特别是宽带网络的投资和建设，由此推动创建国际通信业务发展新环境。

2. 国际漫游业务快速发展

国际漫游业务快速增长，目标市场主要集中在欧盟地区。伴随着全球经济一体化发展和经贸往来的推动，用户在海外的通信需求逐渐增加，国际漫游业务已经在商旅人士中基本普及。2006—2011年，全球国际漫游收入年均增长达到了10%以上。其中，西欧地区由于小国林立、经济发达、内部经贸往来频繁，再加上欧盟对于国际漫游资费的上限管制，其国际漫游收入规模很大，占全球漫游市场的50%以上。而亚太发展中地区凭借庞大的移动电话用户基数，成为全球第二大国际漫游市场。受市场竞争和技术替代的影响，国际长途资费不断下降。随着全球电信市场自由化改革进程的不断推进，各国国际出口和国际长途市场管制也逐渐放开，国际长途市场竞争加剧，除了电信运营商之外，还有很多专门提供国际业务的虚拟电信运营商。另外，通信设备和通信基础设施成本快速下降，使得国际长途结算费用不断下降。不过，随着智能终端的普及，越来越多的用户在海外选择通过"热点+移动互联网应用"的方式进行信息的获取，而不是打开数据漫游功能。一些智能终端由于缺乏安全性保护措施导致后台程序私自访问网络，这也是在海外难以打开数据漫游功能的一个因素。

3. 科技创新推动力度持续加大

20世纪以来，半导体科技的日臻成熟和信息技术革命的爆发显著改变了人类的生产和生活方式，也对全球电信产业产生了巨大的影响。通信技术在过去的30年中经历了巨大的技术变革，比如移动通信技术从第一代的基于模拟传输的移动通信技术、第二代的GSM/GPRS技术，第三代移动通信技术（TD-SCDMA，CDMA2000，WCDMA），发展到第四代移动通信技术（TD-LTE、FDD-LTE），移动通信不再是简单的信息沟通，而是发展到能够处理图像、音乐、视频等多种媒体形式，提供多种信息服务的通信模式。通信技术的迅猛发展带动了通信网络建设规模的扩张，为通信行业的发展提供了市场。根据联合国国际电信联盟的统计，至2014年，全球网民数量达到29.37亿，而手机使用者数量达到70.85亿。互联网和手机的高度普及大大提高了现代社会的运作效率，使"互联"理念深入人心。随着全球互联网技术的发展、终端接入设备价格的降低，全球宽带用户数量保持持续稳定增长。

11.2.2 世界电信服务贸易基本特征

1. 发展不平衡

国际电信服务迅猛发展，但是发展不平衡。从全球来看，截至 2014 年，发达地区的移动宽带渗透率为 86.68%，已经达到较高水平，而欠发达地区的渗透率只有 39.06%，同期，欠发达地区的手机渗透率则快速提升，变化幅度显著高于发达地区。

从市场集中程度看，2013 年全球 100 强电信运营商的收入持平在 1.28 万亿欧元，美国三大电信运营商贡献了 16.4%。欧洲五大电信运营商的联合收入勉强超过这一数字，占总收入的 23.52%。发达国家和地区在电信服务贸易领域处于明显的竞争优势地位。

2. 战略转型特征突出

在技术变革、竞争加剧及内外部挑战增多的背景下，全球主要电信运营商正加紧拓展国际通信和海外运营等增长较快的电信业务领域。全球主要电信运营商 60%以上的资产和员工服务于国际和海外市场，国际和海外收入占比超 10%。其中，北美运营商重在拓展国际长途、国际漫游、全球企业组网与解决方案等国际通信业务。西欧运营商重在拓展海外本地运营，如移动业务海外运营、全业务海外运营等。而在无线通信产业居领先地位的国家包括美国、瑞典、芬兰、德国、法国、日本等。在技术发展方面，美国着重发展无线数据通信技术，并处于领先地位。但是在无线通信服务发展上，美国则落后于欧洲。目前，全球各国纷纷推出国家宽带战略，推进全球光网络建设。如美国 2010 年 3 月启动国家宽带计划拟投资 72 亿美元用于宽带补贴和接待计划，到 2013 年固定宽带普及率增长至 35.9%，长期目标要求至少 1 亿家庭实现宽带接入。欧盟 2008 年启动的公共宽带服务计划将投入 110 亿欧元升级互联网基础设施。

3. 融合特征明显

科技助力和融合发展已经成为世界电信服务贸易的重要特征。面对传统语音业务收入下滑和竞争加剧的趋势，电信运营商开始寻求新的收入来源。通信、互联网、广播电视等技术的发展模糊了电信行业和其他行业的界线。融合业务的发展经历长期的演进过程，可以分为业务捆绑、业务互通、产业融合等阶段。在业务捆绑阶段，固定、移动和宽带业务通过 IT 支撑实现由简单捆绑向深度捆绑的发展。简单捆绑是指电信运营商将固话、手机和宽带业务捆绑销售给用户，向用户提供跨网络业务组合优惠与统一营销的服务。随后，经过对支撑系统的改造，电信运营商推出了固话与手机的共享时长、群内成员的注册终端间互拨优费的语音 VPN 等深度捆绑型业务。在业务互通阶段，通过业务平台的互联实现固定、移动和宽带业务的互动。以前只能实现固定电话终端间的可视通话，在实现业务平台间的互通后，固定电话终端、移动电话终端、PC 等之间都可以实现可视通话。在产业融合阶段，电信产业通

过与其他产业的合作实现新的应用。例如，电信业向金融业拓展，发展出固话和手机的小额支付业务；电信业务向广播电信行业拓展，发展出 IPTV 和手机电视业务等。总体来看，融合发展主要涉及网络与技术、终端与载体、业务与应用、产业与生态链等多层次的融合。这种融合不仅丰富了电信业务的内容，而且提升了电信网络的业务承载能力，为运营商带来无限商机，使电信服务能够突破瓶颈，创新运营模式，同时为用户带来了更好的业务体验，推动世界电信市场转型和电信服务贸易的繁荣。

11.2.3 世界电信服务贸易发展趋势

1. 数字产品市场规模不断扩张

伴随信息化和数字经济的深入发展，世界电信服务贸易数字化趋势愈加明显。2010 年以来，全球数字产品增长较快，2010 年市场规模为 340 亿元，同比增长 21.86%；2013 年全球数字产品市场规模 584 亿元，同比增长 14.06%；2017 年，全球数字产品市场规模进一步增长至 978 亿元，同比增长 12.93%。数字技术在语音质量、通信安全、频谱效率、业务功能丰富性等诸多方面比模拟技术更具优势。随着专网通信设备应用的普及，频率资源紧张的问题将更加突出，同时用户的需求也不断提升，行业的中高端客户越来越倾向于使用数字产品。数字产品并不是对模拟产品的简单替代，其数字化加密技术和数据传输能力将帮助用户更有效地提高生产率。目前，发达国家政府的公共安全事业部门的数字化进程较快，其新增市场已大多开始转为数字产品，这也导致全球数字产品在专网通信产品中的比重不断提高。由于数字专网通信产品受到各国政府的支持与政策引导，未来几年将以较快的速度发展。但一般专网通信设备拥有相对较长的更换期，因而数字产品市场增长将保持一个相对稳定的增长速度。

2. 新型电信服务持续出现

在竞争和技术变革的推动下，新型电信服务持续不断涌现。云计算、统一通信等技术业务为运营商发展全球组网与业务解决提供了更大的创新空间。沃达丰等运营商正大力拓展云计算、统一通信等战略性企业服务。此外，沃达丰加强与互联网企业的合作，推出面向互联网的创新型融合应用。

3. 贸易竞争格局变动加剧

20 世纪 80 年代以前，由于电信服务具有自然垄断行业的基本经济特征，各个国家的经营管理体制基本雷同，所有电信服务、通信网络、通信设备及终端均由国家电信主管部门统一管理。随着新技术的不断涌现，特别是长途传输服务成本的大幅度下降，电信服务具有的传统规模效益也在逐渐降低。电信行业结构快速变化，交易量大幅增长，开始出现竞争压力，许多国家也开始推行民营化。而在科技加速变革的推动下，世界电信服务贸易的竞争格局正在被加速打破。越来越多的国家在促进本国电信服务贸易发展的过程中，高度重视科技的力量,从而获得后发优势。未来世界通信运营商都将面临更加激烈的竞争。

11.3 我国电信服务贸易发展

11.3.1 我国电信服务贸易发展状况

1. 贸易市场规模不断扩张

经济全球化的推动、IT 技术的快速发展和广泛应用使通信服务在人类经济和社会发展中的作用日益提高,特别是随着我国参与经济全球化程度的加深,通信服务贸易发展迅速。从电信运营商的自身发展来看,业务收入的增长率有一个较大起伏。2007 年我国电信业务收入增长率开始低于 GDP 增长率,一直持续了 4 年,2011 年我国电信业务收入增长率开始超过 GDP 增长率,表明电信运营业经过调整重新焕发了活力。按销售收入计算,我国 2015 年电信行业的市场规模达到 1.2 万亿元人民币,自 2010 年以来,年复合增长率为 6.1%。

2. 整体开放水平稳步提升

伴随对外开放步伐的加快,我国电信服务贸易整体开放水平也在持续稳步提升。在履行世界贸易组织框架开放承诺的过程中,2010 年离岸呼叫中心试点取消了外资股比限制,2014 年上海自由贸易试验区从地域限制、持股比例、业务范围等方面放松对增值电信业务的管制。同年,在《关于建立更紧密经贸关系的安排》项下开放政策又进一步推进,成为我国电信领域内针对外商投资的典型优惠开放政策。而在"一带一路"倡议背景下,我国电信服务贸易面临重要的发展机遇,不仅市场空间巨大,而且对外合作潜力强劲。统计显示,2016 年我国承接"一带一路"沿线各国服务外包执行额仅第一季度就达到 121.29 亿美元,其中与欧洲东部 16 国服务外包合同执行额提高了 26.3%。在 2016 年,电信、计算机和信息服务进出口实现了较快增长,其中计算机服务和信息服务进出口分别增长 12.6%和 78.1%,而电信服务下降 23.4%。作为高附加值行业中的一员,我国电信服务贸易面临着比原来更严峻的挑战。未来我国电信服务贸易将在新兴业务领域、全球价值链国际合作、外资控股等方面进行有效探索,推动电信服务贸易竞争新格局的形成。

3. 科技变革与助力效果明显

科技变革与助力对我国电信服务贸易的发展产生了深远而重大的影响。当前全球电信行业从传统的有线电话发展到各种先进的技术,包括互联网、无线通信、卫星通信及光纤,正在经历着由消费电子设备日新月异带来的迅速的技术发展。此外,不同行业之间数据流量的增加刺激了虚拟网络云储存的发展,以及对商业信息及综合解决方案的需求,进而促进了统一通信终端行业的发展。我国电信服务贸易在"互联网+"、大数据等国家战略的推动下正在获得强劲的发展动力。特别是近年来移动通信的发展成为我国电信服务贸易的亮点。与全

球相比，我国电信业移动语音向移动流量的转型进程更快。2012 年，移动数据流量占比为 20.6%，这些年以每年 5 个百分点左右的增速迅速上升，到 2015 年年底移动数据流量占比已达 38%，与语音收入占比基本持平。未来 5G 和北斗的应用将为我国电信服务贸易的繁荣打开广阔的空间。

11.3.2 我国电信服务贸易发展特征

1. 贸易模式更加多样

技术的发展、合作的深化和"走出去"步伐的加快推动着我国电信服务贸易模式更加多样。除传统的跨境交付和境外消费模式外，直接进入海外市场投标电信业务、通过跨国公司进行直接投资、技术与管理经验的输出成为我国电信服务贸易的重要形式。海外市场业务主要包括与外国公司合作投标电信业务；海外直接投资指的是设立海外子公司或分公司，由国内总部统一规划指导战略方针或是进行直接绿地投资或并购海外运营商；管理和技术输出模式主要通过提供管理培训、云端交流工程技术等方式实现。为了拓展国外业务，最基础的途径就是与海外相似企业合作，签订双边贸易协议进入全球优势行业。除此之外，我国运营商还从战略上深化国际合作，寻求长远的合作。这些活动的目的都是打开更大的国际市场，在业务上不断开拓创新。

以海外直接投资为例，近年来，我国运营商的海外直接投资众多。2007 年中国移动成功收购巴基斯坦 Paktel 是第一个成功案例。随后，2014 年中国移动通过竞拍成功获得巴基斯坦 3G 和 4G 移动网络运营权。作为电信服务贸易出口的主力军，中国移动还肩负着将具有中国自主知识产权的 4G 通信标准在全球推广的重任。相较之下，中国联通和中国电信的发展重点在国际光缆的建设上，通过在当地建设 POP 节点和网络，逐步拓展海外市场。

2. 服务创新亮点纷呈

创新是我国电信服务贸易把握机遇、实现跨越式发展的重要着力点。特别是在科技创新不断加快的背景下，我国电信服务创新亮点纷呈，从而为电信服务贸易的发展注入了活力。目前，国内运营商积极推动移动数据漫游、企业全球组网与解决方案等新兴业务，降低对传统国际语音业务的依赖，增强国际通信业务的可持续发展能力，大力创新漫游业务类型，挖掘邮件和 IM 漫游、国际旅游资讯、海外位置服务及国际移动支付等业务的潜力。特别以 5G 为代表的新一代网络的部署和商用为人工智能的发展注入新的动力。如中国移动 5G 联创中心，已经有 127 家企业加入，包括智能驾驶企业、机器人公司、芯片公司等以人工智能技术为核心的应用和企业占了半壁江山。中国电信则是国内唯一同时拥有地面通信网络、卫星通信网络的企业。它不仅拥有全球最大的光网，还是全国最大的 IDC 基础设施服务提供商。2018 年 6 月 26 日，中国电信在上海世界移动大会上发布《中国电信 5G 技术白皮书》，这是全球运营商首次发布全面阐述 5G 技术观点和总体策略的白皮书。在白皮书中完整地阐述了中国电信首创的5G"三朵云"目标网络架构，提出了4G/5G协同和固移融合的5G无线网、核心网、承载网的发展策略。

3. 政策扶持力度不断加大

为促进电信业及电信服务贸易的发展，国家强化顶层设计，颁发了一系列相关政策和指导意见。2017年1月16日发布了《信息产业发展指南》，不仅加速促进信息技术深度融合应用，推进"互联网+"行动和两化融合战略发展，还将不断完善我国通信行业发展环境，推动通信基础设施建设，激发通信设备市场需求。此外，为加快实施网络强国战略，推动信息通信行业持续、健康发展，依据《中华人民共和国国民经济和社会发展第十三个五年规划纲要》，工信部发布了《信息通信行业发展规划（2016—2020年）》，作为我国通信行业未来5年的指导文件，不断完善我国通信行业发展环境，促进通信基础设施建设，以及加速物联网、云计算等通信技术应用。

11.3.3 我国电信服务贸易发展趋势

1. 科技创新推动与应用持续加快

我国电信服务贸易正处于科技创新推动与应用持续加快从而实现战略跨越的关键时期。随着国务院《新一代人工智能发展规划》、工信部《促进新一代人工智能产业发展三年行动计划（2018—2020年）》的相继印发，人工智能已经上升至国家战略高度。而通信行业与人工智能有着天然和本质的联系。伴随物联网、5G等通信技术的应用，连接规模必将指数级增长。当这张连接一切的网络和被连接的单元都被赋予智能后，智能化的生产和生活将无处不在，将给全社会带来天翻地覆的变化和全新的体验。目前，我国持续加强基础前沿研究，瞄准重大战略需求和未来发展制高点，支持核心技术突破；围绕具有全局影响力、带动性强的关键环节，加强产学研协同创新。在人工智能创新体系方面将实现系统突破。随着技术能力的提升和应用规模的扩大，人工智能在网络运营运维领域的巨大潜力将进一步释放。通信网络正在向5G、网元虚拟化、软件定义网络等方向演进，人工智能将是下一代网络的重要技术。例如，中国移动正有序推进基于人工智能技术的智能编排、智能网优和智能网维的下一代网络研发工作。同时，在智能化服务、智能化市场、智能化安全、智能化泛娱乐方面也做了大量的技术储备和应用落地。如10086的智能自服务机器人"移娃"单月与客户交互量已达2亿多次，是全球服务量最大的人机交互机器人之一。

2. 电信服务水平和竞争力加速提升

我国作为发展中国家，虽然电信产业和电信服务贸易取得了长足的进步，然而与发达国家相比尚存在差距。特别是与国外大型运营商相比，国内运营商的国际网络资源还十分欠缺，竞争力尚待加强。但是在我国经济结构转型升级、开放水平不断提升的背景下，在科技创新的推动下，特别是在国家重大战略的引领下，我国电信服务水平和竞争力将加速提升。一方

面,国内电信服务企业在创新中快速成长,不仅着眼于服务国家重大战略,积极推动科技创新与应用,而且更加主动"走出去",参与世界范围内的合作和竞争。如"一带一路"倡议得到了沿线国家积极响应,市场潜力大,为通信商提供了良好的外部环境。另一方面,我国电信服务基础设施在大力改善,为电信服务贸易国际竞争力的提升奠定了坚实的基础。

3. 国际合作进一步拓展深化

在世界贸易组织多边贸易体制框架下,世界各国的合作虽然仍面临诸多困难及单边主义、保护主义的挑战,然而开放合作、互利共赢显然是符合国际社会经济发展大势的正确选择,因而国际电信服务贸易领域的合作拓展和深化就成为必然的趋势。由引进来向走出去跨越是当前我国电信行业的目标,只有结合本国特点和世界市场需求,建设更高层次的网络共享平台,实现与企业、政府及金融机构多方面对接,才能真正实现互利共赢。同时,持久的战略伙伴关系对于电信服务贸易双方都有举足轻重的作用。

概念和术语

电信服务;国际电信服务贸易

复习思考题

1. 什么是国际电信服务贸易?
2. 国际电信服务贸易有哪些特点?
3. 国际电信服务贸易如何分类?
4. 国际电信服务贸易有哪些作用?
5. 简述世界电信服务贸易的发展特征和趋势。
6. 我国电信服务贸易的发展状况如何?
7. 简述我国电信服务贸易发展的特征和趋势。

延伸阅读

五方面推进电信服务贸易发展

随着"一带一路"倡议的不断推进,我国电信服务作为先行者的重要角色更加凸显。当前,我国电信服务的国际竞争力不强,与电信基础设施建设水平不相匹配,严重制约了我国电信行业整体"走出去"的步伐。推动中国电信服务进一步开放、电信服务贸易跨越式发展,是当前亟须解决的重要课题。

发展机遇

根据经合组织公布的服务贸易限制指数,我国电信服务业的开放水平仍十分有限,与发达国家及一些发展中国家有较大差距。但也要看到,我国电信服务业开放正有序推进,步伐十分稳健。第一阶段是 WTO 框架下首次做出开放承诺,并在 2010 年履行完所有承诺;第二阶段是高于 WTO 框架的开放承诺推进阶段;第三阶段是对标国际深度开放阶段。当前,我国电信服务业开放阶段正处于从第二阶段向第三阶段过渡的时期,以混合所有制改革为突破口的国企改革,将在新兴业务领域、国际化扩张、产业链垂直合作、外资控股等方面进行有效探索,推动电信服务市场自内而外形成新的竞争格局。

与此同时,我国"一带一路"倡议为电信服务贸易出口提供了新的国际化发展机遇,主要体现在以下三个方面:第一,"一带一路"沿线很多国家通信发展水平相对落后,宽带等普及率较低,中国电信服务贸易"走出去"有巨大的业务发展空间;第二,国内部分电信行业产能过剩,拓展国际市场将是最佳出路,而且可推动电信服务包括成熟技术标准、网络建设及运营能力"走出去",为整个电信产业链的可持续发展提供全面保障;第三,中国电信服务运营商亦可借势把互联网及电商企业带"出去",把沿线国家碎片化的利益吸附在统一平台上,加速整合升级。

对策建议

一是主动开放,有序吸收外资参与国企混合所有制改革。电信服务业属于敏感度高、竞争力弱的部门,是服务业扩大开放的难点领域。中国电信业应主动加大开放的力度,鼓励外资有序参与国企混合所有制改革。所选择的合作对象应是在相关领域有丰富经验、能够形成优势互补、可推动我国电信服务企业深度参与国际竞争和全球产业分工、提高资源全球化配置能力的企业。

二是瞄准"一带一路"提供"畅通无阻"的电信服务。电信服务"走出去"应紧抓"一带一路"倡议的重大机遇,着重加强政策沟通,主动对接"一带一路"沿线国家通信业发展政策、标准、规划等,减少企业海外投资非商业性因素的干扰,进一步提升互联互通水平,营造更加开放和公平的发展环境。同时,在具体落实"一带一路"项目方面,应着力解决电信服务"通而不畅"的问题,需要根据"一带一路"沿线国家和地区的电信服务发展水平,以客户需求为导向,提高通信服务的多样性、质量及活跃度,解决好当地业务单一、价格偏高、网络接入速度慢等问题。

三是转变业务拓展理念,以高质量、差别化、综合性的电信服务提升国际市场竞争力。提高电信服务贸易竞争力,核心要素是服务质量。中国电信服务企业亟须转变国际业务拓展理念,从资源销售为主向提供高质量、差异化的产品与服务转变;从以自营自建为主向灵活运作共享资源转变;从基本依靠销售跨境资源的中国运营商向开拓多元合作路径的全球竞争者转变;从传统的跨国电信运营商向移动互联网时代的跨国信息服务提供商转变。我国应聚焦基础通信能力、云计算、物联网、车联网、工业互联网等重点领域,积极开展业务创新合作,探索国外股权投资和通信本地化经营新模式,构建全球优势网络平台,提供跨国通信服

务、IT 解决方案、移动运营、媒体运营等业务，最终成为面向移动互联网、能够提供全球解决方案的电信服务企业。

四是加强自主创新能力和知识产权保护，不断提升中国通信技术标准的影响力。中国电信行业在研发和投入上均显不足，对国际电信服务的影响力还十分有限，当务之急是提升关键技术的自给能力。在此基础上，加快电信领先技术向国际标准转换，扩大中国电信服务技术标准的国际影响力。

五是开辟新的合作运营模式，构筑牢固、稳定、长远的国际电信服务战略伙伴关系。目前，合作运营模式在全球通信业界受到普遍关注和认同。首先，在国家战略方面，宜加快与国际电信联盟签署《关于加强"一带一路"框架下电信和信息网络领域合作的意向书》，主动挖掘与"一带一路"沿线国家的合作潜力。其次，探索利用金融手段，与潜在伙伴探索研究成立产业基金，促进海外业务规模扩大。最后，从国家安全角度来看电信领域发展应重视加强国际安全电信合作，有效抵御信息技术安全领域的国际威胁。

第 12 章　国际文化服务贸易

12.1　国际文化服务贸易概述

12.1.1　国际文化服务贸易的相关概念

1. 国际文化贸易的概念

关于文化贸易的概念，国内外学者、官员及业内人士众说纷纭，至今还未达成完全统一的认识。这一方面表明国际文化贸易正处于活跃期，概念的内涵和外延并不稳定，人们对文化贸易本身需要进一步深化认识；另一方面则反映出文化贸易统计落后于实践的原因。

国外学者指出，"从概念上讲，可交易的文化实体可被定义为能生产或分配物质资源的产品和服务，这些产品和服务能通过音乐、文学、戏剧、喜剧、文档、舞蹈、绘画、摄像和雕塑等艺术形式娱乐大众或激发人们的思考。这些艺术形式，有的能以现场表演的方式（如音乐厅和舞台剧）展示给大众，有的是先被存储记录下来（如在压缩光盘里）再卖给大众。这里面同样还包括储存和分配文化产品的机构。它们有的以公共服务的形式存在（如图书馆和博物馆）；有的以商业的形式存在（如电视台和美术馆），有的则两者兼而有之。"

目前，国内外较为一致认同的文化贸易概念是指国际文化产品与服务输入和输出的贸易方式，是国际服务贸易中的重要组成部分。贸易一方向另一方提供文化产品和服务并获得收入的过程称为文化产品和服务出口或文化产品和服务输出，购买外方文化产品和服务的过程称为文化产品和服务进口或文化产品和服务输入。国际文化产品和服务是跨境产物，也是文化产业国际化经营的必然。"文化产品"属于产品范畴，"文化服务"属于服务范畴。

联合国教科文组织对这两个概念作了如下定义：文化产品一般是指传播思想、符号和生活方式的消费品。它能够提供信息和娱乐，进而形成群体认同并影响文化行为。基于个人和集体创作成果的文化商品在世界范围内销售的过程中，被不断复制并附加了新的价值。图书、杂志、多媒体产品、软件、录音带、电影、录像带、视听节目、手工艺品和时装设计组成了多种多样的文化商品。文化服务是指满足人们文化兴趣和需要的行为。这种行为通常不以货物的形式出现，它是指政府、私人机构和半公共机构为社会文化实践提供的各种各样的文化

支持。这种文化支持包括举行各种演出,组织文化活动,推广文化信息,以及文化产品的收藏(如图书馆、文献资料中心和博物馆)等。

2. 国际文化服务贸易

依据《关税与贸易总协定》对服务贸易的定义,国际文化服务贸易指不同国家或地区之间的文化服务交换活动。学术界关于国际文化服务贸易的定义是:一国或地区的劳动力向另一国或地区的消费者(法人或自然人)提供文化服务并相应获得外汇收入的全过程便构成文化服务的出口;相对于文化服务的出口,一国或地区消费者购买他国或地区劳动力提供文化服务的过程,则形成文化服务的进口。而依据《服务贸易总协定》对服务贸易的定义,国际文化服务贸易涉及跨境交付、境外消费、商业存在及自然人流动4种文化服务贸易模式。

12.1.2 国际文化服务贸易相关统计分类

1. 以"文化产品"和"文化服务"为划分标准

联合国教科文组织通常把文化贸易按交易对象性质划分为"文化产品贸易"和"文化服务贸易",这是目前广泛应用的分类方法,并且不同的组织对"文化产品贸易"和"文化服务贸易"都提出了不同的分类,如表12-1所示。

表12-1 文化贸易以文化产品和文化服务为划分标准的分类

分类标准	内容
服务贸易总协定	① 商业服务:法律服务、软件服务、数据处理和数据库服务、广告服务、摄影服务、包装服务、印刷和出版服务;② 视听服务:电影和录像的制作和分销服务、电影放映服务、广播和电视服务、广播和电视传输服务、录音服务;③ 娱乐、文化和体育服务(除视听服务外):文娱服务、新闻社服务、图书馆、档案馆和其他文化服务、体育和娱乐服务;④ 文化会展服务、文化中介服务、文化咨询服务等新型服务,以及相关的文化产品
国际货币基金组织的国际收支手册	① 声像和有关服务:(影片或录像带形式的)电影、收音机、(实况或提前录制的)电视节目和音乐录制品、租用费用的支出和收入、演员、导演、制片人等从作品在国外播放而得到的报酬、卖给传播媒介、在指定地点上映次数有限的播映权费,有关戏剧、音乐作品、体育活动、马戏等活动的演员、制片人收到的费用,以及这些活动(电视、收音机等)的放映权费用;② 其他个人、文化和娱乐活动:同博物馆、图书馆、档案馆其他文化、体育和娱乐有关的活动,还包括国外教师或医生提供的函授课程的费用
HS 协调制度	在 HS 的分类系统中没有一个分类叫"文化产品",属于这一分类的产品只是散落在这个拥有 99 个分类的分类系统中的几类。而有关文化软件的最重要的分类包括49类(书籍、报纸、图画,以及其他印刷业产品)和97类(艺术品、收藏品和古董)。文化硬件则能见于 HS 分类系统的各个角落,从37类(摄影和录像产品)到92类(乐器)
CPC 联合国临时主要产品分类	① 信息服务的一个分支——视听服务被分为几个小分类,现场表演被包含在"文化、娱乐和体育服务"分类里;② 文化服务包括图书馆、文档和博物馆等,新闻服务则没有包含在内,体育服务等还有待商榷

2. 以"核心层"与"相关层"为划分标准

2005年,联合国教科文组织在文化贸易的分类和统计描述上做出创新,依据贸易对象反映文化内容的程度差异将文化产品和服务划分为核心层和相关层。二者的区别主要体现在以下两方面:第一,文化产品大都拥有无形元素(文化内容)和有形元素(物质支持)。"核心文化产品"是指能够反映和传达文化创作内容的产品;"相关文化产品"指支撑、生产、配送"核心文化产品"的活动和支持要素,是有益于核心文化元素创作、生产和销售的服务、设备和材料,它们是为创作、生产和传播文化内容服务的,而其本身并不一定能够反映文化内容。例如,CD与版权相联系时就被定位为核心产品,但一张空白的CD和CD播放设备则被划分到"相关层"。第二,新的分类在有关"文化产业"和"创意产业"的划分区别中产生,创意产业比传统产业更多地关注创意的过程,包括类似软件、广告、建筑和商业服务。这些活动和产业中产生的产品被定位为"相关产品",更传统的文化产品被定位为核心文化产品。

3. 以文化硬件和文化软件为划分标准

国际上一些贸易研究机构和专家把文化贸易分为硬件贸易和软件贸易。这种分类方法最初是由 Van Grasstek 提出的。Van Grasstek 根据交易对象的属性将文化贸易对象分为文化硬件和文化软件,具体划分如表12-2所示。

表12-2 文化贸易的"硬件—软件"分类

项目	硬件	软件
文化产品	为了创造、复制和传播文化软件贸易的工具,包括那些大量被应用在文化产业的装置和被生产者和消费者应用的其他物品(如录制媒体、纸张、计算机、电视机和打印机等);虽然许多国家仍然在这些商品上征收进口关税,但这是文化贸易中争议最少的领域	反映艺术家创意的商品。这部分商品的定义和一些传统的媒体信息息息相关,如图书、绘画和雕刻;也有一些与新的媒体形式相联系,如音频视频装置等;软件商品贸易相对自由,在许多国家的关税都为零甚至为负。这一贸易相关问题与知识产权保护相联系
文化服务	与文化软件传播相关的服务是最重要的一部分,包括书店、图书馆、博物馆、电影、电台和电视转播等,这是文化贸易领域最敏感的部分,很多国家都对上述这些设施的外国人经营所有权施加了限制	文化表演、音乐、舞蹈和戏剧等可以被分为两类,一类是稍纵即逝的现场表演,只有当观众或是演员跨越国境时才可以实现;另一类是通过录制和广播形式表现的,这种方式下的贸易更容易实现。一般规律是可以复制的表演占据了贸易的绝大部分,也是文化贸易争议的主要来源

从文化产品和文化服务概念上看,二者具有明显的区别,但在实际情况下,文化贸易中的文化商品同时具有产品和服务的特性,二者很难分开。

以上三种分类标准,根据实际情况,在文化贸易中有不同的应用,怎样对文化贸易进行更加准确和详细的分类仅靠参考数据和相关的事实是无法得到解决的,文化贸易分类在文化和商业层面很大程度上来自社会目标、哲学和审美观念的不同,而不是生硬的数据。

12.1.3 国际文化服务贸易的特点

作为一个特殊的行业，国际文化服务贸易兼具服务贸易及除有形文化产品以外的无形文化贸易的特性，主要表现在以下几个方面。

1. 文化服务的差别性和多样性

拥有不同文化资源的国家，它们在文化服务贸易上也会存在一定差别。这种差别一方面表现在一国文化资源禀赋的不同，即具有一定文化特征、人文和历史价值的资源，包括历史遗迹、民俗文化、地域文化、乡土风情、文学艺术、宗教文化、自然风光等各有差异；另一方面表现在一国创新能力的不同。文化服务主要满足人们的精神需求，直接影响的是人的精神意识、思想感情、情绪意志、审美心理等，而人与人之间精神需求的差异性要远远大于物质需求的差异性。为满足消费者对文化服务差异性的需求，就需要不断创新以提供多种多样的文化服务。

2. 文化服务贸易市场的高度垄断性

文化服务贸易在发达国家和发展中国家表现出明显的不平衡性，这与各国在文化生产和文化服务方面的能力、技术和资源禀赋差异，以及文化市场中文化商品受各国历史特点、区域位置及文化背景等多种因素的影响相关。这种不平衡性进而表现为发达国家在文化服务的生产及贸易上具有突出的垄断优势，并由此获得更多的经济利益。相反，发展中国家处于相对劣势，面对较高的文化服务贸易进入壁垒，文化服务贸易逆差明显。贸易市场的垄断性成为文化服务贸易发展中必须考虑的影响因素。

3. 贸易保护方式具有很强的隐蔽性

文化具有独特的渗透力。文化服务传达着观念、价值和生活方式，是极具个性化的产品和服务。文化服务贸易的价值超过了其商业价值，与其他贸易相比，它会在意识形态等方面对输入国消费者产生潜移默化的影响。因此，文化服务贸易是各国服务贸易政策关注的重点领域。由于文化服务贸易标的物的特点，各国无法通过统一的国际标准或关税进行限制，而更多地通过国内政策、法令的修改进行限制，如市场准入制度、非国民待遇等非关税壁垒形式，其保护方式具有很大程度的隐蔽性。

4. 贸易自由化的例外性

由于演出服务、广播影视、网络服务及教育等文化产业直接关系国家主权、国家安全和意识形态等敏感领域，因此各国在文化服务贸易的开放程度上都十分谨慎。文化例外就是出于国家文化安全的考虑而提出的。各国政府对文化服务贸易的各种限制和保护远远超过货物贸易，这在很大程度上阻碍了国际文化贸易的自由化进程。

12.1.4 国际文化服务贸易的地位与作用

1. 经济效益巨大

麦肯锡的分析显示，文化贸易发展的主要推动力和国家经济发展水平的相关度超过90%。而全球范围内的经验也表明，文化贸易的发展将带来包括经济增长、产业结构及贸易结构优化、升级等诸多经济效益和社会效益。例如，视听产品已经成为美国仅次于航空航天的主要换汇产品，居出口贸易的第二位。英国早在2002年文化产业出口就达到了175亿美元，2003年成为仅次于金融业的第二大产业。

2. 产业链带动明显

美国好莱坞有所谓的"火车头理论"：影片作为火车头，它本身可能不赚钱，但它可以带动整个电影产业的发展。文化服务出口在一国对外贸易过程中也扮演着"火车头"的角色，不仅能带动相关产业的发展，而且通过把创意融合至其他产业产品的方式有效延长这些产品的生命周期。文化创意经济能带动一系列相关产业的发展，它不仅对原有的产业结构有着巨大的提升和催化作用，还促使传统的产业迅速裂变出新的产业群，它所引发的新机遇，会吸引越来越多的投资者，加快人流、资金流、物流和信息的流动速度，大大提升经济的集聚和扩散功能，显现出巨大的产业关联效应。这种关联效应通过文化服务贸易在全世界范围内扩大，从而将相关行业卷入文化经济的大潮中。

3. 贸易出口附加值高

文化服务出口很难体现在对外贸易的统计数字之中。联合国教科文组织的统计数据是以海关数据为基础，而很难纳入影视、版权、演出等文化服务出口利润。由此可见，文化服务出口所产生的利润具有极大的隐蔽性，不会面临反倾销制裁和国别敌视等方面的问题。

4. 增加文化亲近感和认同感

文化产业"走出去"还能增加进口国对出口国文化的亲近感和认同感，提升出口国的文化形象。早在20世纪70年代，日本学者日下公人就指出，"有无文化亲近感、文化尊敬感"是"直接关系确保资源供应的大问题"。因此，日下公人极力主张日本在推行经济立国的时候，应该同时考虑文化立国战略。

5. 提供精神动力和智力支持

文化服务既具有商品属性、经济属性，又具有精神属性、意识形态属性。文化服务贸易的发展既是文化的经济彰显，又是经济的文化回归。它是以区域的空间、开放的视野、国际化的平台传播文化，用经济的手段、文化的力量经营城市，从而在增强居民心灵归属感、生活幸福感，提升其整体素质和创造力的条件下重塑国家形象。因此，文化服务贸易为国家的发展提供了重要的精神动力和智力支持，是国家发展的重要力量。

12.2 世界文化服务贸易发展

12.2.1 世界文化服务贸易发展状况

1. 规模不断增大

从 2003 年到 2012 年,全球文化服务出口平均每年增长 10%,2013 年估计总数达到 1 500 亿美元。经济危机对文化服务出口的影响较小,但仍然可以发现文化服务出口减速。全球文化服务进口也呈现同样的模式。从 2003 年到 2012 年,进口额增长了 11%,即 1 331 亿美元。总体而言,全球文化服务贸易规模在不断扩大,其中美国的优势地位尤为突出。

2. 结构呈现多元化

随着文化服务业态的创新和发展,世界文化服务贸易结构呈现多元化发展态势。从 2004 年到 2013 年,视觉艺术和手工艺领域的商品主导了文化产品的出口和进口。视听和互动媒体领域,表演和庆典及视觉艺术和手工艺交易最多,其次是书籍和新闻。从 2003 年到 2012 年,视听和互动媒体至少占文化服务出口的 25%。

高收入经济体进口的几乎全是视听和互动媒体、表演和节庆、视觉艺术和工艺品领域的服务。视听和互动媒体文化服务进口最为突出。文化服务进口国比出口国更加多元化。

3. 市场更加活跃

一方面,在社会分工不断深化的背景下,文化贸易的行业部门逐步兴起壮大,市场规模日益扩大,供求、竞争、价格形成、风险分担补偿等机制在日趋完善成熟的市场、产业、法制、政策等基础上拥有了良好的平台和环境;另一方面,文化产品与服务既作为贸易标的,又以不可或缺的要素身份参与经济生产过程中,形成了要素和产品共存共生的双通道格局,拓宽了机制发挥的路径。此外,世界文化服务贸易种类更加丰富,游戏、动漫、影视等文化创意和设计服务的出口比重会更大,文化用品、文化专用设备等硬件产品的种类会更加多样,由此使世界文化市场更加活跃。

12.2.2 世界文化服务贸易发展特征

1. 市场开放程度不一

在全球化不断深化、经济结构持续升级的推动下,世界文化服务贸易快速发展,市场日趋活跃。特别是多边贸易体制为世界各国加大文化服务贸易领域的广泛交流与合作创造了良好的机制和渠道。然而,不同国家和地区文化服务市场的开放程度各不相同。其原因不仅在于因经济发展程度存在差异,发展中国家和欠发达国家文化服务发展落后,市场规模小,竞争力弱，难以应对外部风险和参与国际竞争，同时还需顾及图书出版、演艺娱乐、广播影视等领域直接关系国家主权、国家安全和意识形态，因而这些国家往往采取保护限制的措施和审慎的态度。相对而言，发达国家在文化服务领域具有很强的国际竞争力，它们更希望在广阔的国际市场中谋取更多的利益，因此市场开放程度通常较高，并且在谈判中要求发展中国家和地区降低壁垒和限制，进一步开放其国内文化市场。

2. 发展不平衡依然突出

世界文化服务贸易虽然发展迅速，然而不平衡状况依然突出。发达国家服务贸易占世界服务贸易的三分之二，高收入经济体仍在文化服务贸易中占主要地位。从 2003 年到 2012 年，高收入经济体占全球文化服务出口的 90% 以上，这一数据在此期间保持相当稳定。然而，经济动荡对文化服务的进口影响大于出口。

文化服务的最大出口国都是经合组织国家。2012 年，美国是文化服务出口的最大领导者，达到了 686 亿美元，这个数字几乎是第二大出口国英国的 5 倍。对文化服务贸易平衡的分析表明，2012 年，众多国家文化服务贸易处于逆差状态，而美国是文化服务的最大净出口国，贸易顺差达到 450 亿美元。

全球文化服务贸易市场具有不平衡性，国际文化贸易竞争格局也呈现多元化，主要包括发达国家之间、发达国家与发展中国家之间，以及跨国集团与中小企业之间三方面的竞争。这种竞争态势有可能加剧世界文化服务贸易不平衡的态势。

3. 知识产权保护在部分地区发展不健全

知识产权保护在文化服务贸易领域具有特殊的重要意义，不仅因为文化服务的生产和供给属于知识密集性劳动，与知识产权密切相关，而且由于文化所具有的独特的渗透力，以及文化服务的无形性，在保护上也具有相当的复杂性和难度。为了维护相关方利益要采取严格而高水平的知识产权保护，才能维护创新与激励，确保效率与公平，更好地推动文化服务的繁荣发展。而在国际环境中，知识产权保护的国际合作就显得更加重要。然而各国在知识产权保护的法律法规建设方面存在不对称、不健全等状况，对各国乃至世界文化服务贸易产生不利的影响。因此，不仅需要加大国内知识产权保护的力度，还要加强各国在知识产权领域的国际合作。

4. 国际协调和多边合作任重道远

在多边贸易体制下，各国需要加强协调合作，以便更好推动世界文化服务贸易的发展。然而一方面由于文化服务本身的特殊性，谈判议题敏感、复杂，往往难以达成一致意见，另一方面多边贸易谈判也因贸易保护和单边主义而困难重重。因此，推动世界文化服务贸易相比货物贸易和一般服务贸易任重道远。

12.2.3 世界文化服务贸易发展趋势

1. 新兴产业蓬勃兴起助推文化服务贸易发展

当下世界文化产业处在一个经济全球化深化、知识经济迅猛发展、低碳经济渐成主流、国际政治经济秩序重构的时代,人类的生产与生活方式正面临重大变革。在这样的时代背景下,世界文化产业的发展趋势成为备受关注的问题。

全球化进程会遭遇各种各样的羁绊,然而它以不可阻挡之势在整个世界拓展、渗透,已然成为当今人类社会存在的一种方式,无处不体现在生产与生活方式的变迁中。单从服务经济及文化经济在全球的相继蓬勃兴起中就不难寻找到全球化推动社会发展的时代机遇。那些最先把握趋势、抓住机遇的国家往往能够引领潮流、占尽先机。

有研究报告披露了这样的事实:1999年到2003年,欧洲文化创意产业就增长了12%,超过其经济增长的平均水平,产业增加值增长了19%,就业则从2002年到2004年增长了1.8%。与汽车业、化工业、电力业相比,欧洲文化创意产业比这些行业雇佣人数的总和还要多。不仅如此,在以绿色、智能和可持续为特征、以信息技术和新能源革命为主导。科技革命和产业革命相伴随的新兴产业振兴的后危机时代背景下,世界文化产业必将顺应上述时代趋势,成为新兴产业浪潮的宠儿,迎来具有历史意义的成长战略机遇期。

2. 科技日新月异促进与文化服务贸易融合发展

在以知识密集和创新创意为特征的文化经济浪潮中,文化产业以其多面性和多样性呈现于世界产业体系中。多面性如欧盟、日本将文化产业称为"内容产业",英国、新加坡等国称为"创意产业",美国称为"娱乐业"或"版权产业",充分体现了其知识、创意的特征;多样性则表现为文化产业所涉门类繁多,不一而足,主要包括影视制作、出版发行、演艺娱乐、数字和动漫等。由于知识和科技的日新月异,为文化产业的创意及文化服务贸易的繁荣带来了前所未有的想象空间。同时不难发现,这些具体的文化行业部门,它们或为生产服务,却更多体现了从生存向发展,乃至享受过渡的人的需要的变化,直指人的生活本身,这显然代表未来社会的发展趋势。更为重要的是,文化产业,尤其是文化产业新业态,不仅表现出强劲的发展势头,而且呈现出明显的产业融合的趋势。

无论是发达国家还是发展中国家,设计、新媒体及视觉艺术等新兴文化业态均占有较大的比重。而据《2010年创意经济报告》,创意经济是艺术、商业、关联性、创新驱动和新商业模式的交叉融合。数字时代打开了音乐、动漫、电影、新闻、广告业等的营销渠道,从而增加了创意经济的收益。移动通信技术革命正在改变发展中国家亿万人民的生活方式。可见,未来不同产业及行业部门的融合将成为必然趋势。

3. 全球文化市场繁荣促进文化服务贸易模式创新

不断拓展的经济全球化同时在推动着国际分工的深化。此外,伴随着知识经济的发展,国际分工的知识、技术基础也更加突出。水平型国际分工、产品内国际分工或网络分工的兴起催生出新的产业和部门，推动着全球文化市场的繁荣及新兴市场的产生，直接的结果就是促使各国对外文化贸易的迅速发展。

2008年，世界金融危机的爆发导致全球需求的急剧缩减，国际贸易额减少12%。但是，创意产品与服务的世界出口额在这一年仍保持增长态势，达到了5 920亿美元，比2002年增长了一倍多，表明创意产品和服务6年来年均增长率达到14%。这证明了创意产业成为世界经济最具活力的产业之一。然而，鉴于国际分工的发展变化，以及当前世界范围内贸易投资一体化趋势的加强，文化产业国际化路径及国际文化服务贸易模式均需要创新，才能适应分工深化及产业与贸易自身的特点，这是将来全球文化经济必须面对的一大课题。

4. 贸易保护与秩序变革亟须化解文化服务贸易争端

2008年，发展中国家向世界出口的创意产品达到1 760亿美元，占整个创意产业贸易额的43%。这表明发展中国家在世界创意产业市场上具有强大的活力，所占市场份额增长迅速。然而这并非表示在世界文化经济体系中，发展中国家已经能与发达国家分庭抗礼。从具体行业部门来看，发达国家仍以明显的比较优势和竞争力占据价值链的高端；更重要的是，已经形成的国际政治经济秩序目前也难以发生重大改变。相反，在后危机时代背景下，新贸易保护主义抬头，发达国家与发展中国家之间的贸易摩擦增多，特别是在文化经济领域。上述事实说明，在未来世界文化产业发展过程中，发达国家仍然将主导世界文化产业的发展。发展中国家必然要面对各国利益博弈下的摩擦与纷争。

12.3 我国文化服务贸易发展

12.3.1 我国文化服务贸易发展状况

1. 对外文化贸易相关政策密集出台，支持力度空前

为了推进对外文化贸易的快速、健康发展，国务院及各部委密集出台了与文化发展相关的政策，为对外文化贸易提供全方位的支持，力度可谓空前。在这些政策意见中，首推《国务院关于加快发展对外文化贸易的意见》。该意见明确了推动对外文化贸易工作的指导思想，强调了坚持"统筹发展、政策引导、企业主体、市场运作"的基本原则，优化了审批流程，加大了财税支持力度，指出到2020年，要培育一批具有国际竞争力的外向型文化企业，形成一批具有核心竞争力的文化产品，打造一批具有国际影响力的文化品牌，搭建若干具有较强辐射力的国际文化交易平台，使核心文化产品和服务贸易逆差状况得以扭转，对外文化贸易额在对外贸易总额中的比重大幅提高，我国文化产品和服务在国际市场的份额进一步扩大，我国文化整体实力和竞争力显著提升。该意见的发布反映了当前我国对外文化贸易发展的新形势、新要求，是对外文化贸易发展的重要里程碑。

此后，国际文化贸易相关政策及指导意见持续发布，各部门合力推动我国对外文化贸易繁荣发展。2017年5月，《国家"十三五"时期文化发展改革规划纲要》发布，为"十三五"我国文化建设指明了方向，做出了宏观定调。而对外贸易、服务贸易、文化产业、文化科技、新闻出版广播影视、版权工作等各相关领域均有相应规划出台，均与文化贸易有着密切联系，《文化部"一带一路"文化发展行动计划（2016—2020年）》更是直接针对文化发展实践。上述政策文件对我国对外文化贸易的繁荣无疑起到了积极的引导、支持和推动作用。

2. 对外文化贸易规模持续扩大，结构不断优化

对外文化贸易虽然在中国对外贸易中占比尚低，然而正在不断壮大。2017年，我国对外文化贸易规模持续扩大，体量不断增长。统计数据显示，2017年，我国文化产品和服务进出口总额达1 265.1亿美元，同比增长11.1%。

从文化产品来看，其进出口总额为971.2亿美元，同比增长10.2%。其中，文化产品出口881.9亿美元，同比增长12.4%；进口89.3亿美元，同比下降7.6%，贸易顺差达到792.6亿美元，规模较2016年同期扩大了15.2%。就贸易方式看，2017年文化产品一般贸易出口达到397.29美元，同比增长19.3%；加工贸易出口达到363.08美元，同比增长2.6%；文化产品一般贸易进口46.30美元，同比增长21.6%。

从文化服务来看，其进出口总额为293.9亿美元，同比增长14.4%。其中，文化服务出口61.7亿美元，同比下降3.9%；进口232.2亿美元，同比增长20.5%。视听及相关产品许可费、著作权等研发成果使用费进口分别同比增长52.1%、18.9%。

由上数据可见，我国对外文化贸易增长势头强劲。与文化服务贸易相比，文化产品贸易在对外文化贸易中所占比重更高，对贸易规模的扩大贡献更大。

3. 对外文化服务贸易产业基础进一步夯实，新兴业态发展迅速

文化产业对于对外文化贸易发展而言具有重要意义。我国文化产业继续保持快速发展的良好势头，整体规模实力特别是文化核心领域的竞争力进一步提升。数据显示，2017年文化及相关产业增加值达到35 462亿元，文化产业增加值仍然保持两位数增长，继续向国民经济支柱性产业迈进。文化产业的快速发展为中国对外文化贸易的繁荣奠定了坚实的基础。从行业发展角度看，各文化行业对外贸易均有不同程度的改善和进步，新兴业态如动漫、游戏等领域表现更为不俗。此外在国家大力推行三网融合的背景下，依托互联网快速、便捷等特点，文化行业获得了跨界融合发展的能力。2014年，以阿里巴巴、腾讯、百度三巨头为代表的大型互联网企业频频将触角伸到文化产业领域。以阿里巴巴为例，收购文化中国、注资恒大、入股优酷土豆及光线传媒等，极大增强了文化市场活力。

4. 文化体制改革进一步深化，国有民营文化企业"走出去"成绩喜人

文化体制改革的深化进一步激发了市场活力。同时，国家文化出口重点企业和国家文出口重点项目对于文化企业"走出去"发挥了积极的助推作用。近年来，我国对外文化直接投资快速发展，层次稳步提高。而海外并购数量呈上升趋势，金额不断扩大。在影视、动漫游戏等文化细分行业里，国有企业和民营企业舞动资本之手更加引人注目。

5. 文化保税区及自由贸易试验区成为对外文化服务贸易发展的重要推动力量

文化保税区是我国对外文化贸易领域的一大创举，以其业务拓展创新功能、服务平台支持功能和试验引导示范功能等为文化企业开展海外贸易搭建了重要的平台。我国文化保税实践呈现欣欣向荣之势。国家对外文化贸易基地（北京）暨北京天竺综合保税区文化保税园正式开园，标志着基地经过两年的筹备建设步入正式运营。除此之外，自由贸易试验区的推进则成为我国对外文化贸易发展的又一重要推动力量。继中国（上海）自由贸易试验区之后，国务院决定在广东、天津和福建等地设立自由贸易试验区。自由贸易试验区的设立不仅为文化保税制度及政策创新提供了契机，为文化保税行业拓展和产业融合注入动力，也为文化保税功能深化和区域协作铺平了道路，为保税区深度参与全球分工创造了条件，当然也为我国对外文化贸易实践开辟了实验田。

6. "一带一路"倡议为对外文化服务贸易提供新的发展机遇

"一带一路"倡议在提升我国对外开放水平、促进对外贸易方面发挥着巨大作用。而对外文化服务贸易无疑是贸易结构优化的重要推动力。随着丝路贸易规模的扩大和结构的优化升级，对外文化贸易必定拥有更坚实的发展基础。更为重要的是，在"一带一路"倡议的推进过程中，文化当先行。在提升中华文化在丝路沿线国家和地区影响力、辐射力方面，对外文化贸易承担着重要的使命，是推动"一带一路"倡议实施的重要路径。因此，"一带一路"倡议在"五通三同"中为我国对外文化贸易的发展创造了良好的环境，开辟了广阔的空间；而对外文化贸易则为"一带一路"倡议的成功实施注入了持续动力。

12.3.2　我国文化服务贸易发展特征

1. 政策合力尚待加强

虽然我国对外文化贸易相关政策密集出台，扶持力度不断增强，但是政策的体系性还不够完善，政策合力还没有充分发挥出来。特别是在促进中华文化"走出去"过程中，文化领域的法治亟待加强，与国际相关法律法规的衔接和协调需要高度关注。因此，我国要以深化文化体制改革顶层设计为指引，构建和完善对外文化贸易政策支持、管理体系，注重激励机制设计和相关效果评价。同时，全面清理与对外文化贸易相关的政策、规定，建立与世界贸易组织相关协定精神一致的政策研究、制定及争端解决应急保障体系。此外，还要加强政策的精准扶持，有效解决贸易过程中企业等相关利益方的困难和问题，着力为中国对外文化贸易的繁荣发展提供优良的法治环境。

2. 科技助力不断加大

当下我国对外文化服务贸易领域呈现科技与文化加速深度融合的态势。2015年7月，国务院印发《国务院关于积极推进"互联网+"行动的指导意见》，成为我国顺应时代和社会经济发展要求的一项重大战略举措。而有学者指出，"互联网+"是依托移动互联网、云计算、大数据、物联网等信息网络技术的渗透和扩散，以信息的互联互通和信息能源的开发利用为核心，促进信息网络技术与传统产业的深度融合，优化和重组设计、生产、流通、消费全过程，创新生产方式和企业组织形式，推动传统产业转型升级和经济发展方式转变，进入互联网经济这种新型经济社会形态的历史过程。应该说，面对"互联网+"，无论是"工具"视角还是"历史过程"视角，其带给我国乃至世界的影响将是极其巨大的。

除了跨境交付的便捷性、低成本外，个性化、多样化的品质差异所形成的比较优势和垄断优势成为文化服务贸易采取境外消费、商业存在等贸易模式的重要贸易动因，由此也促进这两种贸易模式的快速发展。而"互联网+"则推动产业融合和部门融合，使得国际文化贸易模式随着物质生产方式和文艺生产方式变革带动产业部门的协同、融合发展而呈现多元化的特征。

3. 提质增效备受关注

在推动供给侧改革的过程中，提升文化产品与服务品质，以及供给效率成为重要的目标和选择。而要增强我国对外文化贸易的国际竞争力，就必须提升文化产品和服务的供给能力，特别要重视内容、质量和品牌，以满足不同国际市场民众的需求。而在市场经济成熟的国家，文化产业组织形成较为完整的体系，从而能够保障竞争市场的形成，市场、企业及其他主体边界合理，具有产业效率较高的利益链条和经济系统。相比而言，我国的产业组织主体单一，不利于文化体制改革深化和健康繁荣文化市场的形成。以我国民营文化企业为例，在我国文化经济发展及文化体制改革过程中面临困难重重，体现在：第一，公有单位在文化产业中处于主体地位，但是其垄断地位阻碍了行业的公平竞争和良性发展，民营企业缺乏宽松的发展环境和空间；第二，行业财税等优惠政策支持不足，企业税费负担较重；第三，缺乏行业自律与引导，市场环境需要改善。因此，打造面向国际的多元化市场主体、加强版权的交易和保护、促进对外文化贸易创新成为必然要求。

4. 开放格局加速构建

在全面构建我国对外开放新格局的背景下，对外文化贸易开放格局也在加速构建。我国贸易伙伴格局基本保持稳定。文化服务贸易市场集中度较高，可开发市场空间较大。而在开拓国际文化市场的过程中，对外文化贸易平台和渠道建设有一定进步，但是尚未形成成熟、稳定的对外文化贸易平台和渠道。对于目标市场，尤其是尚待开拓的如中东、南美、非洲等地区的市场，不仅缺乏了解，也缺乏开拓市场的能力和经验。因此，在构建对外文化贸易开放新格局的过程中要进一步推动市场多元化和均衡化发展。

12.3.3 我国文化服务贸易发展趋势

1. 贸易保护和摩擦应对增多

即便是在经济全球化的趋势下，逆全球化及贸易保护主义依然对世界贸易产生诸多消极影响，阻碍着国际贸易的繁荣发展。在这种背景下，我国对外文化贸易，尤其是文化服务贸易同样不能独善其身。事实上，随着新技术的发展和新媒体的出现，与文化相关的商品与服务的划分界限变得日益模糊，具体的贸易模式也在发生重大变化，由此导致各国对相关协定适用性理解的差异和质疑，引发更多且更加复杂的贸易争端。从长远发展趋势看，服务贸易、文化贸易在国际贸易总额中所占的比重将继续大幅增加，争端的概率势必增加。世界各国文化经济的发展将加剧国际文化市场的竞争，一方面要注意文化的多样性与国家文化安全，另一方面要参与国际竞争，谋求文化经济利益。今后我国对外文化服务贸易的成长壮大将伴随更多、更复杂的贸易保护和摩擦。

2. 文化贸易创新发展空间巨大

大数据、互联网代表了时代发展的趋势和要求，是科技推动生产力发展的重要明证。在这一趋势下，国际文化贸易迎来了重要的战略机遇。当前在我国深入推动科技创新的背景下，大数据及"互联网+"已经成为国家战略，并且对生产方式和生活方式产生了重大影响。随着相关战略的深入推进，对外文化贸易与大数据、互联网的结合将更加紧密，不仅文化贸易领域的大数据、互联网思维将逐步建立，通过大数据的消费主导效应以获取对外文化贸易的价值认可，从而规避因文化差异、产品同质化等供需错节因素所造成的贸易损失，同时贸易模式将发生变革，对其相关的整个产业链条、价值链条将发挥重要影响。由此对外文化贸易的实体空间和虚拟空间将得到空前拓展，线上、线下贸易将进一步整合。

3. 文化服务贸易相关主体将持续壮大

随着我国社会主义文化强国建设不断推进和对外文化贸易的繁荣发展，越来越多的相关主体将加入对外文化贸易的行列中，包括文化企业、文化类社会组织、文化中介机构及个人。不同规模、不同所有制的文化企业将在市场竞争中找到合适的位置，特别是中小微文化企业、民营文化企业将在我国对外文化贸易中发挥独特而极为重要的作用；因对外文化贸易渠道和平台建设，文化类社会组织、文化中介机构将迎来发展新机遇；而个人将因文化生产方式的变革找到用武之地，在对外文化服务贸易模式的发展中成为积极的推动力量。

4. 对外文化贸易结构将持续优化

随着我国经济结构转型升级的加快，我国对外文化贸易在规模不断扩大的同时，也将在对外贸易总量中占据更加重要的地位。由此在推进对外贸易结构优化的同时，自身结构也会发生积极变化。首先，从文化产品与文化服务贸易的对比上看，在文化产品对外贸易增加的同时，文化服务的比重随着服务经济的发展将不断增大，而文化服务的商业存在、境外消费、

跨境交付及自然人流动4种模式均有不同程度的发展。其次，随着中国制造2025的推进，文化制造业比较优势将进一步发挥，从而为对外文化贸易的发展提供坚实的基础。最后，对外文化贸易中传统文化行业和新兴文化行业所占比重将发生变化。新兴文化行业将在产业融合、文化与科技融合的环境中迎来快速发展的新阶段。

5. 对外文化市场多元化将深入推进

对外文化市场的多元化既是对外文化贸易发展的客观要求，也是应对贸易摩擦、提升风险规避能力的必然选择。随着"一带一路"倡议的实施，我国对外文化开放水平将进一步提升，对外文化市场将进一步拓展。"一带一路"沿线国家和地区对外文化贸易市场因国家和地区之间政治、经济及文化联系的加强将受到更多的关注。同时，我国与其他国家和地区自贸协定的落地实施同样对我国对外文化贸易市场起到积极的推动作用。

概念和术语

文化服务；国际文化服务贸易

复习思考题

1. 什么是国际文化服务贸易？
2. 国际文化服务贸易有哪些特点？
3. 国际文化服务贸易相关统计是如何分类的？
4. 国际文化服务贸易有哪些作用？
5. 简述世界文化服务贸易的发展特征和趋势。
6. 我国文化服务贸易的发展状况如何？
7. 简述我国文化服务贸易发展的特征和趋势。

延伸阅读

以融合创新降低对外贸易的"文化折扣"

一个国家或地区的文化号召力必须通过文化贸易体现，其文化内涵及价值观也需通过对外文化贸易才能获得广泛传播，进而在全球具有相应的话语权、定价权和控制权。在当前全球文化贸易版图中，主流文化语境掌握在发达国家手中，西方文化则是国际文化市场的通行语言。全球70%以上的文化贸易额集中在发达国家，西方大型国际传媒集团控制着国际文化市场的话语权。目前，以美、欧、日为代表已分别形成相应的对外文化贸易模式："强势辐射"模式、"柔性连接"模式、"时尚引导"模式。西方国家大多将提升文化贸易额作为优先发展的目标，文化软实力的本质和全球化竞争的潮流决定了新时期中国文化强国建设必然包含对外文化贸易大国的指向。

对外文化贸易的竞争优势在于创意、经济与技术的融合创新,"创新制胜,王者归来"是国际文化市场竞争的核心规律。发达国家文化创意产品出口集中在高科技领域,占全球视听产品和音乐出口额的89.2%,占出版和印刷出口额的82.6%,占视觉艺术出口额的70.7%,占新媒体出口额的53.8%。这就要求我们敏锐地把握国际文化贸易领域的新潮流,努力使科技研发成为内容创意的有力载体,而融合创新又成为对外贸易的竞争优势。通过深化文化体制改革,推进政产学研合作,加强创意、科研、工程、管理、外贸等跨界合作,大力开发科技含量和创意含量高的新产品。

与此同时,发展对外文化贸易也需顺应数字化的时代特性。数字化浪潮已影响对外文化贸易的方式和内容,并部分打破了传统文化贸易中的壁垒。以数字化、网络化、智能化技术为支撑的新媒体、新业态和新产品成为对外文化贸易增长最快的领域。积极研判数字化带来的融合与跨界的趋势,以及由此而产生的众多文化新业态,使数字化成为推动中国对外文化贸易快速发展的助力,已成为我们必须正视的现实问题。

参 考 文 献

[1] 马图，斯特恩，赞尼尼. 国际服务贸易手册 [M]. 上海：格致出版社，2012.
[2] 曾倩. 比较优势理论在国际服务贸易中的适用性研究 [J]. 现代经济信息，2010（6）.
[3] 查志强. 以融合创新降低对外贸易的"文化折扣" [N]. 中国社会科学报，2013-07-01（B06）.
[4] 陈宽. 区域经济一体化下的中国服务贸易自由化研究 [D]. 苏州大学，2013.
[5] 陈宪，程大中. 国际服务贸易 [M]. 上海：立信会计出版社，2008.
[6] 程大中，陈宪. 服务贸易理论研究：现实基础、总体状况及初步设想 [J]. 上海经济研究，2000（12）.
[7] 程大中. 服务贸易是经济全球化的催化剂 [N]. 国际金融报，2014-04-21（18）.
[8] 迟福林. 推进以服务贸易为重点的开放转型 [N]. 经济日报，2017-02-18（08）.
[9] 戴翔，张二震. 全球服务贸易新趋势与我国的机遇 [J]. 中国国情国力，2017（5）.
[10] 邓尚杰. 北美产业分类体系 [J]. 中国统计，1999（12）.
[11] 缑先锋. 国际服务贸易 [M]. 上海：立信会计出版社，2012.
[12] 胡艺. 世界贸易组织达成"巴厘一揽子协定"是起点，非终点 [N]. 经济日报，2013-12-09（13）.
[13] 户艳辉. 国际服务贸易统计的新进展 [J]. 统计与决策，2014（7）.
[14] 黄少军. 服务业与经济增长 [M]. 北京：经济科学出版社，2000.
[15] 黄薇. 北美自由贸易区服务贸易制度研究：兼比较我国区域贸易协定中的服务贸易制度 [D]. 广西师范大学，2008.
[16] 贾怀勤. 国际服务贸易统计的发展背景 [J]. 国际商务，2003（3）.
[17] 江小涓，杨圣明. 中国对外经贸理论前沿 [M]. 北京：社会科学文献出版社，2001.
[18] 靳娟娟. 信息产业结构研究 [M]. 北京：警官教育出版社，1997.
[19] 来有为. 推动服务贸易加快发展 [N]. 人民日报，2017-05-10（07）.
[20] 李慧中. 国际服务贸易. 2版 [M]. 北京：高等教育出版社，2012.
[21] 李江帆. 第三产业经济学 [M]. 广州：广东人民出版社，1990.
[22] 李江帆. 服务产品的概念 [J]. 新经济，2005（4）.
[23] 李庭辉. 全球服务外包市场发展概览 [J]. 全球化，2017（4）.

[24] 李伍荣，冯源．国际服务贸易协定与服务贸易总协定的比较分析［J］．财贸经济．2013(12)．

[25] 李小牧，王海文．国际服务贸易．2版［M］．北京：电子工业出版社，2012．

[26] 卢锋．我国承接国际服务外包问题研究［J］．经济研究，2007（9）．

[27] 卢进勇．国际服务贸易与跨国公司［M］．北京：对外经济贸易大学出版社，2002．

[28] 罗平，袁洪生．国际服务贸易理论分析：从接触成本的视角［M］．昆明：云南人民出版社，2010．

[29] 饶友玲．国际服务贸易：理论、产业特征与贸易政策［M］．北京：对外经济贸易大学出版社，2005．

[30] 陶明，吴申元．服务贸易学［M］．太原：山西经济出版社，2001．

[31] 陶永宽，葛伟民，陈家海，等．服务经济学［M］．上海：上海社会科学院出版社，1988．

[32] 汪素芹．国际服务贸易［M］．北京：机械工业出版社，2011．

[33] 王玲．国际文化商品和服务流动趋势及中国文化贸易崛起［J］．思想战线，2017（4）．

[34] 王勤．当代国际竞争力理论与评价体系综述［J］．国外社会科学，2006（6）．

[35] 王晓鲁．第三产业与生产劳动［M］．成都：四川人民出版社，1986．

[36] 富克斯．服务经济学［M］．北京：商务印书馆，1987．

[37] 熊爱宗．国际服务贸易发展趋势与经验［N］．中国财经报，2014-09-11（008）．

[38] 徐建平．论区域经济一体化与多边贸易体制的关系［J］．西安政治学院学报，2006（5）．

[39] 杨来运．东盟自贸区原产地规则［J］．工业技术经济，2008（9）．

[40] 杨圣明．服务贸易：中国与世界［M］．北京：民主与建设出版社，1999．

[41] 张汉林．国际服务贸易［M］．北京：中国对外经济贸易出版社，2002．

[42] 张林，王海文．国际服务贸易．2版［M］．北京：北京师范大学出版社，2013．

[43] 张祥．服务经济的发展规律和特征［J］．江南论坛，2011（3）．

[44] 赵瑾．全球服务贸易发展未来走势明朗［N］．经济日报，2017-02-18（08）．

[45] 赵亚平．国际服务贸易［M］．北京：清华大学出版社，2011．

[46] 周少芳．世界服务贸易的发展特征及中国的对策［J］．国际经济探索，2014（4）．

[47] 庄丽娟．国际服务贸易理论的研究进展及其特征［J］．华南农业大学学报，2004（1）．